Johannes Feest · Wolfgang Lesting · Peter Selling

Totale Institution und Rechtsschutz

Johannes Feest · Wolfgang Lesting
Peter Selling

Totale Institution
und Rechtsschutz

Eine Untersuchung zum Rechtsschutz
im Strafvollzug

Westdeutscher Verlag

Die Deutsche Bibliothek – CIP-Einheitsaufnahme

Feest, Johannes:
Totale Institution und Rechtsschutz: eine Untersuchung
zum Rechtsschutz im Strafvollzug / Johannes Feest;
Wolfgang Lesting; Peter Selling. – Opladen:
Westdt. Verl., 1997
ISBN 978-3-531-12998-3

NE: Lesting, Wolfgang:; Selling, Peter:

Der Westdeutsche Verlag ist ein Unternehmen der Bertelsmann Fachinformation.

Umschlaggestaltung: Horst Dieter Bürkle, Darmstadt

Gedruckt auf säurefreiem Papier

ISBN 978-3-531-12998-3   ISBN 978-3-322-90405-8 (eBook)
DOI 10.1007/ 978-3-322-90405-8

Danksagung

Ich bedanke mich bei der Universität Bremen, die dieses Projekt zweimal mit kleineren Summen gefördert hat: einmal als "Vorlauf-förderung" zur Stellung eines Antrages bei der Deutschen For-schungsgemeinschaft, einmal nachträglich zur Aufarbeitung einiger quantitativer Materialien, die nach Ablauf der Förderung durch die DFG liegengeblieben waren.

Ich bedanke mich bei zahlreichen Gefangenen und Anstaltslei-tern, die unsere Anfragen mehr oder weniger ausführlich beantwor-tet und uns intensive, wenn auch manchmal einander widerspre-chende Einsichten in die Vollzugsgestaltung vermittelt haben.

Ich bedanke mich bei der Deutschen Forschungsgemeinschaft, die dieses Projekt gefördert und insbesondere die Mitarbeit von Peter Selling ermöglicht hat.

Ich bedanke mich bei Peter Selling, der auch noch nach Ablauf seines Vertrages sein Engagement nicht reduziert hat und (bis zu seiner Übersiedlung nach Rostock) an der Auswertung der Untersu-chung weitergearbeitet hat.

Ich bedanke mich bei Klaus-Dieter Franzen, der mir geholfen hat, aus dem hinterlassenen Torso einen den Anforderungen der Deut-schen Forschungsgemeinschaft wenigstens in etwa entsprechenden Forschungsbericht zu machen und bei Eva Munz für die SSPS-Arbeit an den Tabellen zu Kapitel II.

Ich bedanke mich bei Wolfgang Lesting, der die Untersuchung von Anfang an mitkonzipiert hatte und neben den Berufen eines Staatsanwaltes, Anwaltes und Zivilrichters immer wieder die Zeit und Energie fand, an dem Manuskript zu arbeiten. Ohne ihn hätte ich das Projekt längst aufgegeben.

Und ich danke letztlich Johannes Pohl für die Erstellung der Druckvorlage, die dem Verlag zusätzliche Kosten und dem Leser einen höheren Ladenpreis erspart hat.

Angesichts so viel freundlicher Unterstützung ist es kaum ver-ständlich, daß das Buch erst jetzt erscheint. Dafür und für alle ver-bliebenen Schwächen übernehme ich notgedrungen die Verantwor-tung.

Bremen/Oñati, März 1996   Johannes Feest

Dem Inspirator und Freund:

Ehrhard Hoffmann (2.3.1940 - 27.3.1990)

Inhalt

I. Rechtsschutz in der totalen Institution

1. Renitente Strafvollzugsbehörden

Die Frage der Respektierung und Umsetzung gerichtlicher Entscheidungen durch Strafvollzugsbehörden hat seit einigen Jahren erstaun-
liche Publizität erlangt (vgl. LESTING/FEEST 1987; WEBER 1990;
KAMANN 1993). Ausgelöst wurde die Diskussion durch Berichte in
der Berliner Tagespresse, wonach sich der Leiter der Justizvollzugsanstalt Berlin-Tegel geweigert hatte, einem rechtskräftigen Beschluß des Landgerichts Berlin Folge zu leisten, mit dem die Anstalt
verpflichtet wurde, einem Gefangenen auch ohne die Anwesenheit
eines Gruppenleiters die Teilnahme an einer monatlichen Gemein-
schaftssprechstunde zu ermöglichen.[1] Die Aussichten des vor Gericht
erfolgreichen Gefangenen, den Anstaltsleiter zur Änderung seiner
Haltung zu bewegen, erschienen umso geringer, als das Kammergericht Berlin[2] und das Oberlandesgericht Frankfurt[3] eine Vollstrek-
kung gerichtlicher Entscheidungen durch Androhung eines Zwangs-
geldes in Strafvollzugsverfahren für unzulässig erklärt hatten. War
das Problem "renitenter Strafvollzugsbehörden" bis dahin weitgehend verdrängt beziehungsweise umgangen worden[4], so bewirkte
die plötzliche Publizität sowie die Aktivität einiger Gefangener und
eines interessierten Fachpublikums, daß wenig später die SPD-Frak-
tion und die Alternative Liste im Berliner Abgeordnetenhaus eine
Vollstreckungsmöglichkeit durch Zwangsgeldregelung forderten.
Schließlich brachte die Fraktion DIE GRÜNEN sogar im Deutschen
Bundestag einen Gesetzesentwurf ein, der durch eine Änderung des

---

1   Kurioserweise ist dieser klassische Fall von Renitenz später dementiert worden.
     Im Zusammenhang mit unserer Untersuchung erhielten wir ein Schreiben vom
     20.6.1988 des Berliner Senators für Justiz und Bundesangelegenheiten, in dem
     es heißt: "Zum einen hat der Anstaltsleiter niemals erklärt, er wolle den Ge-
     richtsbeschluß nicht befolgen; der von Ihnen zitierte Tagesspiegel-Artikel ist in-
     soweit falsch. Zum anderen hat der Leiter der Justizvollzugsanstalt Tegel auch
     tatsächlich den Gerichtsbeschluß befolgt und dem Antragsteller die Teilnahme
     an sog. Gemeinschaftssprechstunden ermöglicht".

2   StV 1984, 33 m.Anm. Müller-Dietz.

3   GA 1984, 26.

4   vgl. Lesting/Feest a.a.O.

§ 120 StVollzG eine Anwendung der Vollstreckungsregelung der §§ 170, 172 VwGO ermöglichen sollte.

Eine aufgrund dieser Gesetzesinitiative durchgeführte Umfrage des Bundesministers der Justiz bei den Landesjustizministern führte dann allerdings zu der Feststellung, daß in der (alten) Bundesrepublik lediglich 3 Fälle verzögerter Umsetzung vorgekommen seien. Hierbei habe es sich durchweg um Mißverständnisse gehandelt, deren Aufklärung die Implementation gesichert habe. Demzufolge wurde ein praktisches Bedürfnis für die Gesetzesänderung von den Bundesländern einhellig verneint[5].

Die Vermutung, daß es sich bei der Nichtbefolgung gerichtlicher Entscheidungen durch Strafvollzugsbehörden um seltene Ausnahmen handelte, bestimmte auch die wenigen einschlägigen Stellungnahmen von Rechtsprechung und Literatur. Soweit derartige Fälle überhaupt vorkämen, seien "Schwierigkeiten praktischer Verwirklichung" ursächlich, etwa weil die Vollzugsbehörde "aus personellen und/oder finanziellen Gründen die ihr obliegende Leistung nicht gewähren oder die von ihr durchzuführende Maßnahme nicht treffen" könne. Insofern sei auch eine Zwangsgeldregelung "kein geeignetes und wirksames Mittel zur Durchsetzung" der Entscheidung, zumal den Gefangenen ja noch indirekte Zwangsmittel (Petition, Dienstaufsichtsbeschwerde etc.) als "durchaus erfolgversprechende Rechtsbehelfe" zur Verfügung stünden[6].

Um diese Vermutungen zu überprüfen, veröffentlichten wir einen Aufruf in Gefangenenzeitschriften und schrieben gezielt Rechtsanwälte und juristisch besonders aktive Gefangene an mit der Bitte um Schilderung von Fällen mit Implementationsdefiziten. Aufgrund der Antworten konnten wir 13 Fälle dokumentieren, in denen eine sachlich nicht mehr zu rechtfertigende Verzögerung bei der Umsetzung der Gerichtsentscheidungen durch die Strafvollzugsbehörden vorgekommen war[7]. Die damalige Untersuchung hat zu folgenden vorläufigen Generalisierungen geführt:

---

5   Bundesminister der Justiz 1986.

6   Müller-Dietz StV 1984, 37.

7   Feest/Lesting 1987.

- Es gibt weitaus mehr Fälle mit Implementationsschwierigkeiten als bislang offiziell angenommen bzw. eingeräumt. Dabei ist zu berücksichtigen, daß die in der Falldokumentation mitgeteilten Fälle nur die Spitze des Eisberges darstellen dürften. Eine genauere Untersuchung von Gefangenen gewonnener Gerichtsentscheidungen könnte zeigen, daß im Dunkelfeld weitere Fälle bisher nicht bekanntgewordener "Renitenz" zu finden sind.

- Die Nichtbefolgung von Gerichtsentscheidungen läßt sich nicht auf Fälle objektiver Unmöglichkeit reduzieren. Die Falldokumentation enthält keinen einzigen Fall, in dem diese Behauptung sich letztlich als zutreffend erweist. Vielmehr scheinen eine Reihe anderer Motive eine Rolle bei problematischen Implementationen zu spielen: Rücksichtnahme auf die Öffentlichkeit, Kostenerwägungen, Disziplinierung von 'aufsässigen' Gefangenen etc.

- Die Falldokumentation enthält kein Beispiel einer wirksamen Anwendung indirekter Zwangsmittel. Die uns in diesem Zusammenhang bekannten Dienstaufsichtsbeschwerden und Petitionen waren durchweg erfolglos.

Der Nachweis renitenter Strafvollzugsbehörden verdeutlicht aber nicht nur Defizite bei der Vollstreckbarkeit gerichtlicher Entscheidungen, sondern wirft ein bezeichnendes Licht auf die Besonderheiten des Rechtsschutzes in einer totalen Institution. Die extreme Abhängigkeit des Gefangenen von der Anstalt läßt auf der einen Seite einen Anpassungsdruck entstehen, auch ungerechtfertigte Maßnahmen hinzunehmen. Auf der anderen Seite versetzt das bestehende Machtgefälle die Anstalten in die Lage, bei einem Rechtsstreit auf die tatsächliche oder rechtliche Ausgangslage verändernd einzuwirken und so den Prozeßverlauf zu ihren Gunsten zu beeinflussen[8]. Renitenz stellt in diesem Sinne nur das letzte Mittel und die offensichtlichste Verweigerung einer rechtlichen Kontrolle durch die Anstalten dar.

---

8   Lesting/Feest 1987, 393.

2. Totale Institution und Verrechtlichung

2.1. Gefängnisse als totale Institutionen

Als Goffman den Begriff der totalen Institution prägte, war dies in mehrfacher Hinsicht eine Provokation. Die offensichtlichste dieser Provokationen bestand darin, strukturelle Ähnlichkeiten zwischen Gefängnissen und einer Reihe anderer, weit weniger anrüchiger gesellschaftlicher Institutionen zu behaupten:

> "Gefängnisse können als deutliches Beispiel dienen, soweit wir berücksichtigen, daß das, was an Gefängnissen gefäng-nis-artig ist, sich auch bei solchen Institutionen finden läßt, deren Mitglieder keine Gesetze gebrochen haben".
> (GOFFMAN 1961, XIII).

Ein weiterer provokativer Aspekt bestand jedoch darin, den Begriff "total" auf die eigene Gesellschaft zu beziehen, zu einem Zeitpunkt an dem die Politikwissenschaft den Begriff "totalitarian" aus-schließlich auf Faschismus und Stalinismus bezog. Durch seine Be-griffswahl wies GOFFMANN darauf hin, daß es auch außerhalb to-talitärer Staaten Institutionen gibt, die als totalitär bezeichnet werden könnten:

> "Betrachten wir die verschiedenen Institutionen innerhalb unserer westlichen Zivilisation, so finden wir, daß einige ungleich allumfassender sind als andere"
> (GOFFMAN 1972, 15).

Dieser allumfassende und mindestens tendenziell totalitäre Charak-ter von Gefängnissen (aller Art) war im Gefolge der Behandlungs-ideologie und -terminologie etwas in den Hintergrund geraten. Demgegenüber arbeitet Goffman theoretisch vor allem zwei Merk-male der totalen Institution heraus, die eine ideologiekritische Ge-genposition dazu markieren:

a) die Aufhebung (Goffman spricht gar von "breakdown") der in modernen Industriegesellschaften üblichen Schranken zwischen ver-schiedenen Sphären des gesellschaftlichen Lebens. Während Indivi-duen normalerweise an verschiedenen Orten "schlafen, spielen und arbeiten, mit unterschiedlichen Partnern, in verschiedenen Herr-schaftsbereichen, ohne übergreifenden rationalen Plan", findet das gesamte Leben im Gefängnis stattdessen buchstäblich unter einem

Dach statt und soll angeblich der Durchführung der offiziellen Ziele der Institution dienen (GOFFMAN 1961, 6). Wie sehr diese Analyse sich auch heute noch zur Beschreibung des Strafvollzuges eignet, haben wir im Rahmen der Kommentierung des Strafvollzugsgesetzes bestätigt gefunden.

b) die antagonistische Struktur totaler Institutionen, insbesondere die "fundamentale Trennung zwischen Anstaltspersonal und Insassen". Sie ist als das vielleicht "wesentlichste und folgenreichste Merkmal totaler Institutionen" bezeichnet worden. Ihr grundlegender Charakter wird daran deutlich, "daß sie im Falle von Strafanstalten noch alle Unterscheidungen zum Beispiel zwischen geschlossener, halboffener oder offener Anstalten zu umgreifen vermag, selbst wenn es in den verschiedenen Einrichtungen unterschiedliche Grade des Antagonismus geben mag" (von TROTHA 1983, 15).

Ein drittes Merkmal kommt bei Goffman nur indirekt, gewissermaßen als Leerstelle vor: die prekäre Rechtsstellung der Insassen solcher Institutionen. Recht und Rechtsschutz scheinen dort keine Rolle zu spielen. Da ist zwar von einem "System expliziter formaler Regeln" die Rede, aber nicht von Konflikten über diese Regeln oder gar von Gerichten, die zur Entscheidung solcher Konflikte angerufen werden könnten. Die Erklärung für diese Leerstelle besteht darin, daß der Strafvollzug damals tatsächlich eine rechtlose Institution war. Als Goffman seinen Aufsatz schrieb, galten Gefangene in den USA noch als "slaves of the state". Erst im Gefolge der Bürgerrechtsbewegung kam es zu Entscheidungen des Supreme Court in denen die Rechte von Gefangenen erstmals thematisiert wurden (JACOBS 1983, 33 ff).

2.2. Verrechtlichung des Gefängniswesens

Die Vorstellung, daß Gefangene überhaupt Rechte gegenüber dem Staat haben und diese vor Gericht geltend machen können, ist auch in Deutschland noch nicht sehr alt. Zwar sah beispielsweise der von der Reichsregierung 1879 vorgelegte "Entwurf eines Gesetzes über die Vollstreckung von Freiheitsstrafen" (BR-Dr. 1878/79, 56) bereits gewisse Rechtsansprüche des Gefangenen, so ein Beschwerderecht gegenüber der Aufsichtsbehörde über die Art der Strafvollstreckung und die Verhängung von Disziplinarstrafen vor, doch dieser Entwurf wurde niemals verabschiedet. Daß Strafgefangene sich keineswegs in einem rechtsfreien Raum, sondern in einem Rechtsverhältnis zum Staat befinden, hat in Deutschland erstmals FREUDENTHAL behauptet. In seiner berühmten Rektoratsrede aus dem Jahre 1909 heißt es dazu: "Es darf in dem Rechtsverhältnis zwischen Staat und Gefangenem diesem nichts auferlegt werden, was nicht kraft Gesetzes in der richterlichen Freiheitsstrafe bei deren tunlichst reiner Durchführung über ihn verhängt ist"[9]. Und in dem ein Jahr später folgenden Aufsatz über den "Strafvollzug als Rechtsverhältnis öffentlichen Rechts"[10] führte er ergänzend aus: "Staatsrechtliche Betrachtung läßt aber keinen Zweifel, daß die Rechtsstellung des im Strafvollzuge befindlichen Staatsbürgers identisch ist mit der des nichtkriminellen Staatsbürgers abzüglich derjenigen Rechte, die durch den Strafvollzug kraft Rechtens in Wegfall kommen." Doch zunächst erschien die Etablierung eines Erziehungsstrafvollzugs als von so großer Bedeutung, daß "demgegenüber die Rechtsschutzgarantien für den Strafgefangenen zurücktraten und (wieder) zunehmend vernachlässigt wurden"[11]. Zwar sehen die "Grundsätze für den Vollzug von Freiheitsstrafe" (RGBl II 1923, 263) und der Entwurf eines Strafvollzugsgesetzes vom 9.9.1927[12] als wichtige Neuerung für den Gefangenen die anstaltsinterne Vorbeschwerde neben der umfassenden Beschwerde an die Aufsichtsbehörde vor, doch blieb die Forderung nach einer gesetzlichen Regelung und einer richterlichen Kontrolle von Rechtseinschränkungen unerfüllt und die Rechtsstellung der Gefangenen in Verwaltungsanordnungen ungenau umschrieben.

Auch nach dem Zweiten Weltkrieg waren die Gefangenen zur Wahrung ihrer Rechte zunächst auf die Dienstaufsichtsbeschwerde und die Verfassungsbeschwerde angewiesen, wenn man einmal vom 'indirekten Weg' über Strafanzeigen gegen Vollzugsbedienstete absieht. Obwohl die Rechtsweggarantie des Art. 19 Abs. 4 Grundgesetz sich auch auf den Strafvollzug erstreckte, blieb schon die Zuständig-

---

9   Freudenthal 1955, 166.

10   Freudenthal 1911, 223, 248.

11   Kaiser/Kerner/Schöch 1992, 18.

12   vgl. Diepenbruck 1981, 16ff.

keit der Verwaltungs- oder der Strafgerichte lange Zeit umstritten. "Sachlich jedoch hat die Eröffnung des einen wie des anderen Rechtsweges zunächst wenig Fortschritte im Rechtsschutz des Strafgefangenen gebracht"[13]. Hinter den Unklarheiten der Zuständigkeit verbargen sich nur allzu häufig Vorstellungen von einer "geminderten Rechtsstellung des Strafgefangenen", wie in einer Stellungnahme von Röhl deutlich wird, mit der der Verwaltungsrechtsweg gegen Vollzugsmaßnahmen für unzulässig erklärt wird. "Der Strafcharakter rechtfertigt ein besonderes Maß von Unterwerfung und einen verminderten Rechtsschutz. Es geht nicht an, daß der Strafgefangene sich vor dem Verwaltungsgericht in mündlicher Verhandlung mit seinem Anstaltsleiter gleichberechtigt (§ 52 VGG) über Vollzugsmaßnahmen streitet. Auch hätte die Eröffnung des Verwaltungsweges die Folge, daß die höhere Vollzugsbehörde ihre Beschwerdebescheide mit einer Belehrung über den Rechtsbehelf der Anfechtungsklage versehen müßte (...). Die Eröffnung eines solchen Rechtsweges hieße, die Querulanten und Unbelehrbaren (...) zu seinem Mißbrauch einzuladen und die Arbeit des Strafvollzugs wie der Verwaltungsgerichte zu behindern (...). Hier muß eben der eine Gerechte leiden, daß ihm um der 99 Querulanten willen der Rechtsschutz versagt wird; denn schließlich ist auch er, mag ihm auch im Einzelfall von der Anstaltsleitung Unrecht zugefügt worden sein, kein 'Gerechter', sondern ein schuldig zu Strafe Verurteilter"[14].

Erst mit der Verwaltungsgerichtsordnung vom 21. Januar 1960 wurde durch Einfügung der §§ 23ff EGGVG der Gerichtsweg für die Gefangenenbeschwerde eröffnet. Ein Jahr später erhielt die Dienst- und Vollzugsordnung in Nr. 196 Abs. 2 eine Regelung, welche den Gefangenen unabhängig von der Dienstaufsichtsbeschwerde als förmliches Rechtsmittel den Antrag auf gerichtliche Entscheidung gestattete, über den das Oberlandesgericht durch Beschluß zu entscheiden hatte. Der Beitrag jedoch, den die Oberlandesgerichte in den Folgejahren zum Ausbau der Rechtsstellung des Strafgefangenen leisteten, blieb - von vereinzelten Entscheidungen abgesehen -

---

13 Kaiser/Kerner/Schöch 1982, 20.

14 Röhl 1954, 68.

unbedeutend[15]. Für die Gefangenen erwiesen sich schon aufgrund der lediglich 1 % Erfolgsquote die Erfahrungen mit der Rechtsprechung sogar als "außerordentlich negativ"[16]. Strafzwecke und besonderes Gewaltverhältnis ließen den Rechtsschutz leerlaufen, da jede Beschränkung der Rechte des Strafgefangenen als rechtmäßig galt, "soweit sie zur Erreichung der Strafzwecke und wegen der durch sie bestimmten Natur des Anstaltsverhältnisses notwendig ist"[17]. Erst die Entscheidung des Bundesverfassungsgerichts vom März 1972 (BVerfGE 33, 1) erklärte die Figur des besonderen Gewaltverhältnisses für verfassungswidrig und verpflichtete den Gesetzgeber, ein die Rechte und Pflichten des Gefangenen genau bestimmendes Strafvollzugsgesetz zu verabschieden. Gleichwohl bestand die Gefahr, daß die 'Abkehr vom besonderen Gewaltverhältnis' primär in einer 'Vergesetzlichung' der Materie bestehen würde.

Das am 1. Januar 1977 in Kraft getretene Strafvollzugsgesetz ist denn auch gekennzeichnet durch einen weitgehenden Verzicht auf die Normierung von Gefangenenrechten und eine beispiellose Häufung von Generalklauseln, unbestimmten Rechtsbegriffen und Ermessensspielräumen, wodurch die richterlichen Kontrollmöglichkeiten erheblich eingeschränkt wurden. Formal sind die Rechtsschutzmöglichkeiten des Gefangenen jedoch erheblich erweitert worden. Der Gefangene, der schon im Aufnahmeverfahren über seine Rechte und Pflichten unterrichtet wird (§ 5 Abs. 2 StVollzG) erhält Gelegenheit, sich mit Beschweden an den Anstaltsleiter zu wenden (§ 108 Abs. 1 StVollzG). Fühlt er sich in seinen Rechten verletzt, kann der Gefangene gegen Maßnahmen der Vollzugsverwaltung Antrag auf gerichtliche Entscheidung durch die Strafvollstreckungskammer stellen (§ 109 StVollzG). Gegen deren Entscheidung schließlich steht ihm die Rechtsbeschwerde zum Oberlandesgericht zu (§ 116 StVollzG).

---

15   Wagner 1976, 242; R. Böhm 1976, 266.

16   Wagner 1976, 253.

17   KG NJW 1969, 672.

3. Untersuchungen zum Rechtsschutz

Trotz aller Erfolge bei den jahrzehntelangen Bemühungen um eine Verrechtlichung des Gefängniswesens fällt die Bilanz hinsichtlich der Effektivität des zugestandenen Rechtsschutzes nach wie vor unbefriedigend aus. Zumindest muß man diesen Eindruck bekommen, wenn man sich die vorliegenden dogmatischen und empirischen Untersuchungen zum Rechtsschutz im Strafvollzug vor Augen führt. Die totale Institution scheint sich als relativ resistent gegenüber den Anforderungen eines effektiven Rechtsschutzes zu erwiesen.

3.1. Juristische Untersuchungen

In der wissenschaftlichen Diskussion um die Reform des Strafvollzuges hat der (gerichtliche) Rechtsschutz lange Zeit nur eine unbedeutende Rolle gespielt. Das geringe wissenschaftliche Interesse an Rechtsschutzfragen konzentrierte sich zunächst auf die Strafvollstreckungskammern, deren Einrichtung mit großen Erwartungen verbunden war. Doch die Hoffnung, durch die Auswahl kompetenter Richter und die Vollzugsnähe des Gerichts auch die Effektivität des Rechtsschutzes zu garantieren, ist einer verbreiteten Enttäuschung gewichen. War schon die Situation vor dem Inkrafttreten des Strafvollzugsgesetzes durch eine große Rechtsunzufriedenheit unter den Strafgefangenen gekennzeichnet[18], so wird auch jetzt konstatiert, daß "es trotz eines ausreichend ausgebauten Systems von Rechtswegen bis heute oftmals nicht gelingt, den Gefangenen die Gewißheit zu vermitteln, nach Recht und Gesetz behandelt zu werden"[19]. Das Rechtsschutzinstrumentarium ist verfeinert worden, ohne daß sich für die Strafgefangenen viel geändert hätte[20].

Neben der unmittelbaren Rechtsschutztätigkeit der Strafvollstreckungskammer wird auch deren Zusammenarbeit mit der Justizvollzugsanstalt[21] und die Kontrollkompetenz des Gerichts gegenüber den Maßnahmen der Vollzugsbehörde thematisiert. Nach MAL-

---

18 Wagner 1976, 241.

19 Rotthaus 1985, 335.

20 Diepenbruck 1981, 240.

21 Rotthaus 1985.

CHOW[22] wird man den Anforderungen eines effektiven Strafvollzuges als auch der Forderung nach einem Höchstmaß an
wirksamen Rechtsschutz für die Strafgefangenen nur dann gerecht
werden, wenn man "das Verhältnis von Vollzugsverwaltung und
Strafvollstreckungskammer als kooperatives Zusammenwirken betrachtet und je nach den sachlichen und rechtlichen Besonderheiten
der einzelnen Problembereiche eine flexible, graduell abgestufte
Kontrollkompetenz entwickelt."

Daneben ist vor allem die Rechtsberatung und die anwaltliche
Tätigkeit im Strafvollzug zum Gegenstand wissenschaftlicher Forschung gemacht worden. So beschäftigen sich neben einer Reihe von
Einzelbeiträgen[23] allein zwei Dissertationen mit der Verteidigung im
Strafvollzug[24]. Hinzu kommen zwei neuere Handbücher, die den
Anwalt über das Rechtsschutzsystem im Strafvollzug informieren
und ihm dadurch ein bislang weitgehend vernachlässigtes Aufga-
benfeld erschließen wollen[25]. Den Gründen, weshalb der umfangreiche Beratungsbedarf der Gefangenen nur zu einem verschwindend
geringen Teil abgedeckt wird und welche Forderungen sich hieraus
für Vollzugsanstalt, Strafvollstreckungskammern und Anwaltschaft
in den verschiedenen Phasen des Freiheitsentzuges ergeben, thematisiert Rotthaus in einem Aufsatz zur "Rechtsberatung der Gefangenen im Justizvollzug"[26].

Unter dogmatischen Gesichtspunkten betrachten schließlich
Zwiehoff, Kösling und Eschke das Rechtsschutzsystem des Strafvollzugsgesetzes. Dabei kommt ZWIEHOFF in ihrer Untersuchung der
Rechtsbehelfe der Strafgefangenen zu dem Ergebnis, daß die gesetzliche Neuregelung eines eigenständigen Prozeßrechts im Strafvollzugsgesetz entbehrlich sei, da durch den Rekurs auf verwaltungs-
prozessuale Grundsätze und verfassungsrechtliche Maximen sowie
die Anwendung einzelner strafprozessualer Vorschriften die Lük-

---

22   1978, 151.

23   vgl. etwa Müller-Dietz 1982.

24   Laubenstein 1984, Litwinski 1986.

25   Volckart 1988, Litwinski/Bublies 1989.

26   NStZ 1990, 164.

18

kenhaftigkeit des Rechtsmittelsystems der §§ 109ff StVollzG kompensiert werde und ein effektiver Rechtsschutz gewährleistet sei[27]. Dem widersprechen KÖSLING und ESCHKE entschieden. So meint KÖSLING, seine Untersuchung zur Bedeutung verwaltungsprozessualer Normen und Grundsätze für das gerichtliche Verfahren nach dem Strafvollzugsgesetz habe gezeigt, daß die Probleme, die der gerichtliche Rechtsschutz der Praxis aufgibt, zu einem wesentlichen Teil durch die Normierung der §§ 109ff StVollzG selbst begründet seien. Gesetzliche Änderungen seien insoweit dringend erforderlich, um dem Zustand der Rechtsunsicherheit auf dem Gebiet des gerichtlichen Rechtsschutzes wirksam zu begegnen. Den Betroffenen und den Gerichten müsse eine geeignetere, den Anforderungen des Rechtsstaatsprinzips genügende und in sich widerspruchsfreie prozessuale Regelung zur Verfügung gestellt werden[28]. Auch ESCHKE[29] bilanziert, daß die zahlreichen Detailmängel sich zu einem Mosaik zusammenfügten, das "insgesamt ein beträchtliches Rechtsschutzdefizit für den rechtskräftig verurteilten Straftäter ergibt."

3.2. Empirische Untersuchungen

Zum Rechtsschutz von Strafgefangenen in der (alten) Bundesrepublik Deutschland liegen einige wenige empirische Untersuchungen vor:

Noch vor dem Inkrafttreten des Strafvollzugsgesetzes befragte JOACHIM WAGNER Gefangene der größten Berliner Strafvollzugsanstalt Tegel (N=303) nach ihrer Rechtsschutzsituation. Die Untersuchung zeigte, daß unter den Gefangenen Rechtsunkenntnis, Rechtsunsicherheit und mangelndes Rechtsvertrauen vorherrschten. Die Diskrepanz zwischen Rechtsunzufriedenheit und der geringen Beschwerdeaktivität sei weniger auf die verbreitete Unkenntnis des Rechtsweges als vielmehr auf die Auffassung vieler Gefangener zurückzuführen, "daß das Gericht gegen die Vollzugsverwaltung ohnehin nicht vorgehe, daß dem Rechtsbegehren der Gefangenen eine

---

27   Zwiehoff 1986, 134.

28   Kösling 1991, 297.

29   Eschke 1993, 187.

Allianz aus Gericht und Vollzugsbehörde gegenüberstehe"[30]. Auch
unterstellten die Gefangenen den Gerichten eine solch negative Einstellung zu ihren Rechten, die ihnen jede Beschwerde als von vornherein aussichtslos erscheinen ließ. Etwa die Hälfte der befragten
Gefangenen gab an, eine Beschwerde unterlassen zu haben, weil sie
Nachteile für sich in der Anstalt befürchteten, für WAGNER "ein
starkes Indiz für die Richtigkeit der immer wieder zu hörenden Behauptung, daß die Beamten oder die Vollzugsleitung durch Andro-
hen von Repressalien und Nachteilen bzw. das Vorenthalten von
Vergünstigungen das Beschreiten des Rechtsweges zu verhindern
suchen"[31].

Für WAGNER folgt aus der Untersuchung, daß eine Verbesserung
des Rechtsschutzes bei einer "legislatorischen Präzisierung der
Rechte und Pflichten der Gefangenen, bei einer an der besonderen
Haftsituation orientierten Ausgestaltung des Verfahrens und bei einer Einstellungsänderung der Gerichte zur Rechtsstellung der Strafgefangenen" ansetzen muß[32]. Obwohl das Strafvollzugsgesetz einen
wesentlichen Fortschritt für die Rechtswirklichkeit des Gefangenen
bringe, bleiben für Wagner vor allem die ungenügende Belehrung
über den Rechtsschutz, das Fehlen einer mündlichen Anhörung und
einer Rechtsberatung etwa durch Jurastudenten und Gerichtsrefe-
rendare problematisch.

Der Rechtsberatung im Strafvollzug ging eine im Dezember 1977
von der Projektgruppe Strafvollzug durchgeführte Untersuchung bei
sämtlichen 120 damals existierenden Strafvollzugsanstalten in der
BRD nach. Es wurde gefragt, welche Möglichkeiten für die Gefangenen bestehen, sich (kostenlose) Rechtsberatung innerhalb oder außerhalb der Anstalt zu besorgen und durch wen diese Rechtsberatung erteilt wird. Soweit in 20 Antworten auf eine kostenlose interne
Rechtsberatung hingewiesen wurde, war schon aufgrund der Orga-
nisationsformen eine umfassende und unparteiische Rechtsberatung
der Gefangenen kaum gewährleistet, weil es beispielsweise ausschließlich Angehörige des Vollzugsdienstes waren, an die sich

---

30   Wagner 1976, 249.

31   Wagner a.a.O.

32   Wagner 1976, 257.

rechtssuchende Gefangene wenden konnten oder weil sich der Anstaltsleiter selbst als die "die Bedürfnisse der Gefangenen hinreichend befriedigende Auskunftsstelle" bezeichnete[33]. Dementsprechend negativ äußerten sich die Gefangenen zu dieser Form von
Rechtsberatung. Soweit eine Rechtsberatung durch Außenstehende
erfolgte, handelte es sich grundsätzlich nicht um eine feste Einrichtung, sondern um ein sporadisches Tätigwerden von Mitgliedern
freiwilliger Betreuungsgruppen, des Anstaltsbeirates, von Jurastudenten oder Referendaren etc. Als Ergebnis wurde festgehalten, daß
eine effektiv organisierte Rechtsberatung in Strafanstalten der Bundesrepublik fast ausnahmslos nicht besteht, es vielmehr auf die örtlichen Gegebenheiten, insbesondere die Einsatzbereitschaft freiwilliger Außenstehender ankommt. Zu den eigenen Beratungserfahrun-
gen in der JVA Bremen-Oslebshausen stellt der Projektbericht fest,
daß von 174 Beratungsproblemen 46 Konflikte den Strafvollzug betrafen, während der Rest sich auf die Strafjustiz (vorzeitige Entlassung etc.) oder die Außenwelt (Schulden etc.) bezogen. Nur in zwei
der 46 Fälle wurde der Weg zu den Gerichten beschritten, während
bei den übrigen versucht werden mußte, sie im Vorfeld zu klären,
schon weil der Rechtsweg zu lange gedauert hätte oder aussichtslos
gewesen wäre. Abschließend bilanziert die Projektgruppe, daß angesichts der sozialen Dimension zahlreicher Beratungsprobleme an eine kooperative Beratung mit Sozialarbeitern gedacht wer-den müsse,
und daß eine Zugangsbarriere auch bei einem betont niedrig-
schwelligen Beratungsangebot für viele Gefangene bestehen bleibe.

Der kriminologische Dienst der JVA Stuttgart führte eine Untersuchung zum Beschwerdeverhalten von erwachsenen männlichen
Strafgefangenen durch, wobei insgesamt 705 Gefangenenpersonalakten der JVAs Freiburg i.Br. und Heilbronn ausgewertet wurden.
Mehr als 90 % der anstaltsinternen Beschwerden der Gefangenen
wurden in den Untersuchungszeiträumen 1973/74 und 1977/78 abschlägig beschieden. Wie viele Gefangene und mit welchem Ergebnis
Anträge auf gerichtliche Entscheidung gestellt haben, wird nicht
mitgeteilt. Die Untersuchung endet mit der Feststellung, daß durch
die zwischen den Untersuchungszeiträumen in Kraft getretene gesetzliche Regelung und ihre Umsetzung in der praktischen Voll-

---

33   Projektgruppe Strafvollzug 1979, 191.

zugsgestaltung die Beschwerdehäufigkeit nach 1977 erheblich vermindert werden konnte, indem eindeutigere und durchschaubarere Verhältnisse entstanden seien und indem den Anliegen und Bedürfnissen der Gefangenen offenbar eher entsprochen worden sei[34].

Dem gleichen Thema ging DIEPENBRUCK anhand einer Zufallsstichprobe von Gefangenenakten nach (N=384), die im Untersuchungszeitraum (1979-1980) in den Justizvollzugsanstalten Bernau (Bayern), Freiburg i.Br. (Baden-Württemberg) und Willich (Nordrhein-Westfalen) geführt wurden. Die Aktenanalyse ergänzte er durch Gespräche mit Vollzugsbediensteten, Strafvollstreckungsrichtern, den Vorsitzenden der Anstaltsbeiräte und Strafgefangenen. DIEPENBRUCK bilanziert eine "Wirkungsschwäche der Rechtsmittel im Strafvollzug, sowohl als Resozialisierungsinstrument wie in ihrer Rechtsschutzfunktion und hier speziell bei den förmlichen Rechtsbehelfen"[35]. Zwar sei ein ausreichendes Rechtsmittelangebot vorhanden, die Anwendungspraxis der Rechtsbehelfe für den Strafgefangenen aber verbesserungswürdig. Bezogen auf die Erfolgsquote sei das gerichtliche Vorgehen eines Strafgefangenen gegen Vollzugsmaßnahmen "fast aussichtslos".

Speziell der gerichtlichen Überprüfung von Gefangenenbeschwerden geht eine neuere Untersuchung von LAUBENSTEIN nach, in der ebenfalls mittels Aktenauswertung Rechtsschutzfälle analysiert wurden, die in den Jahren 1977 bis 1980 bei den Strafvollstreckungskammern der Landgerichte Koblenz (N=382), Trier (N=394) und Frankfurt a.M. (N=108) anhängig waren. LAUBENSTEIN ergänzte die Aktenanalyse durch eine nicht mitgeteilte Zahl von Interviews, die er mit Strafvollstreckungrichtern, Vollzugsleitern und Rechtsanwälten führte[36]. Die Untersuchung gelangt zu dem Ergebnis, daß "insbesondere im Bereich des Rechtsbehelfsverfahrens das Vollzugsziel der Resozialisierung nur unzureichende Beachtung gefunden hat. Die rechtspädagogische Funktion eines effektiven Rechtsschutzes, mit dem Ziel der Herstellung eines positiven Verhältnisses des Gefangenen zur Rechtsordnung, hat in der

---

34   JVA Stuttgart 1980, 124.

35   Diepenbruck 1981, 265.

36   Laubenstein 1984, 3, 70, 117.

Praxis keine Bedeutung." Die Ursachen hierfür liegen nach LAU-
BENSTEIN nicht im prinzipiell ausreichenden Rechtsmittelangebot,
sondern vor allem in der Ausgestaltung und Handhabung einzelner
Regelungen, denen eine besondere Bedeutung zukomme. Schon das
Fehlen einer mündlichen Verhandlung bzw. Anhörung bedeute, daß
"Beteiligungs- und Einflußmöglichkeiten der Gefangenen im Rechts-
behelfsverfahren (...) häufig faktisch nicht gegeben" sind. Auch werde die fehlende Rechts- und Handlungskompetenz der Gefangenen
im Rechtsschutzverfahren kaum kompensiert. Einem effektiven
Rechtsschutz in Vollzugsangelegenheiten stünden aber nicht nur die
Defizite der Gefangenen, mangelnde Rechtsberatung, Kostenbarrie-
ren, die "Definitionsmacht" der Anstalten hinsichtlich Sachverhalt
und Rechtsnorm entgegen, sondern auch der Nachteil des Strafgefangenen, als "Einmalprozessierer" einem Prozeßgegner gegenüber-
zustehen, der einem "gewerbsmäßigen Vielfachprozessierer" ver-
gleichbar ist und der deshalb auf der Grundlage der in vorangegan-
genen Prozessen gewonnenen Erfahrungen und Kenntnisse agieren
kann.

Den Defiziten anwaltlicher Tätigkeit im Strafvollzug und deren
Ursachen geht LITWINSKI[37] mit einer Umfrage unter Strafgefangenen der Justizvollzugsanstalt Lübeck (N=73) nach. Er kommt zu dem
Ergebnis, daß die überwiegende Mehrzahl der Gefangenen bei
Rechtsverletzungen ohne anwaltlichen Beistand bleibt, obwohl ihre
fehlende Rechts- und Handlungskompetenz nicht durch andere ge-
eignete Mittel ausgeglichen werde (1986, 226). Eine der entscheiden-
den Ursachen für die unzureichende Verteidigertätigkeit liege in der
Kostenbarriere, die aber nicht in dem oft befürchteten Ausmaß bestehe, da die Honorierung des Verteidigers durch die Möglichkeit
der Pflichtverteidigung im Strafvollstreckungsverfahren, der Pro-
zeßkostenhilfe im Strafvollzugsverfahren und im außerprozessualen
Bereich durch das Beratungshilfegesetz wenigstens teilweise gewährleistet sei.

Die Frage nach der Effizienz des gerichtlichen Rechtsschutzes im
Strafvollzug stellt schließlich auch KAMANN in seiner 1991 erschie-
nenen Dissertation aus der Sicht des Richters einer Strafvollstrek-

---

37   Litwinski 1986.

kungskammer. Dabei wertet er quantitativ und teilweise auch qualitativ vor allem jene 1611 Verfahren aus, die in den Jahren 1986-1989 bei der Strafvollstreckungskammer des Landgerichts Arnsberg anhängig waren und die er größtenteils selbst bearbeitete. Als Ergebnis hat sich für ihn gezeigt, "daß der Vollstreckungsrichter zwar im Einzelfall für die konforme Handhabung einzelner Normen noch im Rahmen ihrer Struktur einzustehen vermag, daß er jedoch zur Gewährung wirklich effektiven Rechtsschutzes nicht in der Lage ist. Als Fußangeln auch für den willigen Richter in dieser Hinsicht erweisen sich die obergerichtliche Judikatur (des OLG Hamm, d.Verf.), die Maxime von der eingeschränkten gerichtlichen Nachprüfbarkeit behördlicher Entscheidungen jedenfalls in der Bannmeile normenstruktureller Spielräume und die Möglichkeit der Anstalt zu faktischer Renitenz"[38].

Zu ähnlichen Feststellungen hinsichtlich Rechtsschutzdefiziten und deren Gründen kommen auch die beiden uns bekannten Untersuchungen einer anderen totalen Institution, nämlich der psychiatrischen Krankenhäuser.

Ein Forschungsprojekt an der Universität Heidelberg beschäftigte sich mit der Rechtswirklichkeit der Sanktion des § 63 StGB vor allem unter dem Gesichtspunkt des Rechtsschutzes der Untergebrachten am Beispiel Baden-Württembergs. Ihre ersten Eindrücke vom Rechtsschutz beim Vollzug der Maßregel fassen die Forscher in einem Aufsatz wie folgt zusammen:

"Es sprechen alle Indizien dafür, daß sich die gerichtlichen Entscheidungsträger bei ihren Beschlüssen weitgehend auf die anstaltlichen oder aufsichtsbehördlichen Aussagen stützen. Man geht wohl auch nicht fehl in der Annahme, daß sich hier (...) das anwaltliche Defizit massiv auswirkt, daß Isolation, psychische und physische Beeinträchtigungen und die Unkenntnis über mögliche Rechtsbehelfe bei den Untergebrachten ihre Spuren hinterlassen, und daß geltend gemachte Beschwerden von Untergebrachten häufig auch nicht genügend ernst genommen oder gar in subtiler Weise abgebogen oder unterdrückt werden"[39].

---

38   Kamann 1991, 333.

39   Hohlfeldt u.a. 1985, 94.

Gleichzeitig weisen sie darauf hin, daß auch negative Folgeerscheinungen für die Untergebrachten, die durch eine zunehmende Verrechtlichung dieses Bereichs ausgelöst werden könnten, nicht unbeachtet bleiben dürften.

In einer juristischen Dissertation konstatiert WAGNER das Fehlen eines effektiven Rechtsschutzes bei der Unterbringung in einem psychiatrischen Krankenhaus. Dabei liegt für ihn das Problem nicht in der Ausgestaltung des Rechtsschutzverfahrens, wo mit § 138 Abs. 2 i.V.m. §§ 109ff StVollzG ein flexibles und die unterschiedlichen Rechtsschutzbedürfnisse abdeckendes Instrumentarium zur Verfügung stehe. Zu fordern sei vielmehr eine konsequente Anwendung verwaltungsrechtlicher Kategorien, die allein eine effektive Überprüfung ärztlicher Maßnahmen im Maßregelvollzug ermögliche. Die mangelhafte Rechtsschutzpraxis mit ihren rechtlich nicht hinterfragten therapeutischen Privilegien sie nur durch die gesellschaftliche Ausgrenzung psychisch Kranker erklärbar: "Die psychisch Kranken werden hinter die Mauern der psychiatrischen Anstalten verbannt und einer monopolisierten Zuständigkeit der Anstaltsärzte überlassen. Auch diese Ausgrenzung wäre nicht in der gewünschten Weise total, wenn man die Monopolstellung der Ärzte durch rechtliche Kontrolle aufweichen würde. Daher wird die Kontrolle lediglich mit medizinischen Überprüfungskriterien (Stand der Wissenschaft, lex artis) ausgeübt"[40].

4. Implementationsansatz

Die Untersuchungen zeigen, daß ein effektiver Rechtsschutz durch Verrechtlichung und erweiterte Rechtsschutzmöglichkeiten allein nicht garantiert ist. Mit dem Nachweis renitenter Strafvollzugsbehörden haben wir den bekannten Rechtsschutzdefiziten ein bislang unbeachtetes Manko hinzugefügt. Dabei ist die fehlende Umsetzung gerichtlicher Entscheidungen nach den Ergebnissen der Implementationsforschung so überraschend nicht. Ausgangspunkt dieser Forschungsrichtung ist gerade die Erfahrung, daß "Gerichtsentscheidungen sehr häufig nicht strikt 'ausgeführt' werden, sondern, daß sie weitere Interaktionsprozesse in Gang setzen, in denen die richterli-

---

40   B. Wagner 1988, 250.

che Entscheidung verändert, zwischen den Parteien verhandelt und teils mehr oder teils weniger ausgeführt wird"[41]. Gerichtsverfahren haben also häufig ein "Nachspiel", welches durch die gerichtliche Entscheidung nicht vollständig determiniert ist. Dabei variiert nach den Implementationsstudien das Ausmaß, in dem eine Gerichtsentscheidung nicht den Abschluß einer Auseinandersetzung, sondern die Neuverteilung von Verhandlungsmacht bedeutet, "je nach Rechtsbereich, Parteienkonstellation und damit auch Gerichtszweig"[42]. Diesen Forschungsansatz in einem Bereich anzuwenden, der durch extremes Machtgefälle, große Unterschiede in Handlungskompetenz und Rechtswissen sowie eine extreme Nähe der Konfliktparteien gekennzeichnet ist[43], sollte uns nicht nur ermöglichen, das Phänomen renitenter Strafvollzugsbehörden auf eine theoretisch und empirisch solidere Grundlage zu stellen, sondern zugleich zusätzliche Erkenntnisse über den Rechtsschutz in der totalen Institution zu gewinnen.

4.1. Vorgehensweise

Um den Umgang der Vollzugsbehörden mit Rechtsschutzbegehren von Gefangenen zu analysieren, sind wir in folgenden Arbeitsschritten vorgegangen:

4.1.1. Identifikation einschlägiger Gerichtsentscheidungen

Ausgangspunkt der Untersuchung waren zunächst die im Rahmen des Strafvollzugsarchivs an der Universität Bremen gesammelten Gerichtsentscheidungen in Strafvollzugssachen. Diese Sammlung beruht vor allem auf dem "Länderverteiler", einem zwischen den Landesjustizverwaltungen bestehenden Austausch unveröffentlichter Gerichtsentscheidungen, der dem Strafvollzugsarchiv seit dem Inkrafttreten des Strafvollzugsgesetzes (1977) zunächst indirekt und

---

41 Blankenburg/Voigt 1987, 10.

42 Blankenburg/Voigt 1987, 12.

43 Für die rechtlich sehr unterschiedliche Situation der USA vgl. Harris/Spiller: After Decision. Implementation of Judicial Decrees in Correctional Settings. Washington, D.C., 1977.

seit 1983 direkt vom Bremer Senator für Justiz zugänglich gemacht wird. Ergänzt wurde dieser Grundstock durch Entscheidungen, die das Strafvollzugsarchiv im Laufe der Jahre von Gefangenen oder ihren Anwälten zugeschickt bekommt. Diese Entscheidungen wurden seit 1985 daraufhin überprüft, ob sie von Gefangenen gewonnen worden waren.

Um wenigstens für ein Jahr ein möglichst vollständiges Bild des gerichtlichen Rechtsschutzes von Strafgefangenen zu erhalten, versuchten wir eine Totalerhebung der im Jahre 1986 ergangenen Rechtsbeschwerdeentscheidungen der Oberlandesgerichte der Bundesrepublik Deutschland und West-Berlins. Diese Beschränkung auf höchrichterlichen Rechtsschutz erfolgte aus pragmatischen Gründen, da eine Totalerhebung der untergerichtlichen Entscheidungen schon unsere zeitlichen Möglichkeiten weit überschritten hätte[44]. Von den insgesamt 19 Oberlandesgerichten der damaligen Länder der Bundesrepublik waren 15 mit Rechtsbeschwerden aus dem Strafvollzug befaßt: Bamberg, Berlin, Bremen, Celle, Frankfurt, Hamburg, Hamm, Karsruhe, Koblenz, München, Nürnberg, Saarbrücken, Schleswig, Stuttgart und Zweibrücken. Die Präsidenten dieser Gerichte teilten uns auf Anfrage mit, wieviele Rechtsbeschwerden bei ihnen im Jahre 1986 eingelegt worden waren[45]. Daraufhin übersandten wir den Gerichtspräsidenten eine Liste der Aktenzeichen aller uns vorliegenden Entscheidungen und baten darum, uns Ablichtungen der übrigen in diesem Jahr ergangenen Entscheidungen mitzuteilen. Wir beschränkten diese Anfrage auf die im Sinne von § 116 StVollzG "mit Gründen" ergangenen Beschlüsse, verzichteten also auf die rein formularmäßig als unzulässig abgelehnten Rechtsbeschwerden. Mit Ausnahme von drei Oberlandesgerichten (Koblenz, München, Nürnberg) kamen alle Präsidenten diesem Wunsch nach. Die Verweigerer beriefen sich auf den mit der Anfrage verbundenen Verwaltungsaufwand (München, Nürnberg) beziehungsweise auf Datenschutzgründe (Koblenz)[46].

---

44   Feest/Selling 1988, 249 ff.

45   vgl. Feest/Selling 1988, 250 ff.

46   Selling 1990.

Bei allen uns im Untersuchungszeitraum bekanntgewordenen Oberlandesgerichtsentscheidungen, bei denen der Erfolg des Gefangenen in einer Zurückverweisung an das zuständige Landgericht bestand, wurde jeweils auch dieses Landgericht angeschrieben und um Übersendung der nach Zurückverweisung ergangenen Entscheidung gebeten. Die weitaus meisten angeschriebenen Landgerichte reagierten auf diese Bitte ohne weitere Komplikationen. Einzelne Landgerichte verweigerten allerdings die Übersendung der von uns angeforderten Beschlüsse. Im Falle des Landgerichts Kassel erhielten wir das Gewünschte erst nach einer Dienstaufsichtsbeschwerde beim Hessischen Justizministerium[47]. Bis zuletzt weigerte sich das Amtsgericht Diez, unter Hinweis auf andauernde Arbeitsüberlastung, uns dort ergangene Beschlüsse zu übersenden.

Auf diese Weise wurden für das Jahr 1986 insgesamt 195 rechtskräftige Gerichtsentscheidungen erfaßt: 126 ergingen direkt durch das OLG, 69 weitere nach Zurückverweisung an das Landgericht. Auch bei einem sehr weitgefaßten Erfolgsbegriff konnten wir für das Jahr 1986 nur 71 rechtskräftig zugunsten der Gefangenen abgeschlossene Verfahren feststellen:

Tabelle 1: Gerichtliche Erfolge der Gefangenen (1986)

- Verpflichtung zu der vom Gefangenen gewünschten Handlung oder Unterlassung	25
- Verpflichtung zur Neubescheidung des Gefangenen	28
- Feststellung der Rechtswidrigkeit	8
- Erledigung/Kosten trägt Staatskasse	10
Erfolge der Gefangenen insgesamt	71

---

47   vgl. Selling 1990, 44 f.

Die Zahl der gerichtlichen Erfolge der Gefangenen erschien uns für den zweiten Untersuchungsabschnitt nicht ausreichend. Angestrebt wurde eine Zahl von 100 derartigen Entscheidungen. Wir entschlossen uns daher, auch frühere und spätere Gerichtsentscheidungen in die Untersuchung einzubeziehen. Dabei wurden auch rechtskräftige Landgerichtsentscheidungen berücksichtigt. Insgesamt reicht der Untersuchungszeitraum auf diese Weise von 1985 bis 1989.

4.1.2. Implementationsbefragung

Den zweiten Untersuchungsabschnitt bildete eine schriftliche Befragung bei den Beteiligten (Gefangenen bzw. Anstaltsleitungen) der von Gefangenen/Betroffenen gewonnenen Gerichtsentscheidungen. Diese Entscheidungen verteilen sich wie folgt über die Bundesländer: Bayern 3, Baden-Württemberg 4, Bremen 1, Hamburg 0, Hessen 26, Niedersachsen 27, Nordrhein-Westfalen 24, Rheinland-Pfalz 12, Saarbrücken 3 und Schleswig-Holstein 0.

Die betroffenen Gefangenen wie Anstaltsleitungen erhielten (im wesentlichen) gleichlautende Briefe[48], in denen ihnen der umsetzungsbedürftige Inhalt der betreffenden Gerichtsentscheidung in Erinnerung gerufen und sie nach den Einzelheiten der Implementation gefragt wurden. Die Einschränkung auf die neuere Zeit sollte Erinnerungsprobleme der Angeschriebenen möglichst reduzieren. Den Briefen an die Gefangenen lagen frankierte Rückkouverts bei.

Schon die Identifikation der betreffenden Anstalten war nur dann problemlos möglich, wenn der Name der Anstalt aus der Gerichtsentscheidung ausdrücklich hervorging oder wenn das Gericht nur für eine einzige Anstalt zuständig war. Teilweise waren allerdings die uns von den Gerichten überlassenen Entscheidungen so geschwärzt, daß aus ihnen auch die betroffene Anstalt nicht zu entnehmen war. Während uns der Präsident des OLG Celle, nach Rückfrage beim Niedersächsischen Minister der Justiz, diese Angaben

---

48   vgl. Anhang.

schließlich zugänglich machte, verweigerte der Präsident des OLG Hamm bis zuletzt eine entsprechende Aufklärung[49].

Größere Probleme ergaben sich bei der Identifikation der betroffenen Gefangenen, da deren Namen auf den von den Gerichten übersandten Beschlüssen (aus verständlichen Gründen des Datenschutzes) zumeist geschwärzt waren. In diesen Fällen baten wir die Anstaltsleiter der betreffenden Anstalten -unter Angabe des Aktenzeichens- unser Schreiben an den betroffenen Gefangenen weiterzuleiten. Dies führte in zwei Bundesländern zur Einschaltung der Justizministerien und letztlich zu sehr unterschiedlichen Resultaten: während in Niedersachsen die Weiterleitung genehmigt wurde, verweigerte Rheinland-Pfalz unter Hinweis auf das Landesdatenschutzgesetz jegliche Kooperation[50].

Während die meisten Anstaltsleiter die von uns übersandten Anfragen zur Implementation mehr oder weniger ausführlich beantworteten, gab es auch an diesem Punkt einige Verweigerungen. So verbot das bayerische Justizministerium den Anstaltsleitern des Freistaates jegliche Kooperation mit der Begründung, die Frage der Umsetzung von Gerichtsentscheidungen sei bereits durch eine Umfrage des Bundesjustizministers bei den Landesjustizverwaltungen aus dem Jahre 1986 geklärt und bedürfe deshalb keiner weiteren Untersuchung. Während einige Anstaltsleiter in Rheinland-Pfalz unsere Anfragen beantworteten, verweigerte der Anstaltsleiter der JVA Diez jegliche Kooperation mit einer auf die Person des Leiters der Untersuchung bezogenen Begründung[51].

Tabelle 2 zeigt den Rücklauf der Implementationsbefragung:

---

49   Selling 1990, 45.

50   vgl. Selling 1990, 46.

51   Einzelheiten vgl. Selling 1990, 46.

30

Tabelle 2: Rücklauf der Implementationsbefragung

Antwort von Anstaltsleiter und Gefangenem	53
Antwort nur von Anstaltsleiter	30
Antwort nur von Gefangenem	9
Keinerlei Antwort	8
Gesamtzahl der Fälle	100

In etwas mehr als der Hälfte der Fälle ist unser Fragebogen sowohl von der Anstalt wie vom Gefangenen beantwortet worden. In einem knappen Drittel der Fälle liegt uns nur eine Antwort der Anstalt vor. Allerdings haben Gefangene in keinem einzigen Fall ausdrücklich die Teilnahme an der Implementationsbefragung verweigert. Vielmehr handelt es sich meist um Fälle, in denen die betreffenden Gefangenen bereits entlassen waren. In weiteren Fällen blieb offen, ob die betreffenden Gefangenen unsere Anfrage erhalten haben oder nicht. In 17 Fällen haben wir keine inhaltliche Antwort der Anstalt erhalten. Zum Teil wurde uns mitgeteilt, daß die betreffende Akte nicht oder nur mit unzumutbarem Aufwand aufzufinden sei. In einem Bundesland (Bayern) wies das Ministerium der Justiz die Anstalten an, unsere Anfrage nicht zu beantworten. In einem anderen Bundesland verweigerte sich ein einzelner Anstaltsleiter (Dr. Bandell aus der JVA Diez) mit der ausdrücklichen Begründung: "Ich lehne es ab, in einer Sache tätig zu werden, für die Prof. Dr. Feest verantwortlich ist", ohne daß das dortige Justizministerium ihm eine gegenteilige Weisung erteilte.

4.3. Sonstige Datenquellen

Zusätzlich zu der schriftlichen Befragung beruht die folgende Untersuchung auf Archivmaterial und Experteninterviews. Ursprünglich hatten wir vor, in jedem einzelnen Fall auch noch mündliche Interviews mit Anstaltsleitungen, Gefangenen und Richtern durchzuführen. Dies erwies sich aus mehreren Gründen als nicht praktikabel: viele (Ex-) Gefangene waren gar nicht mehr auffindbar, manche Anstaltsleitungen hatten sich schon der schriftlichen Befragung verweigert und wir selbst hatten einzusehen gelernt, daß wir uns zu einem besseren Verständnis der Situation von den uns zufällig bekannten Einzelfällen lösen mußten. Wir konzentrierten uns daher auf Interviews mit ausgewählten Experten, wobei wir darunter solche Personen verstanden, die mit einer großen Zahl von Gefangenen-Rechtsfällen persönliche Erfahrung gemacht hatten. Insgesamt haben wir sieben Anstalten (Berlin-Tegel, Berlin-Moabit, Butzbach, Celle, Hamburg, Hannover und Werl) besucht und dort ausführliche Interviews mit (6) besonders sachkundigen Gefangenen, (7) Richtern und (14) Vertretern der Anstaltsleitung gesprochen. Diese Interviews wurden anhand eines halbstrukturierten Leitfadens durchgeführt. Darüberhinaus haben wir in der jeweiligen Anstalt Kontakt mit allen noch einsitzenden Gefangenen aufgenommen, die unsere schriftliche Anfrage beantwortet hatten.

Zur Ergänzung und Abrundung konnten wir uns auf umfangreiche Korrespondenz mit Gefangenen stützen. Diese Korrespondenz, die teilweise bis in die 70er-Jahre zurückreicht, ist seit 1983 im Rahen des Strafvollzugsarchivs der Universität Bremen gesammelt worden. Schon unsere Vorstudie[52] wäre ohne unsere Kontakte zu kenntnisreichen Gefangenen in den verschiedensten Anstalten der Bundesrepublik nicht möglich gewesen. Mit vielen Gefangenen hat sich die Korrespondenz über Jahre erstreckt und hat uns einen unersetzlichen Einblick in die Entwicklungen und alltäglichen Wechselfälle des Vollzuges gegeben. Und mit einzelnen unserer Korrespondenten ist der Kontakt auch nach der Entlassung aus der Haft erhalten geblieben. Aus dieser Erkenntnisquelle haben wir vielfach Hintergrundwissen für die Darstellung und Interpretation unserer Daten gezogen. Um diesen Hintergrund wenigstens teilweise sichtbar zu machen, haben wir einige ausgewählte Fälle zu Fallstudien verarbeitet.

---

52   Lesting/Feest 1987.

4.4. Generalisierbarkeit der Ergebnisse

Wie schon aus dem oben Dargestellten erkennbar, haben einzelne Justizministerien, Oberlandesgerichte bzw. Anstalten die vorliegende Untersuchung mehr oder weniger gefördert bzw. behindert. Eine negative Kulmination war dabei in den Bundesländern Bayern und Rheinland-Pfalz zu verzeichnen: Von drei bayerischen Oberlandesgerichten verweigerten zwei ihre Mitwirkung (nur das in Strafvollzugssachen verhältnismäßig wenig beschäftige OLG Bamberg kooperierte); die Anstalt Straubing, aus der wir dennoch drei von Gefangenen gewonnene Entscheidungen ermitteln konnten, verweigerte jegliche Zusammenarbeit und wurde darin vom Bayerischen Justizministerium unterstützt; im Ergebnis haben wir daher nur zu einem Fall eine erläuternde Reaktion, nämlich die des uns namentlich bekannten Gefangenen erhalten. Für Rheinland-Pfalz ist die Situation nur deshalb besser, weil sowohl das OLG Zweibrücken als auch die JVA Zweibrücken sich an dem Boykott unserer Untersuchung nicht beteiligten, weshalb wir dort über 4 Fallstudien (davon zwei komplette) verfügen; andererseits wurden wir sowohl vom OLG Koblenz als auch von den Anstalten Diez und Wittlich boykottiert, weshalb wir aus diesem Teil des Bundeslandes bei 6 Fällen nur insgesamt zwei inhaltliche Reaktionen der uns namentlich bekannten Gefangenen besitzen.

Im Ergebnis sind sowohl die zum Zeitpunkt unserer Untersuchung konservativsten Vollzugsverwaltungen (Bayern, Rheinland-Pfalz, Schleswig-Holstein) in unserer Untersuchung unter-repräsentiert, als auch die zum Zeitpunkt unserer Untersuchung liberalsten Vollzugsverwaltungen (Bremen, Hamburg). Es kann jedoch davon ausgegangen werden, daß die folgenden Ausführungen für die breite Mitte der Landesjustizverwaltungen durchaus repräsentativ sind.

II. Quantitative Aspekte des gerichtlichen Rechtschutzes

Ursprünglich war dieser Teil unserer Untersuchung nur als Vorstudie angelegt. Primär interessierte uns die Frage, was passiert, nachdem Gefangene vor Gericht gegen die Anstalt gewonnen haben. Um dieser Frage nachzugehen, war es zunächst erforderlich, eine ausreichende Zahl derartiger Gerichtsentscheidungen zu identifizieren.

Dabei stellte sich jedoch heraus, daß völlig unklar ist, wieviele Strafgefangene ihr Recht vor den Gerichten suchen und erst recht, wieviele es dort finden. In welchem Umfang kontrollieren Gerichte die Maßnahmen des Vollzuges? Um welche Art von Konflikten geht es dabei im Einzelnen? Welche Erfolgschancen haben die Beteiligten? Und: was heißt dabei überhaupt "Erfolg"?

Zwar veröffentlicht das Statistische Bundesamt jährlich einen Nachweis über den "Geschäftsanfall" der Zivil- und Strafgerichte. Die Strafvollzugsverfahren sind dort jedoch offenbar nicht enthalten[1]. Auch eine für die (alte oder neue) Bundesrepublik repräsentative empirische Untersuchung dieser Frage ist bisher nicht vorhanden. Die existierenden Arbeiten zeigen stets nur einen kleinen Ausschnitt von wenigen Vollzugsanstalten und/oder Landgerichtsbezirken (vgl. insbs. ROTTHAUS 1961, WAGNER 1976; DIEPENBRUCK 1981; LAUBENSTEIN 1984; KAMANN 1991; PLUMBOHM 1993).

Auch unsere "Vorstudie" kann diese Lücke nicht wirklich schließen. Dazu hätte es einer bundesweiten Erhebung bei den (1988) 95 Landgerichten bedurft, welche, "soweit in ihrem Bezirk für Erwachsene Anstalten unterhalten werden, in denen Freiheitsstrafe oder freiheitsentziehende Maßregeln der Besserung und Sicherung vollzogen werden" (§ 78a GVG), Strafvollstreckungskammern eingerichtet haben. Eine solche Erhebung von schätzungsweise mehreren tausend Entscheidungen hätte schon unsere zeitlichen und finanziellen Möglichkeiten weit überschritten. Ganz abgesehen davon,

---

1   Für die Landgerichte kann man dies aus der Art der Erledigungen entnehmen, da dort Anträge auf gerichtliche Entscheidung nach dem Strafvollzugsgesetz nicht vorkommen; bei den Oberlandesgerichten tauchen Rechtsbeschwerden zwar auf, aber nur die nach dem Gesetz über Ordnungswidrigkeiten.

daß mit erheblichen Verweigerungen durch die Gerichte und infolgedessen mit Lücken zu rechnen gewesen wäre.

Wir haben uns stattdessen auf eine Erhebung bei den Oberlandesgerichten beschränkt, die als Rechtsmittelinstanz über die "Rechtsbeschwerde" gegen Entscheidungen der in erster Instanz zuständigen Strafvollstreckungskammern entscheiden (§ 121 Abs. 1 Ziff. 3 GVG). Dies hat den Vorteil, daß eine repräsentative Erhebung sich auf (damals) nur 15 Gerichte beschränken kann. Es hat den Nachteil, daß wir solche Verfahren nicht erfassen können, die in der ersten Instanz enden[2] Die folgende Darstellung kann daher nur für sich in Anspruch nehmen, einige quantitative Daten zu den "Rechtsbeschwerden" im engeren Sinne beizutragen. Auf den gerichtlichen Rechtsschutz im Strafvollzug insgesamt sind nur sehr vorsichtige Rückschlüsse möglich. Ergänzend können allerdings zwei neuere Arbeiten herangezogen werden, die - durch unsere Untersuchung angeregt - ähnlichen Fragestellungen auf anderem Wege nachgehen:

Kamann, als der einzige für die JVA Werl zuständige Strafvollstreckungsrichter, hat seine Praxis der Jahre 1986 bis 1989 retrospektiv aufgearbeitet. Dabei geht er unter anderem dem "Erfolg in Zahlen" der rechtsschutzsuchenden Gefangenen nach (KAMANN 1991, 147 ff).

Plumbohm hat in Laufe einer langjährigen Haftstrafe insgesamt 299 Anträge auf gerichtliche Entscheidung nach dem Strafvollzugsgesetz gestellt. Ist dies schon ungewöhnlich genug, so erst recht, daß er dieses Material nachträglich statistisch aufbereitet und veröffentlicht hat. Nicht zuletzt geht es ihm dabei um den Nachweis, daß die "Erfolgsquoten" bei Gefangenen höher sind als üblicherweise angenommen (PLUMBOHM 1993, 38).

1. Anrufung von Gerichten

In der Zeit vor Inkrafttreten des Strafvollzugsgesetzes scheinen nur wenige Gefangene den Rechtsweg beschritten zu haben. Er führte

---

2   Unsere Vermutung, daß "die Vollzugsverwaltung fast immer Rechtsbeschwerde einlegt, wenn sie vor der Kammer unterliegt" (Feest/Selling 1988, 249) ist durch unsere Untersuchung selbst widerlegt worden.

damals nach § 23 EGGVG direkt zum jeweiligen Oberlandesgericht. Für das erste Jahr nach Einführung dieser gerichtlichen Überprüfung von Vollzugsakten fand Rotthaus in einem der Vollzugsamtsbezirke von Nordrhein-Westfalen nur einen einzigen Antrag auf gerichtliche Entscheidung. Bei einer Durchschnittsbelegung von 4782 in dem untersuchten Bezirk entspricht dies einer Anrufungsquote von weit weniger als einem Promille (ROTTHAUS 1961, 215).

Für den gesamten Zeitraum vor Inkrafttreten des Strafvollzugsgesetzes sind Zahlen nur für das Berliner Oberlandesgericht (Kammergericht) veröffentlicht. Zwischen 1961 und 1975 erreichten pro Jahr durchschnittlich 47 Gefangenenbeschwerden dieses Gericht. Die Zahlen schwankten von Jahr zu Jahr, doch ist insgesamt eine steigende Tendenz zu erkennen. Bezogen auf die Berliner Gefangenenpopulation läßt sich für das im Durchschnitt liegende Jahr 1975 eine Antragsquote von 1,4 Prozent errechnen.

Demgegenüber fand eine Untersuchung in Bremen schon für das erste Jahr nach Inkrafttreten des Strafvollzugsgesetzes (1977) eine Antragsquote von 6,6 Prozent (FORETNIK 1979). Nur ein Jahr später liegt diese Quote für die JVA Diez (Rheinland-Pfalz) bereits bei 19 Prozent und steigt dort bis zum Jahre 1980 auf 33 Prozent (berechnet nach LAUBENSTEIN 1984, 70). Für das Jahr unserer Untersuchung (1986) stellt Kamann in der JVA Werl eine Antragsquote von 54 Prozent fest. Er weist allerdings darauf hin (KAMANN 1991, 147), daß die Zahl der Verfahren höher ist als die der Antragsteller; auch die Zahl der Antragsteller lag aber noch zwischen 15 und 20 Prozent. Dies wird durch die von PLUMBOHM (1993) mitgeteilten Zahlen unterstrichen, der als Einzelner in 14 Jahren 299 Anträge auf gerichtliche Entscheidung und das heißt pro Jahr durchschnittlich 21 solcher Anträge gestellt hat.

Zusammenfassend kann wohl gesagt werden, daß der vom Strafvollzugsgesetz eingerichtete Rechtsweg zu den Strafvollstreckungskammern mindestens in den ersten zehn Jahren zu einer absolut wie relativ (zur Zahl der Gefangenen) erheblichen Steigerung der Anträge auf gerichtlichen Rechtsschutz geführt hat. Nachdem sich die Zahlen in den letzten Jahren auf einem relativ hohen Niveau einpendelten (KAMANN 1991, 148), sinken sie erst in allerjüngster Zeit wieder.

Naturgemäß erheblich geringer ist die Anzahl der Gefangenen, die nach negativem Ausgang bei der StVK ihr Begehren mit der Rechtsbeschwerde zum Oberlandesgericht weiterverfolgen. FO-RETNIK (1979) hatte für das Jahr 1977 in Bremen 5 Rechtsbeschwerden gefunden, was - wiederum auf die Stichtagspopulation bezogen - einer Antragsquote von 0,9 Prozent entspricht; schon für das Jahr 1978 stellte er jedoch eine Verdopplung der Rechtsbeschwerden und damit auch eine Steigerung der Antragsquote auf 1,8 Prozent fest. Für den Zeitraum 1979/80 fand Diepenbruck in den drei von ihm untersuchten Anstalten (Bayreuth, Freiburg, Willich) ebenfalls, daß 1,8 Prozent der Gefangenen von dem Instrument der Rechtsbeschwerde Gebrauch machten (DIEPENBRUCK 1981, 206). KA-MANN (1991) stellte für die JVA Werl im Jahre 1986 95 Rechtsbeschwerden und somit eine Rechtsbeschwerdequote von 10 Prozent fest. Zweifellos ist es also auch auf der Ebene der Oberlandesgerichte zu einem erheblichen Anstieg der Verfahren gekommen.

Mangels einer bundesweiten Gesamtstatistik wissen wir nicht genau, auf wieviele Verfahren vor der Strafvollstreckungskammer eine Rechtsbeschwerde zum Oberlandesgericht kommt. Auch dies kann jedoch aufgrund der vorliegenden Einzeluntersuchungen grob geschätzt werden. Den insgesamt 15 Rechtsbeschwerden, die Foretnik in Bremen für die Jahre 1977/78 festgestellt hat, entsprachen 66 Entscheidungen der Strafvollstreckungskammern im gleichen Zeitraum, was ein Verhältnis von 1: 4,4 ergibt. Diepenbruck hat für die drei von ihm untersuchten Anstalten für den Zeitraum 1979/80 ermittelt, daß auf 30 Anträge beim Landgericht 4 Rechtsbeschwerden zum OLG entfallen, was einem Verhältnis von 1: 7,5 entspricht (DIEPEN-BRUCK 1981, 206). Aus den von KAMANN (1991, 365 ff) ermittelten Zahlen lassen sich für die StVK Arnsberg/Werl folgende Verhältnisse von OLG zu LG-Entscheidungen errechnen: 1986 - 1: 5,4; 1987 - 1: 4,8; 1988 - 1 :4,9; 1989 - 1: 7,7. PLUMBOHM (1993, 43, Fußnote 3) berichtet, daß er gegen jede vor der Strafvollstreckungskammer verlorene Entscheidung Rechtsmittel zum OLG eingelegt habe; im Ergebnis ergibt dies bei ihm ein Verhältnis von 1: 1,3 (berechnet nach PLUMBOHM 1993, 43). Umgekehrt resignieren offenbar viele Gefangene nach einem beim Landgericht verlorenen Verfahren. Im Durchschnitt kann davon ausgegangen werden, daß im Untersuchungszeitraum auf fünf bis sieben Landgerichtsentscheidungen eine Rechtsbeschwerde kam.

1.1. Einlegung von Rechtsbeschwerden

Hier setzt unsere eigene Untersuchung ein, die als Totalerhebung für das Jahr 1986 bei den mit Strafvollzugssachen befaßten Oberlandesgerichten der BRD angelegt war. Von den insgesamt 19 Oberlandesgerichten der Bundesrepublik und West-Berlins waren dies damals Bamberg, Berlin, Bremen, Celle, Frankfurt a.M., Hamburg, Hamm, Karlsruhe, Koblenz, München, Nürnberg, Saarbrücken, Schleswig, Stuttgart, Zweibrücken. Eine Umfrage bei den Präsidenten dieser Gerichte ergab, daß im Jahre 1986 bei diesen Gerichten 1426 Rechtsbeschwerden in Strafvollzugssachen (§ 116 StVollzG) erhoben wurden. Tabelle 3 zeigt deren Verteilung auf die einzelnen Gerichte.

Tabelle 3:   Eingegangene Rechtsbeschwerden gem. § 116 StVollzG nach OLGen (1986)

Bamberg	4	Hamburg	35	Nürnberg	61
Berlin	70	Hamm	316	Saarbrücken	56
Bremen	2	Karlsruhe	53	Schleswig	8
Celle	216	Koblenz	123	Stuttgart	36
Frankfurt	300	München	59	Zweibrücken	87

1986 insgesamt: 1426 Rechtsbeschwerden

Nur drei Oberlandesgerichte (Hamm, Frankfurt, Celle) haben weit über die Hälfte aller in der Bundesrepublik eingelegten Rechtsbeschwerden zu entscheiden und damit maßgeblichen Einfluß auf die Rechtsfortbildung in Strafvollzugssachen.

Gemessen an der Zahl von 31 825 Gefangenen, die am 1. Januar 1986 in den Haftanstalten der Bundesrepublik und West-Berlins eine Freiheitsstrafe verbüßten (Statistisches Bundesamt: Strafvollzug 1986. Wiesbaden 1987, 11), entfielen in diesem Jahr auf 1000 Gefangene 45 Rechtsbeschwerden.

Tabelle 4: Eingegangene Rechtsbeschwerden gem 116 StVollzG nach
Ländern bzw. Vollzugsgemeinschaften (1986)

Berlin	70	NRW	316	Saarland	56
VGM-Nord	45	Baden-Wttbg	89	Hessen	300
N'sachsen	216	Rhld.Pfalz	210	Bayern	124

Setzt man die Zahl der eingelegten Rechtsbeschwerden ins Verhältnis zur Zahl der im jeweiligen Bundesland einsitzenden Gefangenen, dann offenbaren sich ebenfalls erhebliche Unterschiede in der (Rechts-) Beschwerdedichte: Sie ist am höchsten in Hessen (136 Rechtsbeschwerden pro 1000 einsitzende Gefangene), im Saarland (129) und in Rheinland-Pfalz (112), immer noch überdurchschnittlich in Niedersachsen (65), während Nordrhein-Westfalen (39) und Berlin (28) bereits unter dem Durchschnitt liegen. In Bayern (20), Baden-Württemberg (20) und den drei nördlichen Bundesländern (16), die damals durch Verträge zu einer Vollzugsgemeinschaft verbunden waren, wird von dem Institut Rechtsbeschwerde mit Abstand am wenigsten Gebrauch gemacht.

Die beträchtlichen Unterschiede im relativen Rechtsbeschwerdeaufkommen sind vermutlich nicht zufällig. Vor allzu schnellen Erklärungen muß jedoch gewarnt werden. Schon ein Blick auf die Daten zeigt, daß das allseits beliebte Nord-Süd-Schema für die Erklärung nichts hergibt. Tatsächlich kann ein niedriges Aufkommen von Anträgen auf gerichtliche Entscheidung unterschiedliches bedeuten: Es kann einerseits darauf beruhen, daß die Verhältnisse in den betreffenden Anstalten den Gefangenen weniger Anlaß zum Beschreiten des Rechtswegs geben; es kann andererseits darauf zurückzuführen sein, daß Gefangene dort, wo sie sich von den Gerichten kaum Abhilfe gegen Mißstände versprechen, auf das Beschreiten des Rechtsweges eher verzichten. Von ähnlichen Überlegungen dürfte das Einlegen des Rechtsmittels der Rechtsbeschwerde abhängig sein: Interviews mit Anstaltsleitern haben uns darüber belehrt, daß diese nur zu gerne auf Rechtsmittel verzichten, wenn sie von der Strafvollstreckungskammer dazu verpflichtet werden, die Betroffenen neu zu bescheiden.

Mag auch die Rechtsbeschwerdenquote pro 1000 Gefangene klein erscheinen, so ist es die Gesamtzahl gewiß nicht. Dies zeigt ein Vergleich mit den Rechtsbeschwerden nach dem Ordnungswidrigkeitengesetz: den 1426 Rechtsbeschwerden nach dem StVollzG standen im Jahre 1986 etwa 2.000 nach dem OWiG gegenüber (Statistisches Bundesamt 1987).

Der relativ hohen Zahl höchstrichterlicher Entscheidungen entspricht übrigens nur eine relativ kleine Zahl von Entscheidungsveröffentlichungen. Einen recht zuverlässigen Überblick über die Gesamtzahl der veröffentlichten OLG-Entscheidungen zum Strafvollzug bietet der Bestand der Computer-Datenbank JURIS. Bis zum Jahre 1986 waren hier insgesamt ca. 500 einschlägige Entscheidungen gespeichert, also etwa 50 für jedes Jahr seit Geltung des StVollzG. Die Vollzugsverwaltungen der Länder tauschen untereinander unveröffentlichte Gerichtsentscheidungen aus, die sie für wichtig halten. Dies führt dazu, daß die Vollzugsverwaltungen (gegenüber den Gefangenen und ihren Anwälten) über einen erheblichen Informationsvorsprung verfügen.[3]

1.2. Zulässigkeit der Rechtsbeschwerden

Die Rechtsbeschwerde ist der Revision nachgebildet. Ihre Zulässigkeit verlangt neben den formalen Voraussetzungen des § 118 StVollzG (Form, Frist, Begründung), daß auch die Bedingungen des § 116 Abs. 1 StVollzG erfüllt sind. Damit werden an die Zulässigkeit einer Rechtsbeschwerde hohe Anforderungen gestellt.

Wir haben das Problem der "Zulässigkeitshürde" nicht für sämtliche Oberlandesgerichte überprüft. Die uns von einzelnen Gerichten mitgeteilten Daten (Tabelle 5) zeigen jedoch, daß zwischen 75 und 100 Prozent aller Rechtsbeschwerden als unzulässig verworfen werden.

---

3   Dies wird nur geringfügig dadurch ausgeglichen, daß das Strafvollzugsarchiv an der Universität Bremen einige wenige dieser unveröffentlichten Entscheidungen den Gefangenenzeitungen zum Abdruck anbietet.

Tabelle 5: Zulassung von Rechtsbeschwerden (1986)

OLG	Eingänge	davon zulässig
	N	N (%)
Celle	150	31 (21%)⁴
Nürnberg	61	15 (25%)
Schleswig	6	0 (0%)
Stuttgart	36	7 (19%)
Zweibrücken	99	9 (11%)

Eine genauere Untersuchung hat inzwischen kamann für den Bereich des LG Arnsberg/Werl vorgelegt (KAMANN 1991, 367). Sie zeigt, daß von 517 im Jahre 1986 von der Strafvollstreckungskammer getroffenen Entscheidungen 95 (18 Prozent) mit der Rechtsbeschwerde angefochten wurden. Davon wurden 84 als unzulässig verworfen. Dies bedeutet, daß vom OLG Hamm nur 2 Prozent aller Rechtsbeschwerden gegen Entscheidungen des LG Arnsberg/Werl für zulässig erklärt wurden.

Die im Jahre 1986 für unzulässig erklärten Rechtsbeschwerden stammten fast durchweg von Gefangenen: Beim OLG Celle wurde immerhin dreimal auch der Verwaltung bescheinigt, das Gericht unzulässigerweise angerufen zu haben; beim OLG Hamm kam im Jahre 1986 nur eine der 84 für unzulässig erklärten Rechtsbeschwerden von der Verwaltung, in den Jahren 1986-1989 nur 2 von insgesamt 265 (KAMANN 1991, 367).

Die Erklärung für diesen Befund könnte darin liegen, daß die Zulässigkeitshürde erhebliche inhaltliche Kompetenzen (Kenntnis des Strafvollzugsrechtes und der - größtenteils unveröffentlichten -

---

4   Das OLG Celle hatte uns offiziell 216 Rechtsbeschwerden mitgeteilt. Eine Untersuchung vor Ort ergab jedoch, daß diese Zahl sämtliche Eingänge in Vollzugs- und Vollstreckungssachen umfaßt, für die der Senat zuständig ist (also auch Anträge auf einstweilige Anordnung, Kostenbeschwerden etc.)

Rechtsprechung) voraussetzt. Daß diese Kompetenz bei professionellen Vielfachprozessierern eher vorhanden ist als beim durchschnittlichen Strafgefangenen, ist mehrfach nachgewiesen worden (BENDER/SCHUMACHER 1980; für den Strafvollzug vgl. LAUBENSTEIN 1984, 123 f.).

Eine Analyse der uns für das Jahr 1986 zugänglichen Zulässigkeitsentscheidungen bestätigt diese Hypothese. Nur sehr wenige Fälle lassen erkennen, daß die Obergerichte sich mit offensichtlich unsinnigen und skurrilen Anträgen zu befassen haben, wie im folgenden vom OLG Hamburg entschiedenen Fall (Vollz Ws 5-7 und 10-26/86):

"Der Strafgefangene hat in der Zeit zwischen dem 28.1. und 5.2.1986 beim Hanseatischen Oberlandesgericht eine Anzahl gleichartiger und gleichlautender maschinenschriftlicher Beschwerden eingereicht. Im Briefkopf ist jeweils 'Hans-Peter Neustadt, Export und Import' ausgewiesen. Der Inhalt dieser Schreiben enthält neben der Angabe eines Aktenzeichens der Strafvollstreckungskammer lediglich die Mitteilung, daß 'hiermit gegen den Beschluß des LG Hamburg Beschwerde eingelegt wird'. Die Unterschrift ist unleserlich, ihr ist mit Schreibmaschine beigefügt: 'Hans-Peter Neustadt, Rechtsabteilung'. Die Eingaben mit dem Aktenzeichen (98) Vollz 24/86, 31/86 und 32/86 konnten keinem der bei der Strafvollstreckungskammer vom Beschwerdeführer anhängig gemachten Verfahren zugeordnet werden. Die Eingaben mit dem Aktenzeichen (98) Vollz 26/86, 30/86 und 33/86 beziehen sich dagegen auf Verfahren, die nicht den Beschwerdeführer betreffen".

In einer großen Zahl der Fälle wird die Rechtsbeschwerde wegen Formverstößen nicht zugelassen[5]: weil sie im Verfahren der einstweiligen Verfügung nicht zulässig sei; weil sie nicht durch einen Anwalt oder zu Protokoll der Geschäftsstelle eingelegt worden seien; oder weil sie zwar zu Protokoll des Urkundsbeamten (der regelmäßig ins Gefängnis kommt) gegeben worden war, dieser aber seine

---

5   Schon beim Landgericht ist der Prozentsatz solcher Anträge sehr hoch. Kamann stellte fest, daß beim LG Arnsberg/Werl etwa die Hälfte aller in den Jahren 1986 bis 1989 gestellten Anträge für unzulässig erklärt wurden (Kamann 1991, 180 ff).

Kontrollfunktion nicht hinreichend wahrgenommen habe. Dies sagt offenbar nichts über die inhaltliche Begründetheit oder Unbegründetheit dieser Rechtsbeschwerden aus. Es spricht vielmehr dafür, daß die Antragsteller juristisch unbewandert sind und zum Teil meinen, man könne sich mit guten Argumenten über "bloße" Formalitäten hinwegsetzen.

Hinzu kommen jene Fälle, in denen das OLG die Frage verneint, ob es "geboten ist, die Nachprüfung zur Fortbildung des Rechts oder zur Sicherung einer einheitlichen Rechtssprechung zu ermöglichen" (§ 116 Abs. 1 StVollzG). Damit soll die Rechtsbeschwerde auf Fälle beschränkt werden, die entscheidungserhebliche rechtliche Fragestellungen enthalten, welche Anlaß geben, "Leitsätze für die Auslegung von Normen des materiellen oder formellen Rechts aufzustellen, oder sich auftuende Lücken der gesetzlichen Regelung rechtsschöpferisch auszufüllen" (AK-Volckart § 116 Rz 5; BGHSt 24, 21). Diese sogenannte "revisionsrechtliche" Ausgestaltung der Rechtsbeschwerde gibt den Obergerichten einen erheblichen Entscheidungsspielraum. Sie können sich mehr oder weniger in die Praxis der Untergerichte einmischen, mehr oder weniger Einzelfälle auch unter Gerechtigkeitsgesichtspunkten an sich ziehen.

Die folgende Auswertung bezieht sich ausschließlich auf die uns vorliegenden Rechtsbeschwerden des Jahres 1986. Im Hinblick auf unsere Hauptuntersuchung hatten wir darauf verzichtet, uns die "einstimmig für unzulässig oder für offensichtlich unbegründet" erachteten und daher ohne Begründung ergangenen Beschlüsse (§ 119 Abs.3 StVollzG) zusenden zu lassen. Wir hatten die Oberlandesgerichte vielmehr nur gebeten, uns alle "mit Gründen ergangenen" Entscheidungen zu überlassen, soweit uns diese nicht bereits aus anderer Quelle (Anwälte, Gefangene, Justizverwaltung) zugegangen waren. Leider haben sich einige Oberlandesgerichte ganz (Karlsruhe, Koblenz, München, Nürnberg) bzw. teilweise (Berlin[6]) auch dieser eingeschränkten Erhebung verweigert. Von allen übrigen Gerichten haben wir jedoch die von uns gewünschten Unterlagen erhalten. Sie

---

6   Das KG Berlin war aus Gründen des Arbeitsaufwandes nicht bereit, uns sämtliche der (ca. 40) mit Gründen ergangenen Entscheidungen zu übersenden. Stattdessen erhielten wir nur die zugunsten der Betroffenen ergangenen Beschlüsse.

ermöglichen erstmalig einen Überblick über die von den Obergerichten inhaltlich behandelten Rechtsbeschwerden.

Wir haben weiter oben festgehalten, daß es ausnahmsweise vorkommt, daß eine Rechtsbeschwerde der Verwaltung als unzulässig
verworfen wird. Es ist jedoch sicherlich außerordentlich unwahrscheinlich, daß eine Rechtsbeschwerde der Verwaltung einstimmig
für unzulässig oder offensichtlich unbegründet gehalten wird. Dies
käme - unter Juristen - einer schallenden Ohrfeige gleich, was (wie
uns ein Richter am OLG versicherte) daher soweit wie irgend möglich vermieden werde. Wir gehen daher im Folgenden davon aus,
daß unsere Untersuchungsstichprobe zwar keineswegs alle Rechtsbeschwerden von Betroffenen, dafür aber (so gut wie) alle der Vollzugsverwaltung enthält.

1.3. Betroffene und Streitgegenstände

Welche Konflikte führen im Vollzug hauptsächlich zu Beschwerden
von Gefangenen (oder anderen Betroffenen)? Und welche dieser Beschwerden führen in der Folge zu Anträgen auf gerichtliche Entscheidung bzw. zu Rechtsbeschwerden. Auch zu diesen Fragen war
bisher nicht viel bekannt.

Aus zwei regional begrenzten Untersuchungen wissen wir, welche Konflikte Ende der 70er-Jahre zu anstaltsinternen Beschwerden
führten: So wurde für zwei baden-württembergische Anstalten ermittelt, daß dies in erster Linie Probleme im Zusammenhang mit
Vollzugslockerungen (Ausgang, Urlaub, Freigang) waren (JVA
Stuttgart 1980, 116). In der anderen Untersuchung stehen dagegen
Beschwerden über das "Beamtenverhalten" (Beleidigungen, körperliche Anrempeleien, ungerechte Behandlung etc.) im Vordergrund,
gefolgt von Problemen mit dem Postverkehr und dem Urlaub
(Diepenbruck 1981, 202 ff). In keiner der beiden genannten Studien
wird mitgeteilt, welche dieser Konflikte schließlich zu Anträgen auf
gerichtliche Entscheidung führten.

Über die Streitgegenstände der Verfahren vor der Strafvollstrek-
kungskammer hat Kamann aus der Praxis des LG Arnsberg/Werl
Angaben für die Jahre 1986 bis 1989 gemacht (KAMANN 1991, 370).
Daraus ist ersichtlich, daß mindestens bei dieser Strafvollstrek-

kungskammer Konflikte um Lockerungen weit im Vordergrund standen (gefolgt von Verlegungs- und Disziplinarmaßnahmen).

Für die Ebene der Oberlandesgerichte hat bisher nur unsere Vorveröffentlichung (FEEST/SELLING 1988, 255) Auskunft gegeben. Die dort wiedergegebenen Zahlen sind jedoch nicht systematisch erhoben, sondern beruhen auf sämtlichen uns seit 1985 auf den unterschiedlichsten Wegen bekanntgewordenen OLG-Entscheidungen. Dabei sind Verzerrungen verschiedenster Art nicht ausgeschlossen: die Landesjustizverwaltungen teilen sich gegenseitig (und damit indirekt auch dem Strafvollzugsarchiv der Universität Bremen) primär diejenigen Entscheidungen mit, die sie für "wichtig" halten. Auch die Gefangenen und deren Anwälte teilen dem Strafvollzugsarchiv primär solche Entscheidungen mit, die sie für "wichtig" halten. Es ist aber mehr als wahrscheinlich, daß dabei sehr unterschiedliche Kriterien der Wichtigkeit zugrundegelegt werden. Je nachdem, welche Seite mehr in unser Archiv einspeist, entsteht ein unterschiedliches Bild nicht zuletzt auch der Streitgegenstände.

Im Zentrum dieser Untersuchung steht der gerichtliche Rechtsschutz von Gefangenen. Nach § 109 StVollzG sind jedoch nicht nur Gefangene, sondern auch Außenstehende berechtigt, Antrag auf gerichtliche Entscheidung zu stellen, soweit sie meinen, in ihren Rechten verletzt zu sein. Beide Arten von Prozessgegnern der Vollzugsverwaltung bezeichnen wir im Folgenden als Betroffene (soweit wir nicht der Einfachheit halber von Gefangenen sprechen). Die Zusammensetzung der von Rechtsbeschwerden Betroffenen unserer Untersuchung kann aus Tabelle 6 ersehen werden.

Tabelle 6: Betroffene im Rechtsbeschwerdeverfahren (1986)

Betroffene	N	%	Kum %
männliche Gefangene	187	95,9%	95,9%
männl. Nicht-Gefangene	5	2,6%	98,5%
juristische Personen	3	1,5%	100,0%
Total	195	100%	

Es zeigt sich, daß Außenstehende nur in relativ geringem Maße gerichtlichen Rechtsschutz gegen die Vollzugsverwaltungen suchen. Bei den außenstehenden Betroffenen handelt sich dabei um Besucher (die sich über akustische Überwachung, Durchsuchungsanordnungen etc. beschweren), um Rechtsanwälte, Straffälligenhilfe-Vereine oder politische Parteien (die sich in ihrer Arbeit behindert sehen), in einem Fall um eine Versicherung (der die Anstalt Auskunft über einen inhaftierten Schuldner verweigert).

Besonders bemerkenswert ist, daß unter fast 200 Rechtsbeschwerden nicht eine einzige Frau als Betroffene auftaucht. Zwar sind nur etwa 4 Prozent der Gefangenen Frauen, dies würde aber immerhin bis zu acht betroffene Frauen in unserer Stichprobe erwarten lassen. Diese Unterrepräsentation von Frauen beim gerichtlichen Rechtsschutz im Strafvollzug wird auch durch weitere Daten unserer Untersuchung gestützt: so befindet sich unter den 100 in unserer qualitativen Untersuchung zugrundegelegten Erfolgs-Entscheidungen nur eine einzige, die von einer Frau erstritten wurde; dabei handelt es sich nicht um eine Gefangene, sondern um eine Vollzugshelferin (vgl. Anhang Fall 12). Auch eine von uns zusätzlich am Beispiel einer juristisch aktiven Gefangenen durchgeführte Fallstudie (Kapitel IV) unterstreicht den Befund, daß es sich dabei um eine Ausnahmeerscheinung handelt.

Zur weiteren Analyse haben wir nun diese Rechtsbeschwerden, den umstrittenen Rechtsfragen entsprechend, in einige Fallgruppen unterteilt: Lockerungen (Freigang, Ausgang, Urlaub, Ausführungen), Verlegung (innerhalb der Anstalt und zwischen Anstalten), Disziplinar- und Sicherungsmaßnahmen (einschließlich Durchsuchungen), Kommunikation mit der Außenwelt (Post/Telephon/Besuch), Arbeit/Ausbildung (einschließlich aller Geld- und Pfändungsfragen), Verfahrensfragen einschließlich Verkehr mit dem Verteidiger), Krankheit/medizinische Versorgung und schließlich Freizeit/ Sport. Aus der letzten Kategorie haben wir gegenüber der Vorveröffentlichung Fragen des persönlichen Besitzes und des Haftraumes ausgegliedert und daraus eine neue Kategorie gebildet, die zugleich alle Konflikte über die Privat- und Intimsphäre der Gefangenen umfaßt. Das folgende Schaubild zeigt, wieviele der insgesamt 195 Rechtsbeschwerden in welche Fallgruppen gehören:

Tabelle 7: Streitgegenstände beim OLG 1986 (keine Angabe: 6 Fälle)

	Initiator der Rechtsbeschwerde		
Streitgegenstand	Betroffene/r	Verwaltung	Zeilen/Total
Lockerungen	28 80.0%	7 20,0%	35 18,5%
Besitz / Zelle / Intimsphäre	22 81,5%	5 18,5%	27 14,3%
Verlegung	23 88,5%	3 11,5%	26 13,8%
Verfahren / Verteidigung	11 91,7%	1 8,3%	26 13,8%
Disziplin / Sicherung	20 87,0%	3 13,0%	23 12,2%
Post / Besuch	19 82,6%	4 17,4%	23 12,2%
Arbeit / Geld	14 66,7%	7 33,3%	21 11,1%
Krankheit/ med. Versorgung	5 71,4%	2 28,6%	7 3,7%
Freizeit/ Sport	5 100,0%	0 0,0%	5 2,6%
Sonstiges	9 90%	1 10,0	10 5,2%
Spalten/Total	156 82,5%	33 17,5%	189 100,0%

Tabelle 7 zeigt, daß Konflikte über Lockerungen deutlich im Vordergrund auch der oberlandesgerichtlichen Praxis stehen. An zweiter Stelle stehen Konflikte um Haftraum/Besitz/Intimsphäre und um Verlegungsfragen. Diese drei Kategorien machen bereits fast die Hälfte der Streitgegenstände aus. Erst danach kommen ziemlich gleichauf Post/Besuch, Disziplin/Sicherung und Arbeit/Geld. Diese sechs Bereiche machen über 80 Prozent aller vom OLG inhaltlich entschiedenen Rechtsbeschwerden aus.

In Tabelle 7 wird ferner danach unterschieden, wer die Rechtsbeschwerde erhoben hat ("Initiator"). Initiatoren des Verfahrens bei der Strafvollstreckungskammer sind stets die von einer Vollzugsentscheidung Betroffenen. Initiator des Rechtsbeschwerdeverfahrens kann sein, wer immer im Verfahren vor der Strafvollstreckungskammer unterliegt. Tatsächlich wird die große Masse der Rechtsbeschwerden von den Gefangenen und anderen Betroffenen eingelegt. Im Hinblick auf die strittigen Materien scheint es allerdings beim OLG kaum einen Unterschied zu machen, wer die Rechtsbeschwerde eingelegt hat. Allenfalls wenn es um Arbeit/Geld oder Krankheit/ medizinische Versorgung geht, also um kostenintensive Bereiche, ist eine überdurchschnittliche Rechtsbeschwerdehäufigkeit der Verwaltungen zu verzeichnen

Unter den von uns angestrengten Verfahren wurden nur 33 (17% der mit Gründen versehenen Entscheidungen) von den Vollzugsveranstaltungen angestrengt. Bezogen auf die Gesamtzahl der im Jahre 1986 entschiedenen Verfahren wären dies 2,5 Prozent (immer unterstellt, daß die Gerichte jede gegen die Verwaltung ergangene Entscheidung mit Gründen versehen haben). Es ist wohl davon auszugehen, daß über 95 Prozent der Rechtsbeschwerden von Betroffenen stammen.

2. Erfolge bei Gericht

Wie wir schon gesehen haben, setzt eine zunehmende Zahl von Gefangenen bei Konflikten mit der Anstalt Hoffnungen auf die Gerichte. Aber sind solche Hoffnungen gerechtfertigt? In welchem Umfang machen die Gerichte von Ihren Interventionsmöglichkeiten Gebrauch? Stellen sie ein nennenswertes Gegengewicht gegen die

Macht der totalen Institution Gefängnis dar? Und was ist vernünfti-
gerweise unter "Erfolg" zu verstehen? Auch zu diesen Fragen gibt es
bislang nur sehr unvollkommene und widersprüchliche Aussagen.

Die einzige systematische Untersuchung für die Zeit vor Inkraf-
treten des Strafvollzugsgesetzes betrifft die Entscheidungspraxis des
Kammergerichts Berlin. WAGNER (1976) hat dort eine Erfolgsquote
der Gefangenen von durchschnittlich 1 Prozent ermittelt. Wenn
SCHÜLER-SPRINGORUM (1969, 20) eine Erfolgsquote von 10 Prozent bei Oberlandesgerichten behauptet, dann dürfte dies auf der
spezifischen Selektion der ihm zugänglich gemachten Entscheidungen beruhen.

Für die Zeit nach Inkrafttreten des Strafvollzugsgesetzes liegen
fünf empirische Untersuchungen der obergerichtlichen Praxis vor:

FORETNIK hat insgesamt 15 Rechtsbeschwerden erfaßt, wovon
zwei zugunsten des beschwerdeführenden Gefangenen ausgingen.
DIEPENBRUCK (1981, 206) hatte insgesamt nur vier Rechtsbeschwerden ermittelt, welche durchwegs erfolglos blieben. Beides ist
wegen der geringen Fallzahl nicht ernsthaft prozentuierbar. LAU-
BENSTEIN fand für die Jahre 1977 bis 1979 beim OLG Koblenz 16,5
Prozent erfolgreich eingelegte Rechtsbeschwerden gegen Entscheidungen der StVK's Koblenz/Diez und Trier (1984, 154). Dagegen ist
die Ausbeute für die Gefangenen zehn Jahre später beim OLG
Hamm vergleichsweise gering, soweit sich ihre Rechtsbeschwerden
gegen Entscheidungen der StVK Arnsberg/Werl richten: nach den
Feststellungen von Kamann waren dort in den Jahren 1986 bis 1989
nur 2,1 % erfolgreich. Vergleichsweise erfolgreich war andererseits
Plumbohm, dem das Oberlandesgericht Frankfurt in den Jahren 1977
bis 1991 in 10 Prozent der Fälle recht gab (PLUMBOHM 1993, 43);
die von ihm mitgeteilten noch höheren Erfolgsquoten beruhen auf
Erfolgen beim Landgericht, die von der Anstalt nicht angefochten
wurden.

2.1. "Erfolge" beim Oberlandesgericht

Die genannten Untersuchungen teilen zumeist nicht mit, was sie
unter "Erfolg" verstehen. Nur Kamann problematisiert diesen Begriff,

indem er bei der Strafvollstreckungskammer zwischen "unbe-
dingten Erfolgen" und "bedingten" Erfolgen der Gefangenen unterscheidet. Unter letzteren versteht er diejenigen Fälle, "in denen eine
unbedingte Erreichung des Ziels nicht festgestellt werden kann, eine
volle Zurückweisung des Antrags aber auch nicht vorliegt, sondern
die Verpflichtung zur Neubescheidung angeordnet ist" (1991, 151);
außerdem weist er auf die Möglichkeit hin, daß der Antragsteller
außerhalb des eigentlichen Verfahrens sein Ziel erreichen kann, was
sich prozessual nur als "Erledigung in der Hauptsache" niederschlägt
(KAMANN 1991, 152). Wir möchten diese Unterscheidungen auf-
greifen und sie für die Ebene des Oberlandesgerichts ergänzen. Dort
sind folgende Varianten zu unterscheiden:

1.   ein eindeutiger Erfolg der Betroffenen besteht darin, daß das
OLG selbst inhaltlich zu ihren Gunsten entscheidet. Eine solche
"Durchentscheidung" des OLG ist nur möglich, "wenn die Sache
spruchreif ist" (§ 119 Abs. 4 Satz 2 StVollzG).

2.   der Erfolg ist immerhin noch möglich, wenn das OLG die StVK-
Entscheidung aufhebt und die Sache zu weiteren Ermittlungen und
neuer Entscheidung an die StVK zurückverweist.

3.   Ein gewisses Maß an Erfolg liegt aber auch vor, wenn das Gericht keine Sachentscheidung trifft, die Kosten des Verfahrens aber
der Staatskasse auferlegt. Hier haben die Betroffenen entweder ihr
Ziel außergerichtlich erreicht oder sie hätten es nach Sachlage erreicht, wenn nicht aus anderen Gründen (Entlassung etc.) Erledigung
eingetreten wäre.

Diese drei Entscheidungsmöglichkeiten des OLG werden im Folgenden zugrundegelegt. Bei den folgenden Tabellen ist jedoch stets
zu beachten, daß sie nur die vom OLG für zulässig erklärten Rechtsbeschwerden betreffen. Die Erfolgsquoten der Betroffenen sind daher auf den ersten Blick günstiger als die anderer Untersuchungen.
Die reale Erfolgsquote muß hier aber stets zusätzlich im Hinblick auf
die Gesamtzahl der Rechtsbeschwerden des Jahres 1986 ermittelt
werden.

Tabelle 8:   Verfahrensausgang nach Initiatoren
               (OLG-Entscheidungen)

	Initiator der Rechtsbeschwerde		
	Betroffene	Verwaltung	Gesamt
Betroffene/r gewinnt Gewinnquote des B.	28 17,3%	10 30,3%	38 19,5%
Verwaltung gewinnt Gewinnquote der Verw.	66 40,7%	15 45,5%	81 41,5%
Zurückverweisung	62 38,3%	7 21,2%	69 35,4%
Erledigung	6 3,7%	1 3,0%	7 3,6%
Gesamt (= 100%)	162	33	195

Tabelle 8 zeigt, daß die Betroffenen einen vollen Erfolg in 19,5 Prozent der vom OLG für zulässig erklärten Rechtsbeschwerden erzielt
haben; demgegenüber war die Verwaltung in 41,5 Prozent dieser
Fälle erfolgreich[7]. In mehr als einem Drittel der Verfahren (35,4%) erfolgte eine Zurückverweisung an das Landgericht, wobei dies etwas
häufiger auf Initiative der Betroffenen (38, 3%) als auf Initiative der
Verwaltungen (21,2%) geschah. Erledigung wurde in 3,6 Prozent der
Fälle festgestellt.

Auf den ersten Blick ist dies keine großartige, aber auch keine
ganz schlechte Bilanz für die Gefangenen: immerhin gewinnen sie
jedes fünfte Verfahren und können in einem weiteren Drittel der
Verfahren weiter hoffen. Geht man von der Gesamtzahl der Ver-

---

7   Bemerkenswert ist zudem, daß die Betroffenen bei den von ihnen initiierten
     Beschwerden auf den ersten Blick weniger erfolgreich sind (17,3%) als bei den-
     jenigen Beschwerden, die durch die Verwaltung angestrengt wurden (30,3%).

fahren des Jahres 1986 (1426) aus, dann ist das Ergebnis eher ernüchternd: 38 von Gefangenen definitiv gewonnene Verfahren bedeuten nur 2,7% der 1986 vor die Oberlandesgerichte gebrachten Fälle.

2.2. Erfolge beim Landgericht

Soweit in der Literatur Zahlen über Rechtsbeschwerden auftauchen, wird auf das Phänomen der Zurückverweisungen nicht weiter eingegangen8. Es ist zu vermuten, daß die von Betroffenen erreichte Aufhebung einer Landgerichtsentscheidung als Erfolg gezählt wurde, auch wenn dieser Erfolg nur in einer Zurückverweisung bestand. Auf diese Weise dürfte die Erfolgsquote der Betroffenen beim OLG etwas überschätzt worden sein.

In einem weiteren, aufwendigen Untersuchungsschritt haben wir das Schicksal der zurückverwiesenen Entscheidungen weiterverfolgt. Einige Gerichte (konsistent insbesondere das LG Koblenz/AG Diez) haben uns die erwünschten Informationen nicht gegeben. Angesichts der publizierten Rechtssprechung des OLG Koblenz müssen wir vermuten, daß die uns fehlenden Informationen das Bild eher zu Ungunsten der Betroffenen verändert hätten. Die Ergebnisse unserer Untersuchung zu diesem Punkt (Tabelle 9) dürften daher maximale Erfolgsquoten für Betroffene darstellen:

---

8   Nur Plumbohm 1993, 44 macht dazu einige knappe Angaben, aus denen zu ersehen ist, daß die Zurückverweisungen mehrheitlich mit einer Niederlage für ihn geendet haben (gegen die er dann erneut vor Gericht gegangen ist).

Tabelle 9: Verfahrensabschluß bei Zurückverweisung im Jahre 1986
nach Initiatoren der Rechtsbeschwerde

| | Initiator der Rechtsbeschwerde | | |
	Betroffene	Verwaltung	Gesamt
Gesamt	48	7	55
in %	87,3%	12,7%	100%
Betroffene/r	10	1	11
Gewinnquote des B.	20,8%	14,3%	20%
Verwaltung gewinnt	26	5	31
Gewinnquote der Verw.	54,2%	71,4%	56,4%
Erledigung	12	1	13
	25.0%	14,3%	23,6%

Keine Angabe: 14 Fälle

Eine Betrachtung der Entscheidungen der Landgerichte nach Zurückverweisung (Tab. 9) zeigt, daß in der Mehrheit der Fälle (56,4%)
die Verwaltung letztlich erfolgreich ist. Dabei macht es keinen nen-
nenswerten Unterschied, wer die Entscheidung beim OLG erstritten
hat: Auch wenn dies die Betroffenen waren, wird deren "Erfolg"
beim OLG durch die Strafvollstreckungskammer in über 50 Prozent
der Fälle wieder zunichte gemacht. Nur in etwa jedem fünften der
zurückverwiesenen Fälle (20,0%) sind die Betroffenen beim Landgericht erfolgreich. In etwa jedem vierten der zurückverwiesenen Fälle
(23,6%) kann das Landgericht nur noch die Erledigung in der Hauptsache feststellen. Daß der Anteil der zuletztgenannten Fälle hier
deutlich höher liegt als beim OLG, erklärt sich wohl aus dem zusätzlichen Zeitablauf, der typische Veränderungen in der Situation
der Betroffenen (Entlassung, Verlegung etc.) mit sich bringt.

Bezogen auf die Gesamtzahl der Rechtsbeschwerdeverfahren des
Jahres 1986 sind 0,8 Prozent endgültige gerichtliche Erfolge der Betroffenen hinzugekommen. Zusammen mit den direkt beim OLG er-

reichten Erfolgen (2,7%) macht die Erfolgsquote der Gefangenen daher insgesamt 3,5 Prozent aus.

2.3. Exkurs: Erledigung

Wir haben festgestellt, daß sowohl beim OLG wie (nach Zurückverweisung) beim LG in manchen Fällen keine Entscheidung in der Hauptsache erfolgt, sondern "Erledigung" festgestellt wird. Diese Art des Verfahrensabschlußes ist in den älteren Untersuchungen überhaupt nicht erwähnt worden. Wir vermuten, daß nur Sachentscheidungen der Gerichte gezählt wurden.

Als erstem Autor ist es Kamann aufgefallen, "daß eine nicht geringe Zahl von Verfahren ohne Sachentscheidung zum Abschluß gekommen ist, wofür mannigfache Gründe verantwortlich sind" (KAMANN 1991, 152 f). In seinen Daten (Landgericht Arnsberg/Werl) findet er 23 Prozent solcher Verfahrensabschlüsse, wobei er folgende Fallgruppen unterscheidet:

a) Ablehnung einer Sachentscheidung wegen "nicht mehr hinnehmbarer Sprache" (dies sind eindeutige Mißerfolge der Betroffenen);

b) Rücknahme des Antrags durch die Betroffenen (hier ist es für das Gericht häufig schwer zu entscheiden, ob die Rücknahme wegen Aussichtslosigkeit oder umgekehrt wegen Aussicht auf eine innervollzugliche Lösung erfolgt);

c) Entfallen der Voraussetzungen einer Sachentscheidung (hier stehen Verlegungsfälle im Vordergrund, die stets einen Mißerfolg für die Betroffenen bedeuten, es sei denn, sie hätten gerade die Verlegung gerichtlich zu erstreiten versucht).

Nach ausführlicher Diskussion kommt KAMANN zu der Einschätzung, daß nur etwa ein Fünftel dieser Fälle als relativer Erfolg des Gefangenen gewertet werden kann (KAMANN 1991, 161). Wir haben in unserem Material vergleichsweise wenig Erledigungen, nämlich 7 beim OLG und weitere 13 (nach Zurückverweisung) beim LG, gefunden. Bezogen auf die Gesamtzahl der OLG-Entscheidungen des Jahres 1986 sind dies 1,4 Prozent. Dieser relativ niedrige Anteil von Erledigungen könnte darauf hinweisen, daß sich auch in den uns unbekannten (nicht "mit Gründen" versehenden) Verfahren weitere Erledigungen befinden. Die uns bekanntgewordenen Erledigungen haben wir ebenfalls versucht, unter dem Gesichtspunkt des Betroffenenerfolges zu klassifizieren. Einen Mißerfolg haben wir stets angenommen, wenn die Kosten den Betroffenen auferlegt wurden. Aber auch Fälle, in denen keine Kosten erhoben wurden, die Betroffenen aber eindeutig nicht ihr Prozeßziel erreicht haben, wurden als Mißerfolg registriert. Alles übrige haben wir auf dieser Ebene als Erfolg gewertet, unabhängig davon, ob es sich dabei um einen eher substantiellen oder mehr symbolischen Erfolg gehandelt hat. Angesichts der geringen Datenmenge sind hier nur vorsichtige Verallgemeinerungen möglich. In zwei Drittel der Fälle ist ein Erfolg i.w.S. der Betroffenen erkennbar. Bezogen auf die Gesamtzahl der 1986 entschiedenen Rechtsbeschwerden kommen hier 0,8 Prozent Erfolge hinzu, so daß die gerichtliche Erfolgsquote der Gefangenen im Rechtsbeschwerdeverfahren auf 4,3 Prozent steigt.

3. Erfolge in der Anstalt

Wir haben bisher die Gerichtsentscheidungen ausschließlich nach ihrer verfahrensmäßigen Bedeutung (als mehr oder weniger endgültig) klassifiziert. Nunmehr ist eine andere wichtige Dimension des Erfolges hinzuzufügen: die Verbindlichkeit gegenüber der Anstalt.

3.1. Verbindlichkeit der gerichtlichen Entscheidung

Drei Grade der Verbindlichkeit der gerichtlichen Entscheidung können unterschieden werden:

- Die Gerichtsentscheidung hat höchste Verbindlichkeit, wenn die Anstalt zu einem konkret bestimmten Handeln oder Unterlassen verpflichtet wird (§ 115 Abs. 4 Satz 1 StVollzG). Dies geschieht im allgemeinen nur dann, wenn die einschlägige Gesetzesnorm dem Betroffenen ausnahmsweise einen Anspruch gegenüber der Verwaltung einräumt. Die Anstalt darf eine derart verbindliche Gerichtsentscheidung nicht ignorieren. Inwieweit sie faktische Möglichkeiten hat, die Entscheidung zu unterlaufen, wird noch zu erörtern sein. Als Äquivalent einer absolut verbindlichen Gerichtsentscheidung haben wir auch diejenigen Fälle von Erledigung gezählt, die darauf beruhen, daß die Betroffenen das Gewünschte während des Gerichtsverfahrens erhalten haben, so daß sich eine formelle Entscheidung des Gerichts erübrigte.

- Die Gerichtsentscheidung bindet die Verwaltung weniger streng, wenn sie zu einer neuen Ermessentscheidung unter Berücksichtigung der Rechtsauffassung des Gerichts verpflichtet wird (§ 115 Abs. 4 Satz 2 StVollzG). Dies wird regelmäßig der Fall sein, wenn das Gesetz der Verwaltung ein Ermessen einräumt. Ähnlich gelagert sind die Fälle, in denen die Gerichte der Verwaltung einen Beurteilungsspielraum zubilligen. Beides trifft in dem praktisch wichtigsten Konfliktgegenstand, nämlich den Lockerungen, zusammen (Vgl. dazu AK-Hoffmann/Lesting § 11 Rz. 31 ff; AK-Volckart § 115 Rz. 23 ff). In all diesen Fällen ist die Anstalt zwar zu einer neuen Entscheidung verpflichtet, aber faktisch relativ frei, was den Inhalt dieser Entscheidung angeht.

- Die Gerichtsentscheidung kann schließlich einen bloß symbolischen Erfolg darstellen, etwa wenn das Gericht die Rechtswidrigkeit eines Handelns der Verwaltung feststellt (§ 115 Abs.3 StVollzG). Hierzu zählen wir jedoch auch die Erledigungen, in denen das Gericht die Verwaltung zur moralischen Verliererin erklärt, indem es dem Staat die Kosten auferlegt (§ 121 Abs. 2 Satz 2 StVollzG).

Bezogen hierauf haben wir das Gesamtergebnis des Rechtsbeschwerdeverfahrens im weiteren Sinne (d.h. einschließlich des Ergebnisses der auf Zurückverweisung erfolgten neuen Entscheidung der Strafvollstreckungskammer) in Tabelle 10 zusammengefaßt:

Tabelle 10: Rechtskräftiger gerichtlicher Erfolg der Betroffenen nach
Verbindlichkeit des Erfolges und nach Ländern

Bundesland	gerichtlicher Erfolg			
Beschwerdeanzahl	absolut	relativ	symbolisch	Gesamt
Baden -Würt.	-	2	-	2
89	-	100%	-	2,2%[9]
Bayern	1	1	-	2
124	50,0%	50,0%	-	1,6%
Berlin	6	2	1	9
70	66,7%	22,7%	11,1%	12,3%
Hessen	3	7	3	13
136	23,1%	53,7%	23,1%	9,6%
Niedersachsen	3	10	1	14
216	21,4%	71,4%	7,1%	6,5%
VG-Nord	-	-	1	1
45	-	-	100%	2,2%
NW	1	4	2	7
316	14,3%	57,1%	28,6%	2,2%
Rheinland-Pf.	8	1	-	9
210	88,9%	11,1%		4,3%
Saarland	3	1	-	4
56	75,0%	25,0%	-	7,1%
Spalten Total	25	28	8	61
1426	41,0%	45,9%	13,1	4,3%

Keine Angabe: 13 Fälle = 9,1%

---

9   Prozentangabe im Verhältnis zu Spalte 1.

Die hier ermittelte Gesamterfolgsquote (4,3%) ist in zweierlei Hinsicht zu relativieren. Zum einen zeigen sich bezogen auf die einzelnen (alten) Bundesländer erhebliche Unterschiede. Im Berichtszeitraum waren die Erfolgschancen bei Gericht für Gefangene in einigen Bundesländern (Berlin, Hessen, Saarland, Niedersachsen) um ein mehrfaches besser als in anderen Bundesländern (Baden-Württemberg, Bayern, Nordrhein-Westfalen, Vollzugsgemeinschaft Nord).

Zum anderen ist in weniger als der Hälfte (41,0%) der von uns untersuchten Fälle der Erfolg der Gefangenen ein absoluter. Manchmal (13,1%) mußten sie sich mit rein symbolischen Erfolgen (Feststellung der Rechtswidrigkeit; Erledigung/Kosten trägt Staatskasse) begnügen. Meistens (45,9%) war der Erfolg nur ein relativer, indem die Anstalt verpflichtet wurde, im Rahmen ihres Ermessens- oder Beurteilungsspielraumes eine neue Entscheidung zu treffen.

Bezieht man dies wieder auf die Gesamtzahl der 1986 von den Oberlandesgerichten entschiedenen Fälle, dann setzen sich die 4,3% gerichtlichen Erfolge der Gefangenen zusammen aus 0,7 Prozent rein symbolischen Erfolgen, 2,1 Prozent relativen (weil noch von der Anstalt zu konkretisierenden) Erfolgen und nur 1,6 Prozent absoluten Erfolgen der Betroffenen. Dies ist die Ausgangsposition von der aus die Umsetzung der Gerichtsentscheidung in der Praxis der Anstalten zu betrachten ist.

3.2. Implementation der Gerichtsentscheidung

Zur Umsetzung von Gerichtsentscheidungen hat es, abgesehen von unseren eigenen Vorstudien (LESTING/FEEST 1987; FEEST/LE-STING 1987), bisher keine empirischen Untersuchungen gegeben. Allerdings hat KAMANN (1993) neuerdings einige Renitenz-Fälle aus seiner Praxis vorgestellt. In all diesen Beiträgen bleibt jedoch die Frage nach der Häufigkeit ausdrücklich unbeantwortet. Dieser Frage wenden wir uns jetzt zu. Nicht zuletzt auch zu ihrer Klärung hatten wir die aufwendige Ermittlung von Gefangenenerfolgen im Rechtsbeschwerdeverfahren durchgeführt, über die wir weiter oben berichtet haben.

Unsere Untersuchung hat gezeigt, daß nur eine relativ kleine Zahl von Verfahren zu einem Erfolg der Betroffenen führen. Auch sind von diesen Erfolgen nicht alle umsetzbar: die bloß symbolischen Erfolge müssen hier außer Betracht bleiben, womit sich die Zahl der implementierbaren Erfolge weiter reduziert.

Tabelle 11: Implementierte Gerichtsentscheidungen nach Art des Erfolges bei Gericht und in der Anstalt (1986)

Art des rechtskräftigen Erfolges			
Erfolg in der Anstalt	absoluter Erfolg	Relativer Erfolg	Zeilen Total
ja	15 65,2%	8 34,8%	23 67,6%
teils	2 40,0%	3 60%	5 14,7%
nein	- -	6 100%	6 17,6%
Spalten Total	17 50,0%	17 50%	34 100%

Keine Angabe: 27 Fälle (von 61; vgl. Tabelle 10).

Tabelle 11 zeigt zunächst, daß es einen erheblichen Unterchied macht, welche Verbindlichkeit der gerichtliche Erfolg hatte: bei absoluten Gerichtserfolgen haben wir keinen Fall gefunden, in dem die Betroffenen nicht auch auf Anstaltsebene erfolgreich waren; dabei sind allerdings auch bloße Teilerfolge mitgerechnet. Bei bloß relativen Gerichtserfolgen ist dies deutlich anders. Wenn nämlich die Anstalt vom Gericht nur zur Neubescheidung verpflichtet wurde, fällt diese vielfach ganz (35%) oder teilweise (18%) negativ für die Betroffenen aus.

Insgesamt waren die Betroffenen in 23 von 34 (67,6%) der bei Gericht nicht nur symbolisch gewonnen Fälle in der Anstalt vollständig und in weiteren fünf Fällen (14,7%) teilweise erfolgreich. In elf Fällen ist den Gefangenen trotz positiver gerichtlicher Entscheidung auf den ersten Blick der Erfolg in der Anstalt versagt geblieben. Neun dieser elf Fälle sind solche, Dies könnte dafür sprechen, daß es sich bei dem Phänomen der "Renitenz" der Anstalten gegenüber Gerichtsentscheidungen um ein relativ seltenes Phänomen handelt.

Allerdings muß dabei berücksichtigt werden, daß wir in 27 weiteren Fällen keine Angaben über die Umsetzung der Entscheidung erhalten haben. Falls es in diesen Fällen Probleme bei der Umsetzung gegeben hätte, würde dies das Ergebnis auf den Kopf gestellt haben. Mangels zuverlässiger Angaben müssen wir daher die quantitative Seite des Renitenz-Phänomens auf sich beruhen lassen. Eine weitere Klärung kann nur durch detaillierte qualitative Analyse erfolgen, wie wir sie im nächsten Kapitel vorlegen.

III. Anstaltsstrategien

In den weitaus meisten Fällen bleiben die Gefangenen vor Gericht erfolglos[1]. Die Anstalten haben deshalb gewöhnlich keinen Anlaß, dem Ausgang eines von einem Gefangenen angestrengten Vollzugsverfahrens anders als mit großer Gelassenheit entgegenzusehen. Aus Gesprächen mit Anstaltsbediensteten haben wir den Eindruck, daß man gerichtliche Eingriffe in das Vollzugsgeschehen zwar als störend empfindet, sich aber gewöhnlich keine Sorgen macht. Nicht selten bekamen wir darüber hinaus noch eher geringschätzige Bemerkungen über den Rechtsschutz von Gefangenen zu hören. So sagte uns der Beschwerdesachbearbeiter einer Berliner JVA: "Ob nun ein Gefangener ein Verfahren gewinnt oder in Peking ein Reissack umfällt, kommt für uns auf das gleiche heraus".

Der Grund, warum die Anstalten dennoch versuchen, drohende Vollzugsverfahren möglichst schon im Keim zu ersticken, hängt deshalb unserer Meinung nach weniger mit Befürchtungen hinsichtlich der praktischen Konsequenzen eines richterlichen Beschlusses als vielmehr in erster Linie mit der Tatsache zusammen, daß auch die von der Anstalt gewonnenen Verfahren Arbeit machen, Unruhe im Vollzug stiften und mögliche Nachahmer auf dem Plan rufen etc.

Das Spektrum der Möglichkeiten, ein drohendes Vollzugsverfahren zu verhindern, ist naturgemäß weit. Wir wollen versuchen, in diesem Abschnitt die wichtigsten dieser Strategien darzustellen.

1. Strategien der Beschwerdeverhinderung

1.1. Einlenken

Es liegt auf der Hand, daß die einfachste und wirksamste Möglichkeit zur Vermeidung eines gerichtlichen Verfahrens darin besteht, den Ausbruch eines Konflikts von vornherein zu vermeiden. Das geschieht in der Regel dann, wenn einer der Beteiligten nachgibt und das Begehrte gewährt bzw. die ihm auferlegte Belastung hinnimmt. Im Alltag der Anstalt ist es der Gefangene, von dem diese Art der Konfliktvermeidung erwartet wird, und zwar, wie wir glau-

---

1   Feest/Selling 1988; Kamann 1991.

ben, häufig auch dann, wenn das Anliegen des Gefangenen so unberechtigt gar nicht ist.

Ein Beispiel: (Interview G, Butzbach)

> Ein zur Verbüßung einer lebenslangen Freiheitsstrafe neu in die Anstalt gekommener Gefangener hatte sich bei der Anstaltsleitung wegen einer seiner Meinung nach unberechtigten Maßnahme beschwert. In einem Gespräch mit einem Anstaltsbediensteten wurde dem Gefangenen als generelle Haltung nahegelegt: "Sie müssen hier auch einmal lernen, kleinere Ungerechtigkeiten hinzunehmen".

Andererseits hat auch die Anstalt die Möglichkeit, einen drohenden Konflikt durch Einlenken zu vermeiden. Derartiges kommt vor, dürfte aber das mit Abstand am seltensten praktizierte Verfahren sein.

1.2. Informeller Druck

Die Möglichkeiten, Gefangene mit Druckmitteln vom Beschreiten des Rechtswegs abzuhalten sind vielfältig und variieren gewiß von Anstalt zu Anstalt. Unsere Beispiele sind daher wohl kaum repräsentativ, gleichwohl zeigen sie, daß die Praxis der Ausübung von Druck gerade im Vorfeld von gerichtlichen Auseinandersetzungen in deutschen Strafanstalten an der Tagesordnung ist.

Die Formen dieser Druckausübung scheinen teilweise so subtil zu sein, daß die Gefangenen selbst kaum in der Lage sind, genau zu beschreiben, mit welchen konkreten, einzelnen Handlungen die Anstalt eigentlich den Druck ausübt. Kleine, anscheinend selbstverständliche Vergünstigungen fallen weg, der Ton der Beamten wird schroffer und ansonsten normale Ansprachen und Auskünfte werden verweigert. HANAK u.a. beschreiben in Anlehnung an NADER und TODD diese Praktiken als 'dyadische Konfliktverarbeitung', die einerseits Praktiken der Übereinkunft, des Kompromisses und des Aushandelns bei gleichberechtigten Partnern einschließt, auf der anderen Seite dort, wo ein großes Machtgefälle besteht, auf Drohung, Einschüchterung, Nötigung und Herrschaft beruht. "Solche Einschüchterung braucht nicht auf nackter Gewalt zu basieren. In der

Regel wird sie mittels subtil angelegter 'Erpressungsmanöver' funktionieren" (HANAK u.a. 1989, 23; vgl. DIEPENBRUCK 1981, 240 ff m.w.N.).

Von uns befragte Gefangene schildern uns die Situation folgendermaßen:

(Interview G, Werl) "Wer viel schreibt, ist immer etwas unter Druck. Mit jeder Eingabe verschlechtert sich das Klima. Wenn ich etwa 10 Beschwerden anhängig gemacht habe, gibt es ein Gespräch mit der Anstalt. Man ist erlöst, wenn man in die Verwaltung gerufen wird ('So, jetzt wollen wir mal sehen, worum es eigentlich geht'). Ich habe schon Unmengen von Eingaben zurückgenommen. Ziehe ich aufgrund eines solchen Gesprächs die Anträge zurück, passiert nichts außer einer Klimaverbesserung. Man bekommt nichts, aber der Druck ist weg. Ich hätte mir die ganze Schreiberei sparen können".

(Interview G, Butzbach) "Beschwerden haben keinen Zweck, weil man erfolglos ist. Außerdem gibt es Druck, wenn man nicht locker läßt. Um etwas durchzufechten muß man das auch aushalten. Ich kann das nicht".

Gefangene, die einen juristischen Dauerkonflikt mit der Anstalt "durchhalten", müssen damit rechnen, daß ihnen ihre "Querulanz" von der Anstalt und/oder der Strafvollstreckungskammer entgegengehalten wird, wenn es um die vorzeitige Entlassung geht. So lehnte eine Strafvollstreckungskammer die Aussetzung des Strafrestes zur Bewährung unter anderem mit folgender Begründung ab:

"Hinzu kommt, daß nach dem Bericht der JVA Tegel der Verurteilte sich durch eine Flut von Eingaben und Beschwerden mit Verwaltungen und Behörden auseinandersetzt. Dies hat dazu geführt, daß seine Gefangenenpersonalakten zwölf Bände umfassen. Dadurch wird deutlich, daß der Verurteilte nicht an der Erreichung des Vollzugsziels mitarbeitet" (LG Berlin 28.9.1988- 540 StVK 52/88).

Diese rein quantitative Betrachtung der Strafvollstreckungskammer ging auch dem Kammergericht zu weit, weshalb es leise tadelnd vermerkte: "Grundsätzlich darf es einem Gefangenen nicht zum Nachteil gereichen, daß er von den Möglichkeiten, die ihm die Rechtsordnung bietet, umfassend Gebrauch macht". Allerdings: "Anders stellt sich die Situation dar, wenn sein Verhalten auf Rechtsfeindschaft hinweist oder sonst ungünstige Schlüsse auf seine Persönlichkeit zuläßt" (22.11.1988- 1 AR 1594/88). Auch wenn das Kammergericht letzteres im konkreten Fall nicht feststellen konnte (immerhin hatte der betreffende Gefangene fünf Vollzugs-Verfahren vor dem Kammergericht gewonnen), so hob es doch die Entscheidung des Landgerichts nicht auf. Der betreffende G wurde erst weit nach dem Zweidrittelzeitpunkt aufgrund einer Gnadenentscheidung der Berliner Justizsenatorin entlassen.

Wohlweislich vermeiden die Gerichte zumeist das Querulanzargument in den schriftlichen Begründungen ihrer Entscheidungen. Informell und mündlich wird den Gefangenen jedoch von Anstalten wie Gerichten immer wieder nahegebracht, daß sich ein auffälliges Beschwerdeverhalten negativ auf die Entlassungsprognose auswirkt:

(Hannover 7) Aufgrund entsprechender Bedenken der Justizvollzugsanstalt wies die Strafvollstreckungskammer den G darauf hin, daß sein Reststrafengesuch abgelehnt würde, die Kammer aber möglicherweise drei Monate später anders entscheiden könnte, wenn er seinen Antrag zurücknähme und einen neuen Antrag stellte. "Insbesondere meinte der Vorsitzende der Strafvollstreckungskammer, mein Mandant möge sich in dieser Zeit jeglicher Beschwerden oder sonstiger Eingaben gegen die Anstalt enthalten und so dokumentieren, daß er sein querulatorisches Verhalten eingestellt habe" (pers. Information des Strafverteidigers).

2. Strategien der Beschwerdebescheidung

Auch bei der Bescheidung eines Antrags des Gefangenen kann die Anstalt Strategien anwenden, die auf eine Verhinderung, zumindest aber Erschwerung des Rechtsschutzes hinauslaufen.

2.1. Mündliche Eröffnung

Anders als nach § 37 Abs. 2 S. 2 VwVfG, der dem Adressaten eines mündlichen Verwaltungsaktes einen Anspruch auf schriftliche Bestätigung gibt, wenn hieran ein berechtigtes Interesse besteht und der Betroffene dies unverzüglich verlangt, hat ein Gefangener keinen Anspruch auf schriftliche Bescheidung. Vielmehr liegt es im Ermessen der Anstalt, ob sie dem Gefangenen einen schriftlichen Bescheid erteilt oder nicht. Lediglich bei besonders schwieriger Sach- und Rechtslage soll nach der Rechtsprechung (vgl. etwa OLG Hamm NStZ 1983, 237; KG v. 17.5.1983 - 5 Ws 90/83 Vollz) ein überwiegendes Interesse des Gefangenen einen Anspruch auf schriftliche Bescheidung begründen.

Während der Durchführung dieser Untersuchung sind wir auf keine Strafanstalt gestoßen, in der die Anstaltsleitung ihr Ermessen hinsichtlich der Bescheidung von Gefangenenanträgen so ausübte, daß grundsätzlich schriftliche Bescheide erteilt wurden. Uns ist auch kein Fall bekanntgeworden, wo einem Gefangenen ausnahmsweise einmal wegen einer besonders schwierigen Sach- oder Rechtslage ein schriftlicher Bescheid erteilt wurde.

Dabei dürfte es auf der Hand liegen, daß für sehr viele Gefangene ein Großteil der aus der Sicht der Anstalt alltäglichen Bescheide und Verfügungen allenfalls grob inhaltlich, nicht aber mit all ihren juristischen Implikationen verständlich ist und daß die am Maßstab des Juristen gebildete Formel der 'besonders schwierigen Sach- und Rechtslage' den Bedürfnissen der Gefangenen nicht gerecht wird.

In einer Stellungnahme des Justizministeriums des Landes Baden-Württemberg (auf ein Schreiben der Strafvollzugsbeauftragten einer Landtagsfraktion, welche für einen Gefangenen interveniert hatte, der wegen 'Telefonmißbrauchs' von seinem Arbeitsplatz abgelöst und in die Absonderungszelle verlegt worden war, weil er gegenüber einem Rundfunkmitarbeiter von hungerstreikenden Gefangenen in der JVA Heilbronn gesprochen hatte) stellt die Anstalt ihre Bescheidungspraxis selbst so dar:

"Der Gefangene erhielt keine schriftliche Verfügung ausgehändigt (...). Eine mündliche Eröffnung reicht aus, solange kein gegenteiliges überwiegendes Interesse des Gefangenen ersichtlich ist. Ein solch überwiegendes Interesse des Gefangenen (...) lag hier nicht vor. Es handelte sich um eine einfache Entscheidung mit einem einfachen Sachverhalt. Die Verfügung wurde dem Gefangenen vom Anstaltsleiter persönlich eröffnet und ausführlich erklärt. Durch die mündliche Eröffnung von Verfügungen wird das Beschwerderecht der Gefangenen nicht unzumutbar beeinträchtigt. Zum einen wird von den Justizvollzugsanstalten stets geprüft, ob Art und Umfang der getroffenen Entscheidung sowie die Auffassungsgabe des jeweiligen Gefangenen die Aushändigung einer schriftlichen Verfügung erfordern. Zum anderen hat jeder Gefangene die Möglichkeit, sich eine Entscheidung von seinem Wohngruppenleiter mehrfach eröffnen zu lassen."

Dieses Verfahren der ausschließlich mündlichen Bescheidung birgt Spielräume für Mißverständnisse und Mißbräuche. Wie ausführlich die Bescheidung im obigen Fall tatsächlich gewesen war, bleibt unüberprüfbar. Generell haben die Gefangenen nichts Schriftliches in der Hand, auf das sie bei der Begründung eines Rechtsmittels Bezug nehmen, das sie mit einem rechtskundigen Berater erörtern oder mit dem sie auch nur den Tag der Bescheidung (und damit die Zulässigkeit eines Rechtsmittels) nachweisen können. Hinsichtlich des Ob und Wie der Bescheidung hat somit der Gefangene faktisch die Beweislast.

Im Falle eines Antrags auf gerichtliche Entscheidung ist es für die Anstalt so theoretisch möglich, die Begründung des Bescheids inhaltlich nachzubessern, d.h. sie kann im gerichtlichen Verfahren Gründe 'nachschieben', die dem Gefangenen selbst nicht oder nicht in der gebotenen Klarheit und Ausführlichkeit mitgeteilt worden waren.

Daß die Bescheidung eines Gefangenen durch den Anstaltsleiter persönlich erfolgt, ist eine seltene Ausnahme. Nicht nur in den größeren Anstalten sind es gewöhnlich juristisch nicht vorgebildete Beamte des mittleren Dienstes (Schichtdienstleiter, Abteilungsleiter, Sicherheitsinspektor), die die Bescheidung der Gefangenen vornehmen. Wenn dann noch Dritte in die Übermittlung des Bescheids eingeschaltet werden, potenziert sich die Gefahr von Mißverständnissen.

Natürlich gibt es Fälle, in denen eine ausführliche, mündliche Bescheidung die Rechte des Gefangenen in angemessener Weise wahrt. Nur macht eben die Tatsache der Mündlichkeit die Einhaltung dieses wichtigen Rechts des Gefangenen schwer überprüfbar, so daß etwa Fälle wie der folgende durchaus auch häufiger vorkommen können.

(Hannover 4) Der Gefangene P. stellte in regelmäßigen Abständen immer wieder Anträge auf Urlaub und Ausgang. Gegen die ebenso regelmäßig erfolgenden Ablehnungen stellte er stets Antrag auf gerichtliche Entscheidung. Im Januar 1988 erzielte P. einen Anfangserfolg: das Landgericht hob die Ablehnung eines Urlaubsantrags auf und verpflichtete die JVA, den Antragsteller erneut zu bescheiden. Einen Monat später, so die Version der Anstalt, wurde der Gefangene in das Büro des Abteilungsleiters gerufen und ihm dort die erneut ablehnende Neubescheidung des Urlaubsantrags eröffnet. Gleichzeitig sei ihm auch die negative Bescheidung eines wenige Tage zuvor gestellten Antrags auf Vollzugslockerungen eröffnet worden. Unser Gespräch mit P. ergab, daß dieser lediglich von der Ablehnung des Antrags auf Vollzugslockerungen Kenntnis genommen hatte. Seinen Urlaubsantrag hielt er nach wie vor für nicht beschieden. Als P. nach weiteren Rückfragen schließlich erfuhr, daß seinerzeit auch sein Urlaubsantrag beschieden worden sei, waren die Fristen für die Einlegung eines Rechtsmittels abgelaufen. Der von uns dazu interviewte Anstaltsleiter gab freimütig zu, daß es zu solchen Mißverständnissen kommen könne.

Die fehlende Verpflichtung zur schriftlichen Bescheidung kann aber nicht nur Mißverständnisse produzieren, sie kann auch gezielt zur Verhinderung von Gerichtsentscheidungen eingesetzt werden. Dies soll der folgende Fall zeigen:

(Interview AL, Berlin-Moabit) Der in allen Strafanstalten seines Bundeslandes als versierter Kenner des Strafvollzugsgesetzes geltende G. hatte seine jeweiligen Anstalten über Jahre mit einer Flut von Verfahren in Atem gehalten. Das Problem und seine Lösung stellt sich aus der Sicht einer Beschwerdesachbearbeiters wie folgt dar:

"Was G. machte, war eine Beschwerde- und Beschäftigungsaktion. G war manisch. Sein Ziel war 'Zuschütten'; bei den Gerichten, da sind sie alle versackt. Als alles nichts mehr genutzt hat, haben wir ihm auf seine Anträge nur noch kurze, höchstens einen Satz lange, mündliche Bescheide mitgeteilt. Das mußte der dann alles im Kopf behalten und hat vor lauter Fällen schließlich nicht mehr durchgeblickt".

2.2. Auf Zeit spielen

Schließlich spielt auch bei der Bescheidung von Gefangenenanträgen der Faktor Zeit eine erhebliche Rolle. Der Strafgefangene hat zwar einen Anspruch darauf, daß seine Eingaben und Anträge in angemessener Zeit beschieden werden (vgl. BVerfG StV 1985, 240; AK-Hoffmann/Lesting § 13 Rz. 25 m.w.N.). Vielfach wurde uns jedoch von den Gefangenen berichtet, daß in ihren Anstalten generell die Dreimonatsfrist des § 113 StVollzG abgewartet wurde, bevor ein Bescheid erging.

Noch weiter gingen die Beamten einer Berliner Vollzugsanstalt in dem Bestreben, einen bestimmten Gefangenen, der häufig von Rechtsmitteln Gebrauch machte, in seinem Tatendrang zu bremsen. Dazu sagte uns ein Anstaltsmitarbeiter:

(Interview AL Berlin-Moabit) "Wir haben schließlich die Anträge des Gefangenen nicht mehr bearbeitet und sie einfach liegengelassen. Das hat ein bißchen was gebracht."

2.3. Wohlmeinende Ratschläge

Damit ein Anliegen oder Problem des Gefangenen zu einem Konflikt zwischen ihm und der Anstalt werden kann, müssen zwei allgemeine Voraussetzungen erfüllt sein: Zum einen muß der Gefangene erkennen, daß es die Anstalt ist, der er das Problem bzw. die Verweigerung der Erfüllung seines Anliegens einigermaßen plausibel anlasten kann, zum anderen muß dieser Vorwurf der Anstalt gegenüber in geeigneter Form artikuliert werden. Ist eine dieser Voraussetzungen nicht gegeben, so bleibt der Konflikt latent.

Die eingeschränkten Kommunikations- und Informationsmöglichkeiten der Haftsituation können von Anstaltsbediensteten nun in der Weise genutzt werden, daß zwischen Anstalt und Gefangenem das Entstehen eines manifesten Konflikts - und damit eine notwendige Voraussetzung für die mögliche gerichtliche Auseinandersetzung - am Nichteintreten einer dieser beiden Voraussetzungen scheitert.

Der Nichteintritt der ersten Voraussetzung - der Gefangene erkennt nicht in der Anstalt seinen Konfliktpartner - kann erreicht werden, indem durch irreführende, unzutreffende Bescheidungsgründe der Eindruck erweckt wird, rechtliche Schritte gegen die Anstalt seien weder notwendig noch möglich, weil die Anstalt eigentlich auf der Seite des Gefangenen stehe, ihr aber aufgrund objektiver Faktoren die Bewilligung des Gefangenenantrages nicht möglich sei, unabhängig davon, ob die Anstalt den Antrag nun unterstütze oder nicht. Ein Beispiel:

> (Schwerte 1) Ein Gefangener, der eine Freiheitsstrafe wegen sexuellen Mißbrauchs von Kindern zu verbüßen hat (aber von der Einweisungskommission als "geringer kriminell gefährdet" eingestuft wurde), beantragt 18 Monate vor Ende der 4-jährigen Strafe seine Verlegung in den offenen Vollzug. Der Antrag wird mit der Begründung abgelehnt, die Verlegung von Sexualstraftätern in den offenen Vollzug sei ausgeschlossen. Dies erweist sich jedoch bei genauerer Prüfung durch den Gefangenen als falsch: das Gesetz kennt keinen Ausschlußtatbestand und selbst die bundeseinheitlichen Verwaltungsvorschriften verlangen in solchen Fällen nur "besonders gründliche Prüfung".

Durch einen derartigen manipulativen Bescheid wird dem Gefangenen die Tatsache unterschlagen, daß es sich bei der Ablehnung der Anstalt um eine Ermessensentscheidung handelt, deren Fehlerfreiheit voller gerichtlicher Kontrolle unterliegt. Die Vorspiegelung eines gesetzlichen Verbots für die Erfüllung des Anliegens des Gefangenen ist aber geeignet, diesen bei der Verfolgung seines Anliegens resignieren und vom Einleiten scheinbar aussichtsloser rechtlicher Schritte Abstand nehmen zu lassen. Der Konflikt bleibt latent, weil dem Gefangenen suggeriert wird, daß er ein Problem hat, bei dessen Lösung ihm weder die Anstalt noch die Strafvollstreckungskammer helfen kann.

Konfliktvermeidung durch Erzeugung des Anscheins, daß Anstalt und Strafvollstreckungskammer auch bei einer positiven Einstellung gegenüber dem Gefangenen aus objektiven Gründen die

Hände gebunden seien, läßt sich nicht nur mit rechtlichen, sondern auch mit dem Verweis auf angeblich tatsächliche Unmöglichkeiten erzielen. Das zeigt das folgende Beispiel.

(Celle 18) Der Gefangene hatte mehrfach um seine Besuchsüberstellung in die JVA Zweibrücken gebeten, da seiner in Zweibrücken wohnhaften Schwester angesichts deren familiärer Belastung (u.a. durch zwei Kleinkinder) die je 450 Kilometer lange An- und Abreise für einen einstündigen Besuch nicht zugemutet werden könne. Nach mehreren erfolglosen verbalen Vorstößen formulierte der Gefangene schließlich einen schriftlichen Antrag an die Anstaltsleitung. Einige Tage darauf gab ein Anstaltsbediensteter dem Gefangenen den Antrag mit der (unzutreffenden) Bemerkung zurück, man habe sich bei der JVA Zweibrücken erkundigt, die Anstalt sei inzwischen eine reine Frauenanstalt, so daß eine Besuchsüberstellung nicht möglich sei. Es dauerte mehrere Monate, bis der Gefangene von seiner Familie über die Unrichtigkeit dieser Begründung aufgeklärt wurde und Antrag auf gerichtliche Entscheidung stellte.

Dieser Fall ist zugleich ein Beispiel dafür, wie der Eintritt der zweiten Voraussetzung für das Entstehen eines manifesten Konflikts - Artikulation des Vorwurfs gegenüber dem Konfliktpartner - durch Anstaltsbedienstete verhindert werden kann:

Der Gefangene berichtete im obigen Fall, daß ihm sein Antrag im Original zurückgegeben wurde. Über ganz ähnliche Praktiken haben uns auch andere Gefangene informiert. Entweder bekamen diese - wie hier - ihren Antrag bei seiner mündlichen Ablehnung zurück oder sie erhielten ihn - meist ohne jeden weiteren Kommentar - mit einem handschriftlichen, nicht unterschriebenen Vermerk am Rand oder auf der Rückseite zurück, wo etwa Sätze standen wie: "Im Augenblick nicht möglich", "Wegen Personalmangel nicht durchführbar", "In drei Monaten neuen Antrag stellen" etc. Dieses Verfahren ist unzulässig. Jeder Gefangenenantrag ist dem zuständigen Beamten vorzulegen, von diesem in die Personalakte des Gefangenen aufzunehmen und anschließend zu bescheiden. Über den Bescheid, auch wenn dieser dem Gefangenen nur mündlich eröffnet wird, ist ein schriftlicher Vermerk in der Akte zu fertigen, aus dem sich die tragenden Entscheidungsgründe ergeben.

"Was nicht in den Akten ist, ist nicht in der Welt". Dieser alte Rechtsspruch aus vormodernen Zeiten gilt nach Meinung des Leiters der JVA Diez "für den derzeitigen Vollzug in besonderer Weise" (Bandell 1988, S. 52). Wenn etwa den Antragstellern Anträge im Original zurückgegeben werden, gelangen diese nicht zu den Akten und sind so auch 'nicht in der Welt'. Aufgrund der Häufigkeit von Berichten über die Rückgabe von Gefangenenanträgen vermuten wir, daß auf den unteren Ebenen der Beamtenhierarchie Praktiken existieren, mit denen Anträge nach dem Prinzip 'urschriftlich zurück' unbearbeitet und ohne jegliche Spuren in der Anstaltsbürokratie zu hinterlassen, aus der Welt geschaffen werden. Eine solche Verfahrensweise läßt zudem zweifelhaft erscheinen, ob der zuständige Beschwerdesachbearbeiter den jeweiligen Antrag überhaupt zu Gesicht bekommen hat.

Weil in Rechtsfragen häufig völlig uninformiert, sind die weitaus meisten Gefangenen mangels anderer rechtskundiger Ansprechpartner dankbare Abnehmer von Ratschlägen und Hinweisen, die ihnen Anstaltsmitarbeiter erteilen. Unsere Interviewpartner berichteten uns, daß sie nicht selten auf diese Weise nützliche Hinweise bekommen hätten. Auf der anderen Seite besteht für die Gefangenen aber auch die Gefahr, daß sie sich von falsch erteilten Auskünften und Ratschlägen in die Irre führen lassen. Wenn der Gefangene dann bei der negativen Bescheidung seines Antrages bemerkt, daß er besser nicht auf den wohlmeinenden Rat des Anstaltsbediensteten gehört hätte, ist häufig wertvolle Zeit verstrichen, so daß trotz der Möglichkeit der neuerlichen Prozedur von Antragstellung und -bescheidung der Gefangene hierdurch erhebliche Härten und Rechtseinbußen hinnehmen muß.

(Butzbach 8) Der Gefangene hatte mehrere Anträge auf Sonderbesuch gestellt, die er damit begründet hatte, daß die Regelbesuche zum Erhalt der familiären Bindung, besonders wegen seiner beiden Kleinkinder, nicht ausreichten. Diese Anträge waren ihm in gewissen Zeitabständen auch stets genehmigt worden.

Der Gefangene: "Auf meinen letzten Antrag sagte mir unser Stationsbeamter, daß dieser Sonderbesuch ausnahmsweise noch einmal genehmigt werde. Er eröffnete mir aber weiter, daß ich mir beim nächsten Antrag auf Sonderbesuch einen zwingenderen Grund einfallen lassen soll, da die Begründung 'zur Erhaltung der familiären Bindung' nicht mehr ausreichend wäre, da ich ja meine zwei Regelbesuche bekäme". Daraufhin begründete der Gefangene seinen nächsten Antrag auf Sonderbesuch so: "Finanzielle Probleme bedingt durch meine Inhaftierung und die hohe finanzielle Belastung mit Anwaltskosten wegen meines bevorstehenden Wiederaufnahmeverfahrens".

Dieser Antrag wurde von der Anstalt zurückgewiesen. Zur Begründung führte die Anstalt aus, Sonderbesuche könnten nur dann genehmigt werden, wenn diese die Behandlung und Wiedereingliederung förderten oder dem Erhalt der familiären Bindung dienten. "Das hätten sie bereits in Ihrem Antrag darlegen müssen (...). "

Damit soll übrigens nicht behauptet werden, daß dem Gefangenen bewußt falsche Auskünfte gegeben werden. Dies ist allenfalls die Ausnahme. In der Regel wirkt sich hier vielmehr die Tatsache aus, daß die Bediensteten, die unmittelbar mit den Gefangenen zu tun haben, häufig selbst in rechtlichen Dingen nicht genau Bescheid wissen, jedenfalls aber über die Anträge der Gefangenen nicht verbindlich entscheiden können.

3. Strategien im gerichtlichen Verfahren

Hat sich nicht aufgrund einer bereits dargestellten Strategie der Anstalt das gerichtliche Verfahren erübrigt, erreicht der Konflikt mit dem Antrag auf gerichtliche Entscheidung eine neue Qualität, da nun eine dritte Instanz - das Gericht - involviert ist. Wenn der Gefangene nicht bereit ist, gleich zu Beginn der gerichtlichen Auseinandersetzung von sich aus das eingelegte Rechtsmittel zurückzunehmen, kann die Anstalt eine Vielzahl von - teils schon beschriebenen, teils nur im gerichtlichen Verfahren anwendbaren - Strategien einsetzen. Dabei ist es schwierig anzugeben, welche Gefangenen dazu neigen, schon im Vorfeld des gerichtlichen Verfahrens aufzugeben und welche Gefangenen eher durchhalten. Generell, so scheint es, dürfte es um so schwieriger sein, den Gefangenen zur Rücknahme eines Rechtsmittels zu bewegen, je besser dieser über seine Rechte informiert ist.

3.1. Gewährung

Zunächst kann die Anstalt eine Fortsetzung des Konflikts und damit möglicherweise eine für sie negative gerichtliche Entscheidung durch Einlenken zu vermeiden suchen, indem sie etwa die belastende Maßnahme zurücknimmt oder das vom Gefangenen Beantragte gewährt. Prozessual tritt mit einem solchen Verhalten der Anstalt die Erledigung des Rechtsstreits ein, und es ergeht lediglich eine Kostenentscheidung nach § 121 Abs. 2 S. 2 StVollzG, wenn der Gefangene nicht auf eine Fortsetzungsfeststellungsklage übergeht. Die Praktiken der Verhinderung einer über die Regelung der Kostenfrage hinausgehenden gerichtlichen Entscheidung, die in diesem Stadium eingesetzt werden, gehen in den meisten Fällen von dem/ den Anstaltsbediensteten aus, die in der Praxis über die jeweilige Angelegenheit zu entscheiden haben. Das ist selten ein Angehöriger des allgemeinen Vollzugsdienstes, sondern stets ein Beamter des gehobenen Dienstes, meist aus der Inspektorenlaufbahn. Ebenso selten kommt es vor, daß sich ein Anstaltsbediensteter jenseits der Abteilungsleiterebene, gar ein Teilanstaltsleiter oder der Anstaltsleiter selbst, um solche Dinge kümmert.

Eine Ausnahme hiervon dürfte die Strategie der Generalbereinigung sein. Dazu sieht die Anstalt sich allenfalls dann veranlaßt, wenn die bisher geschilderten Verhinderungsstrategien wirkungslos geblieben sind und sich die Situation zwischen Anstalt und einem Gefangenen in einer die normalen Abläufe des Anstaltsbetriebes störenden Weise zugespitzt hat. In solchen Fällen kommt es vor, daß sich der Anstaltsleiter oder ein anderer hoher Beamter der Vollzugsverwaltung persönlich einschaltet und eine Schlichtung herbeiführt. Weiter oben haben wir einen solchen Fall aus der Literatur (BÖHM 1986, 206) dokumentiert. Dieser Fall hat in mehrerer Hinsicht Ausnahmecharakter: Einmal wird über Derartiges nur selten so freimütig Auskunft gegeben; ferner ist es wohl ebenfalls ungewöhnlich, daß ein hoher Beamter der Vollzugsverwaltung persönlich und mit Erfolg etliche Strafvollzugsverfahren "erledigt"; vor allem aber liegt die Ungewöhnlichkeit darin, daß die gegenseitigen Verpflichtungen des hier erreichten "Vergleichs" dann auch tat-sächlich von beiden Seiten eingehalten wurden. Weniger spektakuläre Fälle finden sich jedoch auch in unserem Fallmaterial, z.B.:

(Interview AL, Hannover) Einem in Beschwerdesachen nicht unerfahrenen Gefangenen waren im August 1986 drei Tage Jahresurlaub gewährt worden. Nachdem er seinen auf drei Tage ausgestellten Urlaubsschein bereits erhalten hatte, wurde der Urlaub nachträglich aus offenbar disziplinarischen Gründen auf einen Tag gekürzt. Dagegen erhob der Gefangene Widerspruch und trat den Urlaub noch mit dem alten Urlaubsschein und angeblich in dem Glauben an, noch immer drei Tage Urlaub zu haben. Als der Gefangene nach Ablauf dieser drei Tage in die Anstalt zurückkehrte, erhielt er eine Disziplinarstrafe wegen Urlaubsüberziehung und eine Lockerungssperre, gegen die er nach erfolglosem Widerspruchsverfahren Antrag auf gerichtliche Entscheidung stellte. Wenige Tage nach der Antragstellung ließ der Anstaltleiter persönlich den Gefangenen zu sich kommen und verfaßte über das anschließende Gespräch folgenden Vermerk:

"Ich habe T. zu seinen verschiedenen Anträgen gehört und mit ihm ausführlich die vollzugliche und rechtliche Situation besprochen. Er räumt ein, sich stur und trotzig verhalten zu haben, meint aber, durch den Urlaubswiderruf dazu auch berechtigt gewesen zu sein. Eine nähere Erläuterung oder evtl. eine Berücksichtigung von Urlaub zur Vorbereitung der Entlassung wäre wahrscheinlich seinerzeit eine bessere Lösung gewesen. Ich habe daher seinem Widerspruch (...) ab dem jetzigen Zeitpunkt abgeholfen, so daß er nunmehr wieder Vollzugslockerungen erhalten kann. Die Disziplinarstrafe läuft mit dem heutigen Tage aus". Der Gefangene zog daraufhin seinen Antrag auf gerichtliche Entscheidung zurück, die Hauptsache wurde für erledigt erklärt und die Lockerungen wieder gewährt.

Ein derartiger Konfliktausgang muß als echter Gewinn für den Gefangenen gewertet werden. Die Anstalt befand sich in keinerlei juristischem Begründungsnotstand, da es durchaus statthaft ist, einem

Gefangenen, der den Urlaub um mehrere Tage überzieht, die Geeignetheit für Lockerungen abzusprechen. Darüber hinaus erfolgte die Wiederzulassung für die Lockerungen rascher, als der Gefangene es auch in einem zügig vorangetriebenen Vollzugsverfahren hätte erreichen können.

Allerdings bleibt festzuhalten, daß unserer Ansicht nach der sogenannte 'Vergleich' (KAMANN 1991, 204 ff) als Instrument der Verfahrenserledigung eine seltene Erscheinung ist und daß man angesichts der Machtkonstellation zwischen den Beteiligten mit der Verwendung des Terminus 'Vergleich' sehr vorsichtig sein sollte. Auf der anderen Seite zeigt unser Material, daß es auch im Gefängnis Aushandlungsprozesse gibt, deren Absprachen, vor allem, wenn hochrangige Beamte involviert sind, wohl auch mehr oder weniger eingehalten werden. An solchen Fällen erscheint uns vor allem die Tatsache bemerkenswert, daß hier anscheinend ein beide Seiten zufriedenstellender Kompromiß gefunden wurde, der auf der Seite des Gefangenen eine gewisse Einsicht in mögliches Fehlverhalten und auf der Seite der Anstalt den Verzicht auf rigides Durchsetzen der Anstaltsposition um jeden Preis voraussetzt. Derartige Konfliktschlichtungen scheinen einem Resozialisierungsdiskurs, der kontroverse Ansichten des Gefangenen nicht automatisch als Sabotage am Vollzugsziel stigmatisiert, sondern diese zu einer produktiven Auseinandersetzung mit der Haftsituation nutzt, noch am ehesten zu entsprechen. Das zeigt insbesondere der Fall aus Hannover, bei dem der Anstaltsleiter in dem Vermerk andeutet, daß man möglicherweise auch von Seiten der Anstalt seinerzeit einen Fehler gemacht haben könnte und diese Möglichkeit zum Anlaß nimmt, sowohl die Disziplinarmaßnahme wie die Lockerungssperre aufzuheben. Mit der von beiden Seiten eingeräumten Möglichkeit, vielleicht einen Fehler gemacht zu haben, kommt diese Art der Verfahrensbeendigung einer echten, einvernehmlichen Konfliktschlichtung recht nahe.

Von großer Bedeutung für die Bereitschaft des Strafvollzugssystems, sich auf derartige Absprachen einzulassen, scheint zu sein, ob die Anstalt mit dem/den Verfahren erhebliche Schwierigkeiten auf sich zukommen sieht, die auf andere Weise nicht mehr abzuwenden sind. In den geschilderten Fällen waren ja bereits Anträge bei Gericht anhängig. Daß die Anstaltsleitung vor Rechtshängigkeit in 'Verhandlungen' mit dem Gefangenen eintritt, halten wir für sehr unwahrscheinlich. In diesem Stadium dürften Aushandlungsprozesse eher auf unteren Ebenen der Anstaltshierarchie stattfinden.

Aus organisationssoziologischen Gründen wäre es im übrigen auch höchst verwunderlich, wenn die Vollzugsverwaltung den Gefangenen als Partner von Aushandlungsprozessen akzeptierte. Denn damit würde sie nicht nur eine partielle Gleichberechtigung dokumentieren, sondern auch zu erkennen geben, daß es eben doch erfolgreich sein kann, gegen die Anstalt zu prozessieren.

Auch im folgenden Fall erledigte sich das Verfahren auf eine für den Gefangenen günstige Weise. Hier allerdings nicht durch ein klärendes Gespräch zwischen den Beteiligten, sondern durch die Tatsache, daß während des Verfahrens - in diesem Fall aufgrund einer neuen Direktive der vorgesetzten Behörde - die Vollzugssituation so heranreifte, daß dem Gefangenen das Begehrte ohne weiteres gewährt werden konnte:

> (Werl 1) Im September 1987 hatte das OLG Hamm ein Verfahren an die StVK zurückverwiesen, mit dem der Gefangene die Aushändigung einer Leselampe verlangt hatte. Bevor die Strafvollstreckungskammer eine neue Entscheidung erlassen hatte, wurde dem Gefangenen die begehrte Leselampe ausgehändigt. Auf unsere Anfrage teilte uns der Leiter der JVA Bochum mit, die Aushändigung der Lampe sei erfolgt, nachdem in NRW die allgemeinen Regeln derart geändert worden waren, daß allen Gefangenen auf Antrag eine Leselampe ausgehändigt werde.

Dieser Fall steht also für eine Situation, in der sich während des gerichtlichen Verfahrens die generelle Haltung der Vollzugsverwaltung im Sinne des Begehrens des Antragstellers verändert hat. Zu fragen bleibt, inwieweit das von dem Gefangenen angestrengte Verfahren seinerseits zu diesem Meinungsumschwung beigetragen hat. Festzuhalten ist aber auch, daß mit dieser Form der Erledigung ein gerichtlicher Spruch zur Frage der Leselampe vermieden wurde und folglich andere Gefangene, die ein gleiches Begehren äußern, zur Stützung ihres Anspruchs nicht auf eine gerichtliche Entscheidung, sondern lediglich auf eine revidierbare Verwaltungsanordnung verweisen können.

Ein weiterer Fall illustriert die Möglichkeit, daß auch der zuständige Richter als Vermittler auftreten und einen "deal" anbieten kann:

(Interview G, Butzbach) Der Gefangene hatte so lange in einem speziell für Nichtraucher eingerichteten Raum am gemeinschaftlichen Fernsehempfang teilgenommen, bis die Anstalt wegen Platzmangels den Nichtraucher-Fernsehraum wieder zur Zelle umfunktionierte und mit Gefangenen belegte. Nachdem der daraufhin gestellte Antrag des Gefangenen auf Erteilung einer Einzelfernsehgenehmigung abgelehnt worden war, beantragte der Gefangene gerichtliche Entscheidung, worauf - einige Wochen später - ein Beschluß der Strafvollstreckungskammer erging, in dem es heißt: "Dem Antragsteller wird gestattet, in seinem Haftraum ein eigenes Fernsehgerät zu betreiben" (11.4.1988- 1 StVK-Vollz 266/87).

Nach Einlegung der Rechtsbeschwerde durch die Anstalt hob das OLG diese Entscheidung auf und verwies die Sache zur erneuten Entscheidung an die Kammer zurück. Während der Gefangene noch auf die erneute Gerichtsentscheidung wartete, suchte ihn der mit der Angelegenheit befaßte Richter überraschend in seiner Zelle auf und bat den Gefangenen, seinen Antrag auf Einzelfernsehgenehmigung doch zurückzuziehen. Im Gegenzug werde er sich dafür einsetzen, daß die Anstalt demnächst wieder einen Nichtraucherfernsehraum einrichte, der auch ständig zur Verfügung stehe. Der Gefangene willigte ein, und alles lief wie vereinbart ab, wenn auch mit monatelangen Verzögerungen.

Aus der Sicht des Gefangenen stellt sich die Sache nicht eindeutig positiv dar: er sei von dem Besuch des Richters derart eingeschüchtert gewesen, daß er in so gut wie alles eingewilligt hätte. Nur diese Einschüchterung habe dazu geführt, daß er dem Vorschlag des Richters zugestimmt habe, denn in Wirklichkeit sei mit der erneuten Einrichtung eines Nichtraucherfernsehraums sein Anliegen nicht erfüllt gewesen. Sein Anliegen sei einzig und allein die Einzelfernsehgenehmigung gewesen. Da er diese im Endeffekt nicht bekommen habe, betrachte er den Ausgang dieser Angelegenheit letztlich als einen weiteren Mißerfolg.

Zunächst ist festzuhalten, daß dies der einzige uns bekannte Fall ist, in welchem der zuständige Vollstreckungsrichter den Beschwerdeführer in seiner Zelle aufgesucht hat. Offenbar sah der Richter angesichts der OLG-Entscheidung keine Chance mehr, dem Gefangenen eine Einzelfernsehgenehmigung zuzusprechen. Der Entschluß des Richters, dem Gefangenen persönlich die neue Lage zu erklären und ihm eine andere Lösung nahezubringen, erscheint uns unter diesen Umständen als vorbildlich.

(Interview R, Gießen) Der betreffende Richter unterscheidet sich von seinen Gießener Kollegen dadurch, daß er regelmäßig in die Anstalt kommt und mit einzelnen Gefangenen ebenso wie mit der Anstaltsleitung spricht. Er definiert seine Aufgabe (auch) als die eines "Friedensrichters". Dem entspricht es, daß er Verfahren mit einer Art Vergleich beendet:" Ich erkläre die Hauptsache für erledigt und erhebe keine Kosten".

Zugleich wird deutlich, wie sehr Einzelfälle in den größeren Rahmen der Anstalt eingebettet sind und nur von dort her verstanden werden können. Der Antrag auf Erteilung einer Einzelfernsehgenehmigung ist eine Alltäglichkeit und führt in der Regel ganz gewiß nicht zu einem Besuch des Richters bei dem Gefangenen. Aus unseren weiteren Recherchen in der betreffenden Anstalt, aus Gesprächen mit anderen Gefangenen und aus weiteren Gerichtsentscheidungen wissen wir jedoch, daß gerade zu der Zeit als das Verfahren auf Erteilung dieser Einzelfernsehgenehmigung anhängig war, die Anstalt schwer mit dem Problem der Überbelegung und den daraus folgenden zahlreichen gerichtlichen Verfahren zu kämpfen hatte. Für die Anstalt hatte die Situation etwas Zwickmühlenhaftes: Hätte sie dem beschwerdeführenden Gefangenen tatsächlich ein Fernsehgerät auf die Zelle aushändigen müssen, hätte ihr eine Welle von weiteren Verfahren wegen Erteilung einer Einzelfernsehgenehmigung gedroht. Diese Verfahren wären alle aussichtsreich gewesen, denn was dem einen nichtrauchenden Gefangenen nicht zugemutet werden kann, das müssen auch die anderen Nichtraucher unter den Gefangenen nicht hinnehmen. Hätte die Anstalt dagegen die Gefangenen, die im ehemaligen Fernsehraum untergebracht waren, wieder in andere, zwangsläufig zu kleine Zellen verlegt, wären zahlreiche weitere Verfahren wegen Überbelegung von Hafträumen auf die Anstalt zugekommen. (Von den Überbelegungsverfahren hatte die Anstalt bereits mehrere rechtskräftig verloren.) Das Problem war daher nicht nur ein Anstaltsproblem, sondern auch eines des Gerichts, das über alle diese Anträge zu entscheiden hätte. Unserer Meinung nach hat diese Konstellation es begünstigt, daß wie geschildert verfahren wurde. Anstalt (und Richter) gewannen durch dieses Vorgehen einerseits Zeit bis zur Verringerung der Anstaltsbelegung, andererseits konnten weitere gerichtliche Verfahren vermieden werden.

3.2. Verhärtung

Wir hatten unter dem Stichwort 'Generalbereinigung' bereits eine Strategie der Anstalt zur Vermeidung und Beendigung von Gerichtsverfahren beschrieben, die eine gewisse Flexibilität und ein Eingehen der Anstalt auf die Person und Situation des rechtsschutzsuchenden Gefangenen erfordert. Gewissermaßen das Gegenstück zu dieser Befriedungsstrategie bildet eine Verhärtung der anstaltlichen Position. Die Inanspruchnahme des gerichtlichen Rechtsschutzes durch den Gefangenen scheint in manchen Fällen nicht nur das Interesse an einer außerjustiziellen Konfliktschlichtung - soweit es überhaupt bestanden hat - endgültig zu beenden, sondern auch mit einem strikten Rückzug der Anstalt auf formale Rechtspositionen beantwortet zu werden. Ein solches Vorgehen mag rein juristisch zu vertreten sein, im Sinne der Erreichung des Vollzugsziels wäre es möglicherweise effektiver, in solchen Situationen mit einer gewissen Flexibilität zu reagieren. Die Verhärtung der Anstaltsposition erscheint um so unverständlicher, wenn sich während der gerichtlichen Auseinandersetzung herausstellt, daß einige Prämissen der anstaltlichen Entscheidung falsch gewesen sind, ohne daß diese Veränderung der Sachlage zu einer flexibleren Handhabung auf Seiten der Anstalt führte. Für die Unangemessenheit einer derart starren Anstaltshaltung das folgende Beispiel:

(Werl 2) Auf Grund eines früheren Oberschenkelbruches litt der Gefangene in dem Verletzungsbereich an Narbenaufbrüchen mit Perforation und stärkerer Sekretion ("offenes Bein"). Dennoch wurde er vom Anstaltsarzt für fähig erklärt, leichtere körperliche Arbeit im Sitzen zu verrichten. Als er sich weigerte, diese Arbeit auszuführen, wurde gegen ihn eine Disziplinarmaßnahme ("Ausschluß von allen Freizeitveranstaltungen einschließlich Teeküche und vom Umschluß für 2 Wochen") festgesetzt. Obwohl der Gefangene dagegen Widerspruch einlegte wurde mit der Vollstreckung der Disziplinarmaßnahme sofort begonnen.

Noch während der Laufzeit der Disziplinarmaßnahme mußte der Gefangene allerdings zu seinem Facharzt außerhalb der Anstalt ausgeführt werden. Dieser Arzt attestierte die Arbeitsunfähigkeit des Gefangenen und ordnete dessen sofortige stationäre Behandlung an. Diese erfolgte daraufhin im Anstaltskrankenhaus. Die Krankenhauseinweisung wurde von der Anstalt nun nicht als Hinweis darauf genommen, daß der Gefangene möglicherweise schon bei der Verhängung der Disziplinarmaßnahme arbeitsunfähig gewesen war. Die Anstalt hielt vielmehr an ihrer Auffassung trotz des Votums des externen Arztes fest, und als der Gefangene aus dem Krankenhaus entlassen wurde, wurde umgehend der Rest der Disziplinarmaßnahme vollstreckt.

Das Verfahren ging dann folgendermaßen weiter: Nach erfolglosem Widerspruchsverfahren stellte der Gefangene Antrag auf gerichtliche Entscheidung, der sich nach dem Vollzug der Disziplinarmaßnahme erledigte. Der Fortsetzungsfeststellungsantrag wurde von der Kammer zurückgewiesen, weil sich eine Rechtswidrigkeit der getroffenen Disziplinarmaßnahme nicht feststellen lasse. Die hiergegen eingelegte Rechtsbeschwerde war erfolgreich. Der OLG-Senat vertrat die Auffassung, daß angesichts des strafähnlichen Charakters der Disziplinarmaßnahme deren Rechtmäßigkeit positiv festgestellt werden müsse, anderenfalls von ihrer Rechtswidrigkeit auszugehen sei. Die ärztliche Auffassung, der Gefangene könne eine leichte Arbeit im Sitzen verrichten, sei der kritischen Prüfung nicht entzogen. Das gelte für den Anstaltsleiter wie für den erkennenden Richter. Mit dieser Begründung hob der Senat die Entscheidung der Vorinstanz auf und verwies die Sache zur Neuentscheidung an diese zurück. Unter Beachtung dieser Rechtsauffassung erklärte daraufhin die Strafvollstreckungskammer die Disziplinarmaßnahme für rechtswidrig.

Der Anstaltsleiter teilte uns hierzu mit, diese Entscheidung sei von der Anstalt "anerkannt worden, da eine erneute Überprüfung des Gesundheitszustandes des Gefangenen ergeben hatte, daß seine Arbeitsfähigkeit nicht zweifelsfrei feststand, so daß die ursprünglich aufgrund eines anstaltsärztlichen Votums ergangene Disziplinarentscheidung wegen fortlaufender Ablehnung zumutbarer Arbeit nicht mehr aufrechterhalten werden konnte".

Diese späte "Anerkennung" nützte dem Gefangenen offensichtlich nichts. Für ihn war es entscheidend darauf angekommen, die Vollstreckung der Disziplinarmaßnahme zu verhindern. Als ihm dies, trotz günstigen Facharzt-Gutachtens, nicht gelungen war, geriet das weitere Verfahren zu einer Frage juristischer Rechthaberei. Die Anstalt verteidigte jetzt nur noch die Richtigkeit ihrer ursprünglichen Entscheidung und sah sich darin durch die Strafvollstreckungskammer zunächst sogar noch bestätigt. Erst das Oberlandesgericht sah die Sache im Sinne des Gefangenen, aber da ging es nur noch "um die Ehre".

Ein weiteres Beispiel für das eher rigide Durchsetzen von Rechtspositionen:

(Werl 5) Der Gefangene befand sich in der JVA Werl im Vollzug der Sicherungsverwahrung. Seinerzeit war er für den Bereich des Maßregelvollzugs, innerhalb dessen er im Hafthaus II seine Zelle hatte, von den Gefangenen gewählter Insassenvertreter. Auf Antrag dieser Insassenvertretung beschaffte die Wirtschaftsverwaltung der Anstalt für die Teeküche des Hafthauses II je zwei Kochtöpfe und Pfannen, die dem Gefangenen am 16.7.87 zur Verteilung ausgehändigt wurden. Am 22.7.87 wurde einem Bediensteten der Anstalt durch einen anderen Gefangenen des Maßregelvollzuges gesagt, der Antragsteller habe für zwei Pakete Tabak eine der für die Teeküche bestimmten Pfannen zum Verkauf angeboten und schließlich innerhalb des Maßregelvollzugsbereiches veräußert. Der Gefangene bestritt den Vorgang, wurde aber gleichwohl sofort in einen anderen Haftraum verlegt. In der Folgezeit führte die Anstalt Durchsuchungen im bisherigen Haftraum des Gefangenen durch, die Gegenstand weiterer Verfahren vor der Strafvollstreckungskammer wurden.

Am folgenden Tag betätigte der Antragsteller die Lichtruf-
anlage in seinem Haftraum und wurde daraufhin von einem im Hafthaus II tätigen Bediensteten aufgesucht, mit
dem der Gefangene bereits in der Vergangenheit Differenzen gehabt und der tags zuvor für die Disziplinarmaßnahme gesorgt hatte. Bei dessen Erscheinen sprach der Gefangene den Bediensteten mit den Worten an: "Mit dir habe
ich nichts mehr zu tun, du kleiner Scheißer! Du bist der
mieseste Wichser, der mir je begegnet ist!".

Das später von der Anstalt wegen der angeblichen Veräu-
ßerung der Pfanne eingeleitete Disziplinarverfahren führte
"mangels tatsächlicher Anhaltspunkte" zu keiner Disziplinarmaßnahme. Wegen Beleidigung des Bediensteten wurde der Gefangene jedoch mit dem Entzug der Teilnahme
an gemeinschaftlichen Veranstaltungen einschließlich Um-
und Aufschluß und Benutzung der Teeküchen für die
Dauer von zwei Wochen bestraft. Diese Disziplinarmaßnahme wurde dem Gefangenen am 23.7.87 eröffnet und
von diesem Tag an bis zum 5.8.87 vollstreckt. Am 21.10.87
stellte die Strafvollstreckungskammer die formale Rechtswidrigkeit der Disziplinarmaßnahme fest, da an ihrer Fest-
setzung auch der beleidigte Beamte mitgewirkt habe.

Auch dieser Fall zeugt von einem sehr unausgewogenen Verhältnis
zwischen dem Umgang der Anstalt mit Fehlverhalten des Gefangenen und mit möglichen eigenen Fehlern. Wie sich später herausstellte, hatte der betroffene Gefangene die erhaltenen Pfannen nicht
veräußert. Er war also von dem Anstaltsbediensteten zu Unrecht in
einen anderen Haftraum (der im Gegensatz zu dem eigenen Haftraum des Gefangenen leer, ohne Radio, TV und andere Einrich-
tungsgegenstände war) verlegt worden, und seine Empörung war
daher zumindest psychologisch verständlich. Statt diesen Umstand
nun bei der Festlegung der Disziplinarmaßnahme zu berücksichtigen
und diese, wenn schon nicht wegfallen zu lassen, so doch relativ
mild zu gestalten, wurde der Gefangene mit 2 Wochen Isolation bestraft. Die spätere Gerichtsentscheidung konnte daran offensichtlich
nichts mehr ändern.

3.3. Druckausübung

Die Abhängigkeit des Gefangenen von der Anstalt erschwert einen effektiven Rechtsschutz, "sei es dadurch, daß Regelverstöße erst gar nicht vor Gericht kommen, oder daß der Streit dort wegen der nicht vorhandenen Waffengleichheit nur unzureichend ausgetragen wird" (AK-Volckart vor § 108 Rz. 30). Von den Strategien der Anstalt, eine Anrufung der Gerichte erschweren, war bereits die Rede. Hat der Gefangene aber die Auseinandersetzung um Antragstellung und Bescheidung durchgestanden, so steht er vor der Frage, ob und wie er einen Schriftsatz verfaßt, den er als Antrag auf gerichtliche Entscheidung dann bei der Strafvollstreckungskammer einreichen kann. Nur eine kleine Minderheit unter den Gefangenen hat die notwendigen Kenntnisse, um einen solchen Text selbst verfassen zu können. Da die Gefangenen in aller Regel nicht durch einen Rechtsanwalt vertreten sind, wenden sie sich häufig an einen sachkundigen Mitgefangenen und bitten diesen, den entsprechenden Schriftsatz zu verfassen.

Ist der Antrag fertiggestellt, so gelangt er auf dem Postwege zu dem Gericht, ohne daß die Anstalt hiervon offiziell Kenntnis nimmt. Befindet das Gericht den Antrag für zulässig, so gelangt er mit der Aufforderung zur Stellungnahme wieder zurück in die Anstalt. Auch in diesem Stadium bestehen Möglichkeiten der Einflußnahme seitens der Anstalt, die auf eine Verfahrensbeendigung durch die Rücknahme des Rechtsmittels durch den Gefangenen gerichtet sind. Ein Gefangener über das Verhalten der Anstalt nach Einlegung eines Rechtsmittels:

> (Interview G, Butzbach) "Die differenzieren da schon und wissen, erstmal: hat er es selbst gemacht? Ist er selbst intelligent genug, das selbst zu schreiben oder hat er sich das schreiben lassen? Das checken die sofort aufgrund der Schreibmaschine, aufgrund des Stils. Denn jeder hat einen bestimmten Stil, wie er so etwas schreibt. (Zwischenfrage: Und was macht das für einen Unterschied?) Es macht den Unterschied, wenn er ein Dummer ist, der das nicht selbst geschrieben hat, den läßt irgendwer, vielleicht der Inspektor, dann kommen und redet dem ein, daß der Mitgefangene X. oder Y., es gibt ja nur eine Handvoll Schreiberlinge, daß die ihm nur Schaden anrichten. Daß er ja mal in Urlaub gehen will, und daß das ja schon beabsichtigt ist, der Vollzugsplan wird im nächsten Jahr erstellt, daß der Ihnen

nur Schaden anrichtet, der Mann ist doch anstaltsbekannt ein Querulant, lassen Sie Ihre Finger von dem. Gehen Sie auf die Geschäftsstelle, rufen Sie die Strafvollstreckungskammer an und nehmen Sie den Antrag zurück usw.! Das tun die lieben Mitgefangenen denn auch zu 70 %. Ich möchte sogar sagen, noch mehr fallen darauf rein und ziehen zurück."

Aufgrund unserer Gespräche mit den Gefangenen haben wir den Eindruck, daß es in den bundesdeutschen Strafanstalten nicht wenige Anstaltsbedienstete gibt, die auf die hier geschilderte Weise verfahren. Da sich derartige Praktiken aber auf einer relativ niedrigen Ebene der Anstaltshierarchie abspielen, sind unterschiedliche Handhabungen selbst in ein und derselben Anstalt die Regel.

Ein Nebeneffekt dieser Form der Verfahrensverhinderung besteht darin, daß auf diese Weise ein Konflikt zwischen dem Gefangenen, der die Rechtsbeschwerde formulierte, und dem Gefangenen, der diese Rechtsbeschwerde dann zurückgenommen hat, entstehen kann. Ein Gefangener, der nach eigener Aussage über 150 Rechtsbeschwerden für Mitgefangene formuliert hat, schilderte uns diesen Konflikt so:

(Interview G, Butzbach) "... verlangen darf man ja nichts dafür, für ein Päckchen Tabak nehmen sie einem die Schreibmaschine ab, da macht man es geschäftsmäßig, also muß man es kostenlos machen, nicht daß der Mitgefangene sagen kann, ich habe ein Glas Kaffee bezahlt. Da haben sie nun ihr Gehirnschmalz, von Zeit wollen wir hier nicht sprechen, und ihr Schreibpapier investiert, das habe ich jetzt alles umsonst geopfert, und der Mitgefangene schämt sich und spricht mit ihnen nicht mehr. Wenn den dann ein Mitgefangener fragt, sag mal, was hast du denn mit dem, dann erfindet der noch ein Märchen und macht sie noch schlecht."

Es muß wohl angenommen werden, daß ein Gefangener, der mehrmals auf diese Weise ein Rechtsmittel unter dem Zureden eines Anstaltsbediensteten zurückgenommen hat, so schnell keinen Mitgefangenen mehr findet, der für ihn noch einmal einen Schriftsatz verfaßt. Unter diesen Umständen sind es gerade die in Rechtsfragen besonders Verunsicherten und Verunsicherbaren, die auf lange Sicht wohl ganz auf jede Form von rechtlicher Unterstützung verzichten müssen.

Insgesamt also ist die hier geschilderte Strategie der Druckausübung gleich auf dreierlei Weise wirksam.

- 1. Der rechtsunkundige Gefangene nimmt ein Rechtsmittel zurück.

- 2. Das Verhältnis des rechtsunkundigen Gefangenen zu seinem rechtskundigen Mitgefangenen dürfte sich auf diese Weise eher verschlechtern.

- 3. Der rechtsunkundige Gefangene steht am Ende ohne Aussicht auf zukünftige Rechtsberatung da.

Von einer vergleichsweise subtilen Form der Druckausübung erfuhren wir in der JVA Werl sowohl von betroffenen Gefangenen wie von einem der zuständigen Beamten selbst. Diese Technik war in der Anstalt als Drohung mit sogenanntem 'Kaputtschreiben' bekannt.

(Interview AL, Werl) Hatte ein Gefangener einen Antrag auf gerichtliche Entscheidung gestellt, dann wurde er häufig mit der Begründung zu dessen Rücknahme aufgefordert, daß die begehrte Maßnahme zwar für einen bestimmten Zeitpunkt in der Zukunft bereits von der Anstalt ins Auge gefaßt worden sei, im Augenblick allerdings noch nicht gewährt werden könne. Voraussetzung dafür, daß die Maßnahme zu dem zukünftigen Termin gewährt werden könne, sei, daß bis zu diesem Termin kein gerichtlicher Antrag auf Gewährung dieser Maßnahme eingereicht werde. Andernfalls sei man nämlich gezwungen, seine Auffassung, daß im Augenblick das Begehrte nicht gewährt werden könne, schriftlich dem Gericht darzulegen. Zu diesem Zweck seien drastisch alle Gründe darzustellen, die nach Auffassung der Anstalt gegen die Gewährung der Maßnahme sprächen. Dadurch sei der Gefangene dann 'kaputtgeschrieben': Seine Akte enthalte nun eine derart negative Stellungnahme über den Gefangenen, daß die Anstalt sich selbst widersprechen würde, wenn sie die begehrte Maßnahme zu dem ursprünglich ins Auge gefaßten Termin in der Zukunft gewähren würde. Der Gefangene würde sich also selbst schaden, wenn er jetzt einen Antrag bei Gericht einreichen bzw.diesen aufrecht erhalten würde.

Weniger subtil war die Form der Druckausübung in folgendem Fall:

(Werl 7) Der Gefangene G hatte während einer langjähri- gen Haftstrafe gute Kenntnisse des Strafvollzugsrechts er- worben, die er sowohl in eigener Sache wie auch für Mitge- fangene in verschiedenen Vollzugsverfahren mit relativ gutem Erfolg einsetzte. G. hatte ein gutes Verhältnis zu seinem Zellengenossen J und beriet diesen in zahlreichen Vollzugsverfahren, die auch J. nunmehr anstrengte.

Nachdem die Anstalt diesen Aktivitäten einige Zeit taten- los zugesehen hatte und entsprechende Aufforderungen, doch keine Anträge bei Gericht zu stellen, unbeachtet ge- blieben waren, wurden G. und J jeweils in eine andere Ab- teilung der Anstalt verlegt, so daß sie keine Möglichkeit der Kommunikation miteinander mehr hatten. Darüber hinaus wurden beide mit Gefangenen zusammengelegt, die G. und J. als 'Schlägertypen' bezeichneten. Diesen Ge- fangenen - wie diese später selbst zugegeben hätten - sei vom Abteilungsleiter gesagt worden, daß man es verstehen würde, wenn sie sich gegen das Schreibmaschinengeklap- per ihrer Mitgefangenen wehren würden: Wörtlich sei dem neuen Zellengenossen von G. gesagt worden: "Wenn G. zuviel schreibt, hau ihn um; schmeiß doch die Schreibma- schine vom Tisch".

Auf unser Befragen erklärte uns der betreffende Abtei- lungsleiter zu dem Vorgang: "G. harmonierte gut mit sei- nem Zellengenossen. Auch dieser schrieb dann wie ein Weltmeister. Ich habe dann entschieden, daß die beiden ge- trennt werden. Die Zusammenlegung mit den neuen Zel- lengenossen war nicht gesteuert, ich gebe aber zu, daß kei- ne große Rücksicht genommen worden ist. Wir befanden uns in einer Art Notwehrsituation, in der die anderen Ab- teilungsleiter und auch der Anstaltsleiter nicht so konse- quent reagierten wie ich. Nach der Verlegung habe ich dem G. dann gesagt: "In vier Wochen kannst du wieder mit dem J. zusammen liegen. Wenn du vertrauensvoll mit uns zusammenarbeitest, dann machen wir dir Angebote (...)".

Die von uns wörtlich mitprotokollierte Antwort des Abteilungsleiters ist deswegen bemerkenswert, weil der Beamte keinen Hehl daraus machte, daß er den praktischen Gebrauch der den Gefangenen gesetzlich zustehenden Rechte für eine Art ungesetzlichen Angriff gegen die Anstalt hält, der eine Notwehrsituation schafft und die unverhohlene Ausübung von Pressionen rechtfertigt(weitere Details zu diesem Fall bei KAMANN 1991, 327 ff).

Der folgende Fall ist ebenfalls ein Beispiel für die Ausübung von Pressionen gegen einen Gefangenen, der gerichtliche Hilfe gegen die Anstalt in Anspruch nimmt. Es wird niemanden verwundern, daß uns Ereignisse wie das folgende niemals direkt von einem in den jeweiligen Fall verwickelten Bediensteten bestätigt wurden. Andererseits gelang es uns auch nicht, jemals einen Insider des Strafvollzuges, sei er nun Gefangener oder Bediensteter, mit einer derartigen Schilderung zu überraschen. Während die Gefangenen durchweg zahllose ähnliche Vorkommnisse zu berichten wußten, die teils ihnen selbst, teils ihren Mitgefangenen zugestoßen seien, räumten die meisten der befragten Bediensteten ein, daß sie von derartigen Ereignissen zwar auch schon gehört hätten und uns durchaus noch weitere derartige Beispiele geben könnten. Freilich hätten diese Vorkommnisse sich sämtlich "zu anderen Zeiten/in anderen Anstalten/"Bevor ich hier die Verantwortung übernahm"/in einer anderen Abteilung/bei Gefangenen, die wirklich selbst Schuld daran gewesen waren/unter Beteiligung von Bediensteten, die überfordert und anschließend zur Rechenschaft gezogen wurden," abgespielt. Im eigenen Wirkungskreis der von uns befragten Bediensteten herrsche jedenfalls immer Recht und Gesetz.

(Butzbach 8) Der Gefangene, der uns den folgenden Fall schilderte, schätzt sich selbst als eher ruhig und angepaßt ein und war zuvor auch nicht durch eine hohe Anzahl von Beschwerden aufgefallen. Im wesentlichen ging es ihm darum, von seiner Ehefrau und dem damals dreijährigen Sohn mehr als zweimal pro Monat besucht werden zu dürfen. Auf seinen Antrag hatte das Gericht die Anstalt zur Neubescheidung verpflichtet. Als diese wiederum negativ ausfiel, beschritt der G erneut den Rechtsweg, registrierte aber zahlreiche unerfreuliche Nebenwirkungen:

"Man bekommt doch einige Zeit lang zu spüren, daß man versucht hat, sich gegen Entscheidungen der Anstalt zu stellen. Ich kann nicht glauben, daß sich die folgenden Ereignisse alle zufällig zu dieser Zeit zugetragen haben. Vorher gab es diese Probleme nicht.

Zum 28.3.1988, meinem Geburtstag, schickte mir meine Frau durch Fleurop einen Blumenstrauß mit Geburtstagskarte. Am 7.4.88 besuchte mich meine Frau und mein Sohn, und er fragte mich als erstes, ob ich mich über seine Blumen gefreut hätte. Da ich weder den Blumenstrauß noch eine Geburtstagskarte erhalten hatte und auch keine Mitteilung vom Hause, daß Derartiges eingetroffen ist, habe ich mich an den Flügelverwalter gewandt. Er konnte mir nichts sagen. Am 7.4.88 habe ich mich per Antrag an den Anstaltsleiter gewandt und um Klärung gebeten, aber bis heute (fünf Monate später, d. Verf.) keine Antwort auf diesen Antrag erhalten. Meine Ehefrau fragte in dem Blumengeschäft nach, wo sie den Auftrag gegeben hatte, und ihr wurde mitgeteilt, daß die Blumen nebst Brief in der JVA Butzbach abgegeben wurden.

Am 20.4.88 wurde ich von meinem Arbeitsplatz geholt mit dem Hinweis, ich müßte auf die Zentrale. Unterwegs wurde ich auf meine Zelle geführt, wo ich von weiteren zwei Beamten erwartet wurde, dabei auch der Flügelverwalter. Man sagte mir, man habe einen Tip bekommen, daß ich Geld in meinem Haftraum versteckt hätte. Ich wurde aufgefordert, ich solle es herausgeben, da man sonst eine Zellenkontrolle durchführen müsse. Ich hatte noch nie Geld während der Haftzeit, und das gab ich auch den Beamten kund. Daraufhin mußte ich mich entkleiden, meine Kleidung wurde durchsucht, und anschließend wurde ich einer körperlichen Untersuchung unterzogen. Danach konnte ich mich wieder anziehen und wurde zurück zu meinem Arbeitsplatz geführt. Als ich nach der Arbeit um 15.30 Uhr auf meine Zelle kam, sah es aus wie nach einer Explosion. Geld wurde natürlich keines gefunden."

Letztlich wurde der Antrag auf gerichtliche Entscheidung vom Gericht am 27.4.1988 als unbegründet zurückgewiesen, da die angefochtene Ermessensentscheidung der Anstalt diesmal nicht zu beanstanden sei. Ein Jahr später wurde der vom Gefangenen gewünschte dritte Besuch generell für alle Gefangenen eingeführt.

Selbst wenn der Zusammenhang zwischen den geschilderten Vorfällen und dem Rechtsschutzverfahren hier nur vom Gefangenen empfunden wird und sich nicht 'beweisen' läßt, so muß doch an die Pflicht der Anstaltsleitung erinnert werden, schon dem Anschein entgegenzuwirken, Gefangenen entstünden aus der Anrufung der Gerichte irgend welche Nachteile (AK-Volckart vor § 108 Rz.30).

Der Versuch, Gefangene durch derartige 'Vorfälle' vom Beschreiten des Rechtsweges abzuhalten, wird vor allem dort unternommen, wo man davon ausgehen kann, daß der Gefangene irgendwann zermürbt ist und bei einem bestimmten Maß von Druck dann von selbst seine Aktivitäten einstellt. Mit dieser Strategie dürfte die Anstalt Erfolg vor allem bei solchen Gefangenen haben, die mit einem gerichtlichen Verfahren eine materielle Verbesserung ihrer Vollzugssituation zu erreichen hoffen. Scheitern ihre rechtlichen Aktivitäten, und hat sich der 'Gang' zum Gericht überdies noch als Anlaß für weitere Verschlechterungen der Haftsituation erwiesen, so stellen diese Gefangenen ihre juristischen Aktivitäten häufig ein, wobei sie uns nicht selten von der großen Erleichterung berichteten, die sie nach dem Ende des eskalierenden Konflikts mit der Anstalt empfanden.

Wir haben weiter oben schon geschildert, daß nach unserer Ansicht bei sog. Querulanten von derart brachialen Beeinflussungsmethoden Abstand genommen wird, weil sie für die Anstalt eher zusätzliche Scherereien bedeuten könnten. Freilich heißt das nicht, daß man Querulanten von einem gewissen Punkt an gewähren läßt. Vielmehr scheint es so, als verlagere sich bei Querulanten der Konfliktschauplatz mehr und mehr auf die juristische Ebene, wo es ja immer noch zahlreiche Möglichkeiten gibt, dem Gefangenen die Durchführung weiterer Vollzugsverfahren zu verleiden.

Freimütig berichtete uns etwa der Beschwerdesachbearbeiter einer großen JVA, wie dort mit einem solchen 'Querulanten' schließlich umgegangen wurde:

(Interview AL, Berlin-Moabit) "Jeder hat versucht, ihn irgendwie ruhig zu stellen. Wir haben es mit allen Mitteln versucht. Nachdem das alles aber nichts genutzt hat, haben wir schließlich eine Strafanzeige gegen ihn erstattet wegen Verstößen gegen das Rechtsberatungsgesetz. Außerdem haben wir das Gericht aufgefordert, bei allen von ihm angestrengten Verfahren jedesmal bei dem Gefangenen die Prozeßkosten einzutreiben. Das haben die dann auch gemacht" (und bei den anderen Gefangenen weiterhin unterlassen).

3.4. Ausübung der Definitionsmacht

Formell stehen sich Gefangener und Anstalt vor Gericht gleichberechtigt gegenüber. Wir haben an anderer Stelle bereits darauf hingewiesen, daß durch fehlende Handlungskompetenz, Informations- und Beratungsmöglichkeiten diese Gleichheit faktisch nicht besteht. In den gerichtlichen Verfahren trifft ein meist unbeholfener und nur über mangelnde Rechtskenntnisse verfügender Gefangener auf einen routinierten Vielfachprozessierer, der über zahlreiche Möglichkeiten der Verfahrenssteuerung verfügt. Die Kontrollkompetenz des Gerichts ist nämlich nicht nur im Rahmen von Ermessens- und Beurteilungsspielräumen beschränkt, sondern auch von der durch die Anstalt geprägten faktischen und damit rechtlichen Gestaltung des unterbreiteten Sachverhalts abhängig. Zwar gilt auch bei vollzugsrechtlichen Entscheidungen der Untersuchungsgrundsatz, so daß das Gericht nicht den Sachvortrag einer Seite ungeprüft zugrunde legen darf. Wenn die Vollzugsbehörde also Tatsachen vorgetragen hat, die ihre Maßnahme gegenüber dem Gefangenen begründen soll, muß das Gericht aufklären, ob sie zutreffen oder nicht, ehe es sie übernimmt (vgl. BVerfGE 21, 195; AK-Volckart § 115 Rz. 1). Aber auch unabhängig davon, daß in der Praxis die Gerichte den Untersuchungsgrundsatz bezüglich des Vorbringens der Anstalt häufig nicht sonderlich ernstnehmen, verfügt die Anstalt im Hinblick auf die Fallgeschichte über eine Definitionsmacht, die es ihr erlaubt, den zu beurteilenden Sachverhalt für das Gericht und den Gefangenen verbindlich festzulegen. Im folgenden soll dargestellt werden, welche rechtsverkürzenden Freiräume diese Definitionsmacht schafft.

3.4.1. Informelle Rahmung

Auch ohne den Sachverhalt selbst zu verändern, kann die Anstalt auf dessen Bewertung Einfluß nehmen. Der Sachverhalt wird mit einem Kontext, einem Rahmen versehen, der die zu treffende Entscheidung präjudizieren soll. Eine derartige Einflußnahme auf das Gericht scheint für die Vollzugsanstalten häufig nicht allzu schwierig zu sein. Die relative Häufigkeit von Vollzugsverfahren und die Zuständigkeit des stets gleichen Gerichtes bringt es mit sich, daß besonders zwischen Anstalt und Strafvollstreckungskammer neben der formalen Abwicklung eines solchen Verfahrens auch mehr oder weniger intensive informelle Verbindungen entstehen. Telefongespräche zwischen Gericht und Anstalt, in denen Termine oder Sachfragen kurzfristig abgeklärt werden, sind üblich. Wenn Richter von Strafvollstreckungskammern gelegentlich zur Durchführung von Anhörungen etc. die Anstalt besuchen, so ergeben sich auch hier informelle Kontakte mit Anstaltsbediensteten und der Anstaltsleitung. Es entzieht sich weitgehend dem Zugriff dieser Untersuchung, inwieweit derartige informelle Strukturen den Gang von Vollzugsverfahren beeinflussen. Auf Fragen zu diesem sensiblen Komplex erhielten wir in der Regel eher ausweichende Antworten. Nur ein Anstaltsleiter bekannte sich offen dazu, daß von der Anstalt die Kontakte zum Vollzugsgericht auch genutzt werden, um Einfluß auf den Ausgang eines Vollzugsverfahrens zu nehmen.

(Interview AL, ...) Auf unsere Frage nach einem Beispiel schilderte uns der Anstaltsleiter folgende Begebenheit: Wir hatten hier einen Gefangenen, von dem wir wußten, daß er in großem Stil mit Drogen aller Art, auch Heroin und Kokain dealte. Wir konnten ihm aber lange Zeit nichts nachweisen. Schließlich fand ein Beamter bei ihm ein Gramm Haschisch. Daraufhin haben wir dem Gefangenen alle Vollzugslockerungen gestrichen und ihn innerhalb der Anstalt isoliert. Dagegen hat der Gefangene dann Antrag auf gerichtliche Entscheidung gestellt. Nun drohte eine Gerichtsentscheidung, in der unsere Maßnahmen aufgehoben worden wären, da diese eigentlich angesichts von nur einem Gramm Haschisch unverhältnismäßig waren. Ich habe dann den Richter angerufen und ihm gesagt, daß es sich bei dem Gefangenen um einen Dealer von harten Drogen in großem Stil handelt, den wir bisher lediglich nicht erwischen konnten. Auf diese Weise hatten dann unsere Maßnahmen vor Gericht Bestand (...).

Auch durch die Mitteilung "übergeordneter Interessen" kann die Vollzugsanstalt den Ausgang des gerichtlichen Verfahrens zu beeinflussen suchen. Diese mehr oder weniger verfahrensfremden Argumente ermöglichen es beispielsweise, den Widerstand des Gefangenen gegen die Vollzugsmaßnahme dem Gericht gegenüber gewissermaßen als zusätzlichen Nachweis für deren Berechtigung anzubieten oder das Obsiegen des Gefangenen als hinderlich für das Erreichen des Vollzugszieles darzustellen. Ein Beispiel für eine solche Argumentation der Anstalt (in einem Schriftsatz an die Strafvollstreckungskammer) ist folgendes:

(Hannover 7) "Unter Berücksichtigung der Persönlichkeitsstruktur des Gefangenen geht es ihm auch nicht hauptsächlich um die sog. Bastelerlaubnis, sondern nur darum, Recht zu bekommen und 'gegen die Justizvollzugsanstalt zu gewinnen'".

Die Bereitschaft der Gerichte, zumindest bei der Herstellung, wenn auch nicht bei der Darstellung ihrer Entscheidungen solche zusätzlichen Informationen zu berücksichtigen, wird gefördert durch ein allzu häufig anzutreffendes Verständnis, welches "Strafvollstreckungskammer und Strafvollzugsbehörde .. (als) ein kooperatives Team von Fachleuten" (MALCHOW 1978, 87) sieht.

3.4.2. Unterdrückung von Tatsachen

Das Gegenstück zur Übermittlung zusätzlicher, verfahrensfremder Informationen an das Gericht ist die unvollständige Weitergabe von Informationen. Hierfür ein vermutlich außergewöhnlich krasses Beispiel:

(Wolfenbüttel 3) Dem Gefangenen war eine Einzelfernsehgenehmigung von der Anstalt entzogen worden, weil hierfür ein medizinischer Grund nicht mehr gegeben sei. Nach ablehnender Entscheidung der Kammer rief der Gefangene das OLG an, das das Verfahren zur erneuten Entscheidung an die Kammer zurückverwies. Der daraufhin ergangene Kammerbeschluß war für den Gefangenen wiederum negativ. Ihre erneute ablehnende Bescheidung hatte die Kammer getroffen, "nachdem die Anstaltsleitung auf entsprechende Anfrage der Kammer mitgeteilt hatte, daß über die damaligen Feststellungen des Anstaltsarztes vom 9.10.86 hinaus, nach der aus ärztlicher Sicht die Teilnahme des Gefangenen am Gemeinschaftsfernsehen möglich war, keine weiteren Feststellungen vorlagen."

Gegen diesen Beschluß der Kammer erhob der Gefangene erneut Rechtsbeschwerde, in der er unter anderem ausführte, die Ansicht des Anstaltsarztes sei von der Anstalt falsch wiedergegeben worden. Bereits im November 1986 habe der Anstaltsarzt erklärt, daß eine Einzelfernsehgenehmigung für den Gefangenen medizinisch geboten sei. An dieser Stelle des Verfahrens geschah nun etwas Ungewöhnliches: Statt über die Rechtsbeschwerde zu entscheiden, regte das OLG bei der Kammer an, den Gefangenen über die anstaltsseitige Wiedergabe der Meinung des Anstaltsarztes in Kenntnis zu setzen und ihm insofern rechtliches Gehör zu gewähren. Die Anstaltsleitung teilte daraufhin dem Gericht mit, daß der Anstaltsarzt sich unter dem 17.3.1988 wie folgt geäußert habe: "Zur Zeit ist das Einzelfernsehen medizinisch nicht zu befürworten. Der Befund von 1986 ist hinfällig". Der Gefangene behauptete dagegen nach wie vor, der Anstaltsarzt könne eine solche Stellungnahme gegenüber der Anstaltsleitung niemals abgegeben haben, da er sich zu ihm, dem Gefangenen, gegenteilig geäußert habe. Daraufhin holte die Kammer direkt eine persönliche Stellungnahme des Anstaltsarztes ein. Mit Datum vom 20.9.88 teilte der Anstaltsarzt mit, daß er aufgrund der langen Haftzeit, der ständig notwendigen Behandlung der Wirbelsäulenerkrankung als auch der Hauterkrankung nach wie vor der Meinung sei, daß dem Gefangenen eine Einzelfernsehgenehmigung erteilt werden müsse.

Ein weiteres Beispiel für manipulative Tatsachenunterdrückung durch die Anstalt im gerichtlichen Verfahren:

(Celle 18) Der Gefangene war gegen die JVA Celle vorgegangen, nachdem diese mehrfach seine Besuchsüberstel-

lung in die JVA Zweibrücken abgelehnt hatte. Nach erfolglosem Widerspruchsverfahren war die Sache schließlich bei
der Strafvollstreckungskammer anhängig. Im Juli wurde
der Leiter der JVA Celle schriftlich informiert, daß die JVA
Zweibrücken dem Antrag auf Besuchsüberstellung stattge-
geben habe, "nachdem eine erneute Überprüfung des Anstaltsleiters der JVA Zweibrücken ergeben habe, daß man
ihrer Halbschwester eine Besuchsfahrt von Pirmasens nach
Celle nicht zumuten könne." Die Anstalt in Celle hatte
damit also ein Dokument in Händen, das geeignet war, die
Position des Gefangenen zu stärken. Gleichwohl unterließ
die Anstalt es, dieses Dokument dem Gericht vorzulegen,
so daß am 16.8.88 der Antrag des Gefangenen auf die begehrte Besuchsüberstellung von der Kammer - mangels
Kenntnis der Stellungnahme der JVA Zweibrücken - ab-
gewiesen wurde.

Es ist bemerkenswert, daß dem Gefangenen laut Auskunft der Anstalt, trotz der Manipulation, die zu der ablehnenden Entscheidung
vom 16.8.88 geführt hatte, im August 1988 dennoch eine Besuchsüberstellung in die JVA Zweibrücken gewährt wurde. Wir fol-
gern daraus, daß Anstalten selbst dann auf keinen Fall eine Niederlage vor der Kammer erleiden (oder auch nur das Verfahren für erledigt erklären) möchten, wenn sie inzwischen ohnehin dem Gefangenen das Begehrte zu gewähren bereit sind.

3.4.3. Schaffung von Tatsachen

Die Definitionsmacht der Anstalten äußert sich vor allem darin, daß
diese zahlreichen Möglichkeiten haben, durch Schaffung neuer Tatsachen auf die tatsächliche und/oder rechtliche Ausgangslage des
Falles gestaltend und verändernd einzuwirken. Prozessual wird
durch diese Aktivitäten meist die Erledigung des gerichtlichen Verfahrens herbeigeführt. Wir haben bereits unter dem Gliederungs-
punkt 3.1. auf die Möglichkeit der Anstalt hingewiesen, durch Gewährung zur Verfahrenserledigung zu kommen. Hinter der 'Erledigung der Hauptsache' verbirgt sich also ein breites Spektrum von
Verfahrensbeendigungen, das vom Äquivalent des Verfahrensver-
lusts bis hin zu einem Quasi-Prozeßgewinn reicht. Die verschieden-

artigen Maßnahmen, Leistungen und Ereignisse, durch die eine Erledigung in der Hauptsache eintreten kann, lassen eine Überprüfung, ob die Erledigung nun einen 'Erfolg' des Gefangenen darstellt oder nicht, nur anhand des Einzelfalles zu.

Unserer Meinung nach liegt eine 'Erledigung der Hauptsache' in den weitaus meisten Fällen im Interesse der Anstalt. Die Erledigung beendet die mit der Angelegenheit verbundene Verwaltungsarbeit und stellt sicher, daß sich die Anstalt nicht mit einem möglicherweise Präzedenz schaffenden Urteil auseinandersetzen muß. Unter dieser Voraussetzung ist anzunehmen, daß es der Anstalt nicht ungelegen kommt, wenn sich während des Verfahrens die Vollzugssituation des Gefangenen derart verändert, daß gegenüber dem Gericht die Hauptsache für erledigt erklärt werden kann.

Im Gegensatz zum Zivilrecht, wo der Beklagte in der Regel nur die eine Möglichkeit hat, für die Erledigung der Hauptsache zu sorgen, indem er den Anspruch des Klägers als berechtigt anerkennt und die eingeklagte Leistung erbringt, stehen der Anstalt hier weitaus mehr Möglichkeiten offen. Die Anstalt kann etwa die normale Verfahrensdauer abwarten und darauf vertrauen, daß sich irgendwann in dieser Zeit die 'Hauptsache' erledigt, sie kann die normale Verfahrensdauer bis zum Eintritt eines erledigenden Ereignisses hinausziehen, sie kann aber auch von sich aus eine veränderte Vollzugssituation schaffen, durch die eine Erledigung eintritt, kurz: die Anstalt übt die Herrschaft über die Sachvoraussetzungen der gerichtlichen Entscheidung aus. Im folgenden sollen drei charakteristische Möglichkeiten dokumentiert werden, welche die insoweit bestehenden Einflußmöglichkeiten der Anstalt verdeutlichen.

3.4.3.1. Verlegung

Die Strategie der vollzogenen Tatsachen kann besonders deutlich am Beispiel von Verlegungen demonstriert werden. Durch Verlegungen innerhalb der Anstalt oder zwischen Anstalten kann versucht werden, dem Gerichtsverfahren selbst die Grundlage zu entziehen. Sehr erfolgreich wurde dieses Verfahren in Zeiten der Überbelegung zum Vorteil von solchen Gefangenen praktiziert, die in einer überbelegten Zelle untergebracht waren und dagegen Antrag auf gerichtliche Entscheidung gestellt hatten: die Anstalt verlegte den klagenden Gefangenen in eine Einzelzelle (wodurch sich sein Verfahren erledigte) und in die weiterhin überbelegte Zelle einen anderen Gefangenen (der das Gerichtsverfahren von vorne beginnen mußte). Beispiele finden dafür finden sich auch in unserem Material (Butzbach 7, Butzbach 11); wir kommen darauf unter dem Gesichtspunkt der Implementation i.w.S. zurück. Hier wollen wir stattdessen auf Verlegungsstrategien eingehen, die für den klagenden Gefangenen Nachteile bringen:

(Berlin 8) Am 2.6.86 beantragte der Gefangene G., den Sichtspion in seiner Zellentür verhängen zu dürfen, da er durch dessen Benutzung (vor dem offiziellen Wecken um 06.00 Uhr) und das damit verbundene Einschalten des Lichtes in seiner "psychischen und physischen Integrität" über Gebühr verletzt werde. Dieser Antrag wurde von der Anstalt nicht beschieden, und am 10.9.86 stellte G. Antrag auf gerichtliche Entscheidung. Die Anstalt hat dann das Verfahren vor der StVK ein halbes Jahr laufen lassen, ohne zum Antrag G's irgendeine Stellungnahme beim Gericht einzureichen. Am 23.3.87 schließlich verlegte die Anstalt den Gefangenen von Zelle 54 des Sicherheitsbereiches in die Abteilung des Normalvollzugs und erklärte am 9.4.87 gegenüber der StVK die Hauptsache für erledigt. Am selben (!) Tag erklärte auch die StVK die Hauptsache für erledigt, daß G. zwischenzeitlich aus dem Sicherheitsbereich in den Normalvollzug verlegt worden und "nicht mehr Insasse der Zelle 54" sei. Für den Ausspruch der Rechtswidrigkeit der angefochtenen Maßnahme sei kein Raum, weil G. an einer diesbezüglichen Feststellung kein berechtigtes Interesse habe.

G. erhob daraufhin Rechtsbeschwerde, und das Kammergericht erklärte mit deutlichen Worten am 16.6.87, die Hauptsache sei keinesfalls dadurch erledigt, daß der Gefangene lediglich in eine andere Zelle in derselben Anstalt verlegt worden war, hob die Entscheidung des StVK auf und verwies die Sache an diese zurück.

Knapp drei Wochen später, am 3.7. 1987 wurde der Gefangene in die JVA Tegel verlegt. Die Anstalt Moabit erklärte daraufhin die Sache erneut dem Gericht gegenüber für erledigt: "Eine von ihm (dem Gefangenen) mit diesem Verfahren angestrebte Verpflichtung des Leiters der JVA Moabit könnte den nun zuständigen Leiter der JVA Tegel nicht binden". Der rechtlich versierte G. konnte hier allerdings noch rechtzeitig auf eine Fortsetzungsfeststellungsklage übergehen und letztlich erreichen, daß das ursprüngliche Verhalten der Anstalt für rechtswidrig erklärt wurde.

Vertreter der Anstaltsleitung bestritten uns gegenüber, daß die Verlegung im konkreten Fall etwas mit dem anhängigen Gerichtsverfahren zu tun gehabt habe. Sie räumten aber ein, daß so etwas schon vorkomme: "Es wird schon mal versucht, einen Gefangenen loszuwerden. Aber: es ist nicht so einfach, weil vermutlich auch die andere Anstalt schon von ihm gehört hat. Manchmal wird ein Gefanger schon verlegt, wenn er nervt".

Unabhängig vom Einfluß auf das Gerichtsverfahren können Verlegungen irreversible Folgen für den Besitzstand des Gefangenen haben. Besonders deutlich läßt sich dies am Beispiel der Rückverlegung aus dem offenen in den geschlossenen Vollzug demonstrieren:

(Saarbrücken 2) G wurde vom offenen in den geschlossenen Vollzug zurückverlegt, weil er angeblich von einem in der Kleiderkammer beschäftigten Mithäftling für drei Päckchen Tabak einen anstaltseigenen Parka eingetauscht und die-sen an außenstehende Dritte veräußert hatte. Seine Unschuldsbeteuerungen und sein Antrag auf gerichtliche Entscheidung führten nicht zu einer Aussetzung der Maßnahme.

Während des gerichtlichen Verfahrens stellte sich heraus, daß G als erster umfassend gegenüber der Anstalt Meldung von dem Vorfall gemacht hatte, nachdem er nachträglich von der Manipulation des Mitgefangenen (der den von ihm unterschlagenen Parka ohne Wissen des G auf dessen Kleiderkarte als ausgehändigt eingetragen hatte) erfahren hatte.

Nachdem G annähernd neun Monate im geschlossenen Vollzug verbracht hatte, wurde er erneut in den offenen Vollzug verlegt. Dadurch hatte sich das Verfahren erledigt, so daß die Strafvollstreckungskammer lediglich die Rechtswidrigkeit der Verlegung in den geschlossenen Vollzug feststellte. Die Folgen dieser rechtswidrigen Verlegung waren jedoch nicht mehr rückgängig zu machen: G war als Freigänger in einem freien Arbeitsverhältnis beschäftigt gewesen; durch die Rückverlegung war ihm dieser Arbeitsplatz gekündigt worden. Als er dann wieder in den offenen Vollzug kam, blieb er für die verbleibenden zwei Monate bis zu seiner Entlassung arbeitslos.

3.4.3.2. Sofortige Vollstreckung

Ein weiteres Beispiel für die Politik vollzogener Tatsachen ist die sofortige Vollstreckung von Disziplinarmaßnahmen. Diese Praxis kann sich darauf berufen, daß Disziplinarmaßnahmen "in der Regel sofort vollstreckt" (§ 104 StVollzG) werden sollen. Dahinter steht die pädagogische Vorstellung, daß die Wirkung der Strafe gemindert wird, wenn sie der Verfehlung nicht unmittelbar auf dem Fuße folgt. Dieser Grundsatz kann zum einen durch pädagogische Überlegungen außer Kraft gesetzt werden, und er gilt andererseits dann nicht, wenn der Sachverhalt umstritten ist, also z.b. wenn der Anstalt über die Verfehlung eines Gefangenen lediglich die Aussage eines Mitgefangenen vorliegt. In solchen Fällen sind vor der Vollstreckung der Disziplinarmaßnahme zunächst die belastenden und entlastenden Umstände von Amts wegen zu ermitteln, der Gefangene und unter Umständen auch Mitgefangene sind anzuhören, und es ist der Schuldfrage nachzugehen (vgl. § 106 StVollzG und AK-Brühl § 106 Rz.2 ff). Vor Abschluß der Ermittlungen verhängte, vorläufige Disziplinarmaßnahmen sind unzulässig. Wird schließlich nach Abschluß des Ermittlungsverfahrens eine Disziplinarmaßnahme tatsächlich verhängt, so steht dem Gefangenen der Rechtsweg dgegen ebenso offen, wie gegen alle sonstigen ihn belastenden Maßnahmen der Anstalt.

Die Praxis der sofortigen Vollstreckung einer Disziplinarmaßnahme einerseits und der zeitliche Ablauf eines Vollzugsverfahrens andererseits haben zur Folge, daß der Gefangene fast ausnahmslos die Disziplinarstrafe längst verbüßt hat, bevor deren Berechtigung gerichtlich geklärt ist. Praktisch sind Gefangene gegen Disziplinarmaßnahmen ohne wirksamen Rechtsschutz. Die Anstalten können auf diese Weise Tatsachen schaffen, ohne daß dies gerichtlich verhindert oder rückgängig gemacht werden kann. Daß sich Gefangene gegen zu Unrecht verhängte Disziplinarmaßnahmen praktisch nicht wehren können, bringt außerdem die Gefahr mit sich, daß von der Anstalt bei der Ermittlung und Ahndung von Pflichtverstößen begangene Fehler nahezu folgenlos bleiben, wodurch sich Spielräume für Mißbrauch und Willkür eröffnen. Ein von dem Gefangenen nach Verbüßung der Disziplinarmaßnahme erstrittener Feststellungsbeschluß demonstriert ihm nachträglich nur noch einmal deutlich seine Ohnmacht gegen die Disziplinargewalt der Anstalt.

(Werl 5) Gegen den Gefangenen war eine Disziplinarmaßnahme in der Form eines Entzuges der Teilnahme an gemeinschaftlichen Veranstaltungen für die Dauer von zwei Wochen verhängt und vollstreckt worden. Drei Monate später erklärte das Landgericht auf Antrag des Gefangenen die Verhängung der Disziplinarmaßnahme für rechtswidrig, weil die "einfachsten Regeln eines mit strafähnlichen Sanktionen bewerteten Verfahrens" außer acht gelassen worden seien. Nach Auskunft der Anstalt finden die Ausführungen des Gerichts in der JVA Werl "uneingeschränkt Zuspruch und werden in der vollzuglichen Praxis der Vollzugsleiter beachtet".

Dem Gefangenen können die zwei Wochen Freizeitsperre jedoch nicht wieder zurückgegeben werden. Und sein Versuch, eine finanzielle Entschädigung zu erlangen, scheitert ebenfalls. Er teilte uns dazu mit, "daß ein Antrag auf Folgenbeseitigung wegen der zu Unrecht erlittenen Disziplinarmaßnahme durch die Kammer als unzulässig zurückgewiesen wurde, da eine Folgenbeseitigung aus dem StVollzG nicht ausdrücklich zu entnehmen sei." Ein weiteres Beispiel:

(Berlin 7) Die Anstaltsleitung hatte gegen den Gefangenen als Disziplinarmaßnahme dessen getrennte Unterbringung während der Freizeit für eine Woche verhängt (und vollstreckt), nachdem bei einer Kontrolle der Zelle des Betroffenen angeblich ein selbstgebastelter Lampenschirm und ein sogenannter 'Fremdanschluß' ('angezapfte' Stromleitung) gefunden worden waren. Der Strafgefangene wehrte sich mit der Begründung, der sogenannte Lampenschirm sei lediglich eine Pappe als Blendschutz und folglich eine geringwertige Sache, die er auch ohne Genehmigung der

Anstalt besitzen dürfe. Von einem angeblichen Fremdanschluß habe er nichts gewußt, schließlich besitze er nicht einmal elektrische Geräte. Die Strafvollstreckungskammer wies den Antrag auf gerichtliche Entscheidung zurück. Die Rechtsbeschwerde des Gefangenen führte zur Aufhebung und Zurückerweisung.

Ein endgültiger Beschluß der Kammer erging fast genau ein Jahr nach der Verhängung der Disziplinarmaßnahme. Mit diesem Beschluß wurde der Disziplinarbescheid der Anstalt aufgehoben. Diese hat uns auf Befragen mitgeteilt, daß der Gefangene durch die Gerichtsentscheidung "rehabilitiert" sei. Praktisch freilich war die Entscheidung des Gerichts für den Gefangenen ohne positive Bedeutung (sieht man einmal von der Tilgung der Disziplinarmaßnahme in der Personal-Akte ab). Er behauptet, daß ihm die rechtswidrig angeordnete Disziplinarmaßnahme nach wie vor schadet:

Bereits einen Monat nach der Beschlußbekanntgabe wurde gegen mich ein erneutes Disziplinarverfahren eingeleitet. Dieses Disziplinarverfahren wurde genauso an den Haaren herbeigezogen wie das vorangegangene. Diesmal handelte es sich um eine angebliche Beleidigung gegen einen Beamten, die ein anderer Beamter allein gehört haben will (...). Bis zum heutigen Tag werde ich auch als gewählter Insassenvertreter nicht zugelassen. Als Grund werden die gegen mich verhängten Disziplinarmaßnahmen und andere - in meine Person hineininterpretierte - Dinge herangezogen.

Derartige atmosphärische Folgewirkungen gerichtlich aufgehobener Disziplinarmaßnahmen sind durchaus plausibel, aber nur schwer zu beweisen.

3.4.3.3. Einstweiliger Rechtsschutz

Effektive Gegenwehr gegen die Politik vollzogener Tatsachen ist theoretisch durch einstweiligen Rechtsschutz möglich. Juristisch scheitert dies meist daran, daß mittels einstweiligen Anordnungen nicht eine Entscheidung in der Hauptsache vorweggenommen werden darf. Dies ist jedoch gerade bei Disziplinarmaßnahmen nicht der Fall. Hier scheitert der Versuch einstweiligen Rechtsschutz zu erlangen vielfach daran, daß solche Maßnahmen typischerweise zu Zeiten angeordnet werden, wo gerichtlicher Rechtsschutz nur schwer zu erreichen ist. Dies gilt insbesondere "bei solchen Einschlüssen, die nur drei Tage andauern, und die nach einer verbreiteten Praxis in der Anstalt häufig mit Beginn am Freitagnachmittag verhängt werden (...)" (HOFFMANN 1990, 88). Dieser Zeitpunkt kann von der Anstalt selbst notfalls künstlich herbeigeführt werden:

> (Interview G, Werl) Nachdem es Gefangenen mehrfach gelungen war, eine anstaltliche Disziplinarmaßnahme auf dem Weg über eine einstweilige Anordnung zu stoppen, kam es gehäuft vor, daß die Bekanntgabe und Vollstreckung einer Disziplinarmaßnahme nicht mehr - wie im Gesetz vorgesehen - sofort erfolgte, sondern auf den darauffolgenden Freitag gelegt wurde. In diesen Fällen erreichte ein Eilantrag das Gericht frühestens nach drei Tagen, und eine Einstweilige Anordnung konnte so erst ergehen, wenn ein großer Teil der Disziplinarmaßnahme bereits verbüßt war.

Der zuständige Richter hat dies an einem Fall inzwischen ausführlich dokumentiert (KAMANN 1991, 298 ff) und dabei die Angaben des G nicht nur vollauf bestätigt, sondern ausdrücklich auf die zögerliche Weiterleitungspraxis der Anstalt hingewiesen:

> G "dürfte kaum säumig gewesen sein und seine Eingabe noch am 17.03.1989 zur Beförderung abgegeben haben. Wäre sie von der JVA als äußerst eilbedürftig behandelt worden, hätte sie am 18.03.1989 der in W. angesiedelten StVK vorliegen müssen, bzw. hier beim AG eingegangen sein müssen...die Anstalt beeilte sich mit der Weitergabe der Eingabe...nicht und diese ging erst am 20.03.1989 bei Gericht ein. Die Vorlage an den Richter erfolgte im Laufe des Tages, so daß der Arrest vollzogen war, bevor eine Entscheidung ergehen konnte" (KAMANN 1991, 302 f).

Nun möchte man meinen, daß es im Zeitalter des Telephons selbst am Wochenende noch möglich ist, im Notfall einen Urkundsbeamten oder Richter zu erreichen. Dies setzt allerdings voraus, daß der Gefangene ein Telephon erreichen kann. Aber auch dies kann die Anstalt verhindern, wenn sie es will:

"Gegen 14.00 setzte der Abteilungsleiter gegen H. eine Disziplinarmaßnahme von drei Tagen Arrest fest, die er ab 15.30 Uhr vollziehen ließ. H. versuchte zwischen 14.00 und 15.30 Uhr die Erlaubnis zu erhalten, sich telephonisch an den als Urkundsbeamten fungierenden Rechtspfleger des Amtsgerichts W. wenden zu dürfen, bei welchem er einen Antrag auf Aussetzung der Arrestmaßnahme stellen wollte. Technisch wäre eine solche Kontaktaufnahme zu dem Rechtspfleger kein Problem gewesen. Wie alle in dieser Sache Beteiligten wußten, hielt sich dieser entweder in dem nahen Amtsgericht oder sogar zur Aufnahme von Anträgen in der JVA selbst auf. Die Anstalt gab H. jedoch nicht die Möglichkeit eines Telephonats mit dem Rechtspfleger" (KAMANN 1991, 300).

3.5. Zeitablauf

Ein Merkmal des gerichtlichen Verfahrens, das unabhängig von seinem Ausgang jede Partei gleichermaßen betrifft, ist die Verfahrensdauer. Beschwerdeführer und Beschwerdegegner befinden sich während dieser Zeit in einem Zustand relativer Rechtsunsicherheit, der Gefangene meist auch ein wenig zwischen Bangen und Hoffen oder gar in der trügerischen Gewißheit einer positiven Entscheidung. Dennoch muß der Vollzugsalltag weitergehen und ein erträgliches Auskommen miteinander gewahrt werden.

Mit der Länge des Verfahrens steigt häufig die Schwierigkeit der Enttäuschungsverarbeitung bei einer Niederlage, während bei einem Obsiegen des Gefangenen der Wert der begehrten Maßnahme subjektiv wie objektiv erheblich niedriger sein kann als zum Zeitpunkt der Antragstellung. Es besteht zum Beispiel ein erheblicher Unterschied, ob ein Gefangener zwei Jahre vor seiner Entlassung den ersten Urlaub erhält oder (nach vorangegangenem Rechtsschutzverfahren) 1 1/2 Jahre später. Es ist ebenfalls ein Unterschied, ob der Gefangene eine Zeitung in der Erscheinungswoche oder erst ein Jahr danach lesen kann. Insofern gibt es wegen der subjektiven Wichtigkeit zahlreicher Streitgegenstände für die Gefangenen häufig ein besonders großes Rechtsschutzbedürfnis.

Schon wegen der normalen Schwerfälligkeit des gerichtlichen Entscheidungsprozesses werden viele Klagen von Gefangenen obsolet, ohne daß die Anstalten sich besonders bemühen müßten, die Verfahrensdauer zu verlängern.

Auf der anderen Seite gibt es Anliegen von Gefangenen, die sich nicht durch bloßen Zeitablauf erledigen. Zwar 'verderben' einige Rechte von Gefangenen schneller als andere, doch Ansprüche, wie z.B. Geldforderungen gegen die Anstalt, sind für einen Gefangenen auch noch nach seiner Entlassung aus der Haft interessant genug, um weiter verfolgt zu werden. Das Recht auf unbeschränkten Postempfang, um ein anderes Beispiel zu nennen, steht dem Gefangenen während seiner gesamten Haftzeit zu, und ein Beschluß, der dieses Recht wiederherstellt, dürfte dem Gefangenen auch nach einem langwierigen Verfahren noch willkommen und nützlich sein.

Da Rechtsmittel im Strafvollzug keine aufschiebende Wirkung haben, ist der Zeitraum, in dem ein Gefangener mit einer unberechtigten Maßnahme der Anstalt belastet ist bzw. der Zeitraum, den er mit Warten auf eine begehrte anstaltliche Leistung verbringt, identisch mit der Verfahrensdauer (vorausgesetzt, die Anstalt setzt den jeweiligen Richterspruch sofort um). Diese Wartezeit, und damit ggf. die Fortdauer eines rechtswidrigen Zustands, kann die Anstalt nun ganz entscheidend beeinflussen. Schöpft sie - wie es uns nicht selten von Gefangenen berichtet wurde - für jede ihrer Entscheidungen jene Dreimonatsfrist voll aus, nach deren Ablauf der Gefangene erst eine Untätigkeitsklage gegen die Anstalt erheben kann, so kann sich bereits hierdurch die Verfahrensdauer unzumutbar dehnen. Mit § 113 StVollzG hat der Gesetzgeber zwar dreimonatige Bearbeitungsfristen nicht für regelmäßig angemessen erklärt, sondern vielmehr die Maximaldauer einer Bearbeitungsfrist festgelegt, nach deren Ablauf von rechtswidrigem Ignorieren des Gefangenenantrags ausgegangen werden muß, doch erlaubt die Regelfrist dem Gefangenen erst nach drei Monaten das Beschreiten des Rechtsweges. Vorher erhobene Untätigkeitsklagen sind nur in wenigen Ausnahmefällen zulässig. Uns ist während unserer Untersuchung kein Fall bekannt geworden, in dem eine vor dem Ablauf der Dreimonatsfrist erhobene Untätigkeitsklage Erfolg hatte. In diesem Sinne stellte VOL-

CKART fest: "Die Praxis der Strafvollstreckungskammern ist zu restriktiv. Sie handeln so, als ob es die Ausnahme von der Zulässigkeit schon vor Ablauf von drei Monaten gar nicht gäbe" (AK-StVollzG VOLCKART § 113 Rz. 5).

Da das Ziel eines Antrags nach § 113 StVollzG nur der Bescheid über die von dem Gefangenen beantragte Maßnahme ist, nicht jedoch die Maßnahme selbst, kann die Anstalt den Antrag des Gefangenen zunächst einmal drei Monate lang unbearbeitet liegenlassen, ohne daß sie juristisch angegriffen werden kann. Erhebt der Gefangene dann die Untätigkeitsklage, können weitere Wochen vergehen, bis nach einem gerichtlichen Verfahren der Gefangene schließlich beschieden wird.

In den Bundesländern, in denen ein Verwaltungsvorverfahren dem Weg zu den Gerichten vorgeschaltet ist, muß der Gefangene anschließend den Ausgang dieses Verfahrens abwarten, bevor er einen Antrag auf gerichtliche Entscheidung stellen kann. Bis zur Erteilung des Widerspruchsbescheides kann das betreffende Justizvollzugsamt seinerseits wieder drei Monate verstreichen lassen, bevor der Gefangene sich wegen der Unterlassung der Bescheidung seines Widerspruchs an ein Gericht wenden kann. Ist schließlich ein entsprechendes Verfahren anhängig, so kann die Anstalt die ihr von der StVK gewährte Frist zur Stellungnahme von häufig sechs Wochen voll ausschöpfen - sofern ihr überhaupt eine Frist gesetzt wird. Wird die Anstalt rechtskräftig zur Neubescheidung verpflichtet, kann sie erneut drei Monate bis zur Erfüllung dieser Verpflichtung vergehen lassen.

Die Verwaltung kann auch auf vielfältige Weise die Dreimonatsfrist unterbrechen, indem sie etwa ein Gutachten über die Urlaubsfähigkeit des Gefangenen in Auftrag gibt - dessen Fertigstellung natürlich erst abgewartet werden muß. Obendrein dehnt sich das Verfahren weiter, wenn sich die Anstalt mit ihrer übergeordneten Behörde kontrovers über eine Vollzugsmaßnahme 'ins Benehmen' setzen muß: die dann einsetzende Flut von Bescheiden, Ablehnungen, Anträgen, Gutachten etc. sorgt für das Ausufern der Verfahrensdauer ins Unerträgliche: denn irgendwann schlägt ein 'langwieriges Verfahren' für den Gefangenen qualitativ in 'kein Verfahren' und damit eben auch in 'keinen Rechtsschutz' um. Man denke etwa daran, daß rund zwei Drittel aller Gefangenen Freiheitsstrafen von weniger als 24 Monaten zu verbüßen haben und vergegenwärtige sich demgegenüber zum Beispiel einen vom Bundesverfassungsgericht im Jahr 1985 behandelten Fall, wo zwischen Beantragung von Urlaub und rechtskräftiger Bescheidung dieses Antrages 5 Jahre und 2 Monate vergingen (BVerfG v. 26.2.1985 - 2 BV R 1145/83).

Besonders belastend ist für den Gefangenen die Verfahrensdauer, wenn sein Anliegen eine dringende Angelegenheit betrifft:

(Heilbronn 2) Der Gefangene saß bis Ende Januar 1987 in der JVA Stuttgart ein. Im Herbst 1986 hatte er beantragt, in seine dortige Wohnung ausgeführt zu werden, um anläßlich der bevorstehenden Wohnungsauflösung noch einige persönliche Unterlagen sicherstellen zu können. Der Antrag wurde mit der Maßgabe bewilligt, daß der Gefangene bei der Ausführung zu fesseln sei. Gegen die Anordnung der Fesselung stellte der Gefangene Antrag auf gerichtliche Entscheidung, der vom LG Stuttgart am 27.1.87 als unbegründet zurückgewiesen wurde. Die Rechtsbeschwerde des Gefangenen hatte Erfolg. Das OLG hob die Entscheidung des LG auf und verpflichtete die Kammer zur Neubescheidung, da diese den Sachverhalt unzureichend aufgeklärt habe. Da der Gefangene inzwischen in die JVA Heilbronn verlegt worden war, wurde nach der Zurückverweisung das dortige LG zuständig. Mit Beschluß vom 14.5.87 hat das LG Heilbronn die Sache für erledigt erklärt und die Kosten der Staatskasse auferlegt, da die Leitung der JVA Heilbronn keine besonderen Sicherungsmaßnahmen gegen den Gefangenen mehr angeordnet hatte.

Wir konnten den weiteren Fortgang dieser Angelegenheit nicht ermitteln, doch halten wir es für sehr zweifelhaft, ob einige Monate nach der Haushaltsauflösung dem Gefangenen die Sicherstellung seiner Unterlagen noch möglich war.

Nahezu aussichtslos erscheint schließlich die Perspektive des Gefangenen, wenn nicht nur die Anstalt verzögernd bzw. obstruierend arbeitet, sondern auch die Strafvollstreckungskammer. Welche Geduld und langen Atem in einem solchen Fall der Gefangene haben muß, zeigt folgendes Beispiel:

(Wolfenbüttel 3) Der Gefangene war dagegen vorgegangen, daß ihm die JVA Wolfenbüttel mit Verfügung vom 13.10.86 eine ursprünglich aus medizinischen Gründen gewährte Einzelfernsehgenehmigung wieder entzogen hatte. Nach erfolglosem Vorverfahren stellte er Antrag auf gerichtliche Entscheidung, der vom LG Braunschweig am 6.2.1987 zurückgewiesen wurde. Auf die Rechtsbeschwerde des Gefangenen hat das OLG Celle am 9.4.87 den Beschluß der Kammer aufgehoben und die Sache an diese zurückverwiesen.

Zum weiteren Verlauf erklärte uns der Gefangene: "Bis zum 17.7.1987 hatte die Strafvollstreckungskammer beim Landgericht Braunschweig noch keinen neuen Beschluß erlassen, daher mahnte ich beim Präsidenten des Landgerichts Braunschweig an, leider ohne jeglichen Erfolg. Am 6.8. 87 teilte ich dem Oberlandesgericht Celle - 3. Strafsenat - mit, daß das Landgericht bis zu diesem Zeitpunkt den Vorgang nicht weiter bearbeitet hatte. Ich bat höflichst um entsprechende Unterstützung. Mit Schreibem vom 12.8. 87 teilte mir der 3. Strafsenat des OLG Celle mit, daß der Senat keine Möglichkeit habe, auf den Arbeitsablauf der Strafvollstreckungskammer Braunschweig Einfluß zu nehmen. Auf meine Dienstaufsichtsbeschwerde gegen den Richter der Strafvollstreckungskammer teilte mir der Präsident des Landgerichts Braunschweig mit, er habe den Richter um eine entsprechende Stellungnahme ersucht, ich würde zu gegebener Zeit einen entsprechenden Bescheid erhalten. Einen solchen Bescheid erhielt ich am 2.9. 87, worin sich der Präsident meiner Ansicht der verschleppten Bearbeitung anschloß und mitteilte, daß es nunmehr keine weiteren Verzögerungen mehr geben würde. Am 2.10. 87 erließ der Richter am LG - Strafvollstreckungskammer - einen erneuten Beschluß. Dieser Beschluß war vom Inhalt her, Aufbau und Satzstellung identisch mit dem Beschluß vom 6.2. 87, er hatte sich in keiner Weise geändert. Zwischenzeitlich hat mir ein Abteilungsleiter hinter vorgehaltener Hand erzählt, diese Rechtsbeschwerde würde niemals zum Ziel führen, da verhindert werden soll, daß durch einen rechtsgültigen Beschluß des OLG Celle andere Gefangene versuchen, ebenfalls eine Fernsehgenehmigung zu erhalten, darin seien sich die Leitung der JVA und die Strafvollstreckungskammer einig. Nun war mir dies schon lange klar gewesen, denn schließlich waren die Zeitspannen, die zwischen den Bearbeitungszeitpunkten lagen, so erheblich, daß nur das Ziel verfolgt werden soll, daß mir möglichst bald die Lust auf die Sache vergeht. Nun gerade heute, als ich wegen des Termins bei der Rechtsantragsstelle beim Abteilungsleiter nachgesucht habe, wurde mir eindeutig erklärt, ich solle es doch langsam aufgeben".

Der Gefangene im soeben geschilderten Fall gab jedoch nicht auf und erreichte schließlich einen Teilerfolg. Damit hat dieser Fall Ausnahmecharakter, da während einer derart langen Verfahrensdauer in der Regel Veränderungen der Situation eintreten, die am Ende des Verfahrens den erstrittenen Sieg schließlich wertlos erscheinen lassen. Ein Beispiel für diesen typischeren Verlauf:

(Bremen 1) Hier hatte am 30.7. 86 die Antragstellerin beim Senator für Rechtspflege und Strafvollzug ihre Zulassung als ehrenamtliche Vollzugshelferin beantragt. Diese Zulassung wurde ihr verweigert, da sie in einem "persönlichen Abhängigkeitsverhältnis mit dem Gefangenen" stehe. Die Verweigerung der Zulassung durch die Anstalte erfolgte am 7.1.87 aufgrund der Weisung des Senators. Dagegen hat die Antragstellerin am 22.1.87 Antrag auf gerichtliche Entscheidung gestellt. Dieser Antrag wurde von der Strafvollstreckungskammer am 31.12.87 zurückgewiesen. Am 2.2.88 wurde dieser Beschluß zugestellt und am 2.3.88 ging die Rechtsbeschwerde ein, worauf das Hanseatische Oberlandesgericht Bremen am 20.6.88 - annähernd 24 Monate nach dem Erstantrag der Antragstellerin - die Anstalt verpflichtete, den Antrag erneut zu bescheiden.

Nach Eingang der Entscheidung hat die Anstalt beim Senator für Rechtspflege die Zustimmung dazu eingeholt, die Antragstellerin als Vollzugshelferin zu bestellen und hat dann, wie uns die Antragstellerin mitteilte, auch zweimal bei dieser angerufen und ihr die Mitarbeit angeboten. Die Betroffene teilte uns dazu weiter mit, die Entscheidung der Anstalt sei für sie zu spät gekommen. Sie sei inzwischen nicht mehr arbeitslos, und wegen ihrer neuen Arbeit sei die Möglichkeit der Mitarbeit im Vollzug für sie zeitlich nicht mehr gegeben, da sie die Wochenenden dafür nicht opfern wolle.

3.5.1. Resignation

Eine Gerichtsentscheidung zugunsten des Gefangenen kann ihren subjektiven Wert auch dann verlieren, wenn außer dem bloßen Zeitablauf keine neuen Gegebenheiten eingetreten sind, die den Richterspruch obsolet machen. Eine bestimmte Maßnahme oder Leistung der Anstalt, die zu einem bestimmten Zeitpunkt dem Gefangenen nützlich und wichtig erschien, kann einige Monate später wertlos sein. Der 'Sieg' des Gefangenen im Gerichtsverfahren wird zum Pyrrhussieg.

(Werl 3) Der Gefangene verbüßte von 1984 bis zum Dezember 1987 eine Freiheitsstrafe in der JVA Werl. In dieser Zeit "hat er eine Fülle von Eingaben an die Anstalt gerichtet, welche sich auf die verschiedensten Gebiete des Strafvollzuges beziehen. Insbesondere auf dem Gebiet der Berufsfortbildung hat der Gefangene eine Reihe von Anträgen an den Antragsgegner gerichtet, die sich auf eine Umschulung zu einer Vielzahl von Berufen beziehen und die bislang der Antragsgegner sämtlich abgelehnt hat. Deshalb ist eine Vielzahl von gerichtlichen Verfahren anhängig gewesen oder noch anhängig. Daneben hat der Antragsteller den Vollzug in der JVA Werl in einer Vielzahl von Eingaben als aus seiner Sicht höchst unzulänglich geschildert und sich in sehr azentuierter Weise kritisch mit der dort praktizierten Art des Vollzuges auseinandergesetzt" (LG Arnsberg/Werl).

Dieser Gefangene bemühte sich seit längerem um ein persönliches Gespräch mit dem Anstaltsleiter. In der JVA Werl herrschte hingegen das sogenannte Abteilungsleitersystem, in dessen Rahmen der Anstaltsleiter das in § 108 StVollzG enthaltene Recht der Gefangenen, sich mit Wünschen, Anregungen und Beschwerden an ihn zu wenden, wie folgt geordnet hat:

"Gemäß der RV des Justizministers vom 12.2.80 hat der Leiter der JVA Werl die Übertragung von Vollzugsaufgaben auf die jeweiligen Abteilungsleiter nach näherer Maßgabe zur RV des Justizministers vom 12.2.1980 mit der Wirkung vorgenommen, daß die insoweit von den Abteilungsleitern getroffenen Entscheidungen als Entscheidungen des Antragsgegners gelten".

Am 30. Mai 1985 stellte der Gefangene folgenden Antrag: "Antrag auf persönliche Unterredung mit dem Anstaltsleiter Herrn K. Es wird beantragt, mir ein persönliches Gespräch zu genehmigen. Gründe: Vollzugsschwierigkeiten (Berufs-ausbildung, Arbeitsaufnahme, Vollzugsplan, Urlaub usw.)."

Diesen Antrag lehnte die Anstalt mit der Begründung ab, die Anstaltsleiterfunktion werde in diesem Fall von dem Oberregierungsrat L. ausgeübt, an den der Gefangene sich wenden sollte. Am 10.6.1985 beantragte der Gefangene: "Antrag auf Vorführung zum Anstaltsleiter Herrn K. Ich beantrage ein persönliches Gespräch mit dem Anstaltsleiter. Grund: Der Abteilungsleiter zeigt in meinem Strafvollzug kein Resozialisierungsinteresse". Auch dieser Antrag wurde unter Hinweis auf die Rücksprachemöglichkeit mit dem Abteilungsleiter abgelehnt. Nachdem auch das Widerspruchsverfahren erfolglos blieb, stellte der Gefangene Antrag auf gerichtliche Entscheidung, der am 12.8.1985 als unbegründet zurückgewiesen wurde. Die hiergegen eingelegte Rechtsbeschwerde hatte Erfolg. Mit Beschluß vom 23.1.1986 wurde die Vorentscheidung aufgehoben und die Sache zur erneuten Entscheidung an das LG Arnsberg/ Werl zurückverwiesen. In dem Beschluß wird ausgeführt, daß bestimmte Anliegen von Gefangenen nicht auf Abteilungsleiter übertragen werden dürfen und die Strafvollstreckungskammer in der anschließenden Entscheidung daher die hierzu notwendigen Feststellungen zu treffen habe. Die Nichtübertragbarkeit der Anstaltsleiterbefugnis auf einen Abteilungsleiter gelte vor allem in Fällen, wo es um eine Beschwerde gegen den Abteilungsleiter selbst gehe. Am 17.3.1986 erging die entsprechende Entscheidung des LG Arnsberg/Werl, mit der die Ablehnung der Anhörungen aufgehoben und die Anstalt zur Neubescheidung des Gefangenen verpflichtet wurde.

Zur Implementation dieser Entscheidung teilte uns der Anstaltsleiter mit: "Nachdem der Beschluß ... hier am 20.3.86 eingegangen war und ich mich an diesem Tage bereits im Urlaub befand, sollte der Gefangene am 29.3.1986 vom seinerzeit stellvertretenden Anstaltsleiter, Oberregierungsrat L., aufgrund seines Antrages vom 17.6.85 angehört und auf seinen Antrag vom 30.5.85 neu beschieden werden. Der Gefangene erklärte jedoch am 29.3.86 gegenüber ORR L., er wolle mich persönlich sprechen und daher meine Rückkehr aus dem Urlaub abwarten. Bereits am 1.4.86 erinnerte der Gefangene mit seinem Antrag daran, den in dem vorbezeichneten Beschluß ausgesprochenen Verpflichtungen nachzukommen. Nachdem ich am 20.4.86 aus dem Urlaub zurückkam, wurde mir der Vorgang am 22.4.86 vorgelegt. Ich ließ dem Gefangenen am 28.4.86 eröffnen, die Rücksprache werde sobald wie möglich stattfinden, wobei ich beabsichtige, ihn auch auf seinen Antrag vom 30.5.85 selbst anzuhören und zu bescheiden, und dies nicht dem für die vollzuglichen Belange im einzelnen zuständigen Abteilungsleiter zu übertragen. Unter dem 20.5.86 teilte der Gefangene schriftlich mit, er lege keinen Wert mehr auf eine persönliche Unterredung mit mir, so daß daraufhin nichts weiter veranlaßt zu werden brauchte."

Der Gefangene wollte mit dem Gespräch sein Ziel, eine Berufsausbildung beginnen zu können, durchsetzen. Nachträglich schreibt er uns: "Obwohl mir das Arbeitsamt Werl bereits im Jahre 1984 die Genehmigung zur Berufsumschulung (Holzmechaniker/Buchbinder) erteilt hatte, hat sie mir der Leiter der JVA Werl resozialisierungsfeindlich bis zu meiner Entlassung am 23.11.1987 versagt. Ich hatte offensichtlich zu viele Beschwerden und Anträge an das Gericht geschrieben".

Ein ähnlich gelagertes Beispiel ist das folgende. Auch hier kommt die an sich erfolgreich erstrittene Gerichtsentscheidung für den Gefangenen zu einem Zeitpunkt, da sie für ihn keinen Wert mehr hat:

(Schwerte 1) Der Gefangene beantragte im Januar 1986 seine Verlegung in den offenen Vollzug der JVA C. Zur Begründung führte er die größere Nähe zum Wohnsitz seiner gehbehinderten Ehefrau an. Der psychologische Dienst der Anstalt äußerte sich ebenso wie die Vollzugskonferenz positiv zu dem Antrag. Dieses legte der Leiter der JVA in einem Bericht vom 17.3.86 an den Präsidenten des Justizvollzugsamtes eingehend dar. Gleichzeitig bat er um eine Ausnahmegenehmigung zur Verlegung des Gefangenen in die offene Anstalt C., da nach einer Verordnung des Justizministeriums vom 4.11.84 (4 511 - IV A. 39 eine Verlegung von Sexualstraftätern in die JVA C. nur nach vorheriger Bewährung in dem (weniger gelockerten) offenen Vollzug der JVA B. gestattet ist. Der Präsident des Justizvollzugsamtes sprach sich jedoch gegen eine unmittelbare Verlegung des Gefangenen in die JVA C. aus. Daraufhin lehnte die JVA den Verlegungsantrag des Gefangenen ab. Nach erfolglosem Widerspruchsverfahren stellte der Gefangene mit Erfolg Antrag auf gerichtliche Entscheidung. Am 5.8.86 verpflichtete die Kammer die Anstalt, den Gefangenen neu zu bescheiden. Nach der Rechtsauffassung der Kammer war die Anstalt verpflich-tet, den Gefangenen in die JVA C. zu verlegen (LG Hagen v. 5.8.86 - 61 Vollz 24/86). Der Präsident des Justizvollzugsamtes erhob hiergegen Rechtsbeschwerde, die ohne Erfolg blieb; der Senat bestätigte den Beschluß der Vorinstanz.

Auf unsere Anfrage teilte uns die Anstalt zum weiteren Verlauf der Angelegenheit mit: "Auf den Beschluß hin wurde am 6.1.87 um die erforderliche Zustimmung bei dem Justizministerium NRW nachgesucht. Der Vorgang erledigte sich dadurch, daß der Gef. den Verlegungsantrag am 14.1.87 zurücknahm. (d.h. ein Jahr nach Antragstellung. d.Verf.). Grund: Entlassung am 5.5.87. Der Gefangene wollte während der verbleibenden Vollzugsdauer nicht noch in eine andere Anstalt".

3.5.2. Entlassung

Wer ein Verfahren gegen die Anstalt relativ kurz vor Beendigung seiner Haftstrafe gewinnt, hat generell geringe Aussichten, noch in den Genuß dieser Entscheidung zu kommen:

(Butzbach 3) Der Gefangene beantragte im Herbst 1985 Sonderurlaub für Freigänger. Nach Ablehnung des Antrages durch die Anstalt und nachfolgendem Verfahren in zwei Instanzen verpflichtete das OLG Frankfurt/M. am 4.6.86 die JVA Butzbach, den Antrag des Gefangenen auf Gewährung von Sonderurlaub für Freigänger neu zu bescheiden. Am 9.7.86 bekam der Gefangene einen neuen Bescheid, wiederum ablehnend. Der von dem Gefangenen erneut gestellte Antrag auf gerichtliche Entscheidung wurde nicht mehr ausgeurteilt, da die Hauptsache sich wegen Entlassung des Gefangenen erledigte.

Man sieht an diesem Fall, daß Verfahren, die statistisch als Sieg des Gefangenen verbucht werden können, in der Praxis keinen größeren Einfluß auf die jeweilige Vollzugssituation haben müssen als ein verlorenes Verfahren.

Wie folgendes Beispiel zeigt, gilt dieser Befund wohl auch für Verfahren um einstweiligen Rechtsschutz:

(Berlin 2) Der Gefangene, der am 10.4.87 nach Verbüßung einer Strafe von 3 1/2 Jahren zu entlassen war, hatte Entlassungsurlaub zwecks Besuchs des Arbeitsamtes und der jüdischen Gemeinde zu Berlin beantragt. Mit Bescheid vom 19.2.87 lehnte die JVA Tegel diesen Antrag des Gefangenen ab, weil Flucht- und Mißbrauchsgefahr bestehe. Der Gefangene stellte Antrag auf einstweiligen Rechtsschutz. Die StVK erließ am 6.3.87 eine einstweilige Anordnung, wonach dem Gefangenen innerhalb von drei Tagen nach Zustellung des Beschlusses Sonderurlaub bis zu insgesamt einer Woche zu gewähren war. Den Antrag des Anstaltsleiters auf Aufhebung, hilfsweise auf Abänderung dieses Beschlusses hat das Landgericht am 11.3.87 zurückgewiesen. Eine endgültige Entscheidung in der Hauptsache im Anschluß an die einstweilige Anordnung hat das Landgericht nicht getroffen. Die Anstalt legte Rechtsbeschwerde ein und beantragte zugleich die Außervollzugsetzung der angefochtenen Entscheidung. Das KG gab mit Entscheidung vom 23.3.87 dem Außervollzugsetzungsantrag bis auf die Anordnung einer einmaligen Ausführung des Gefangenen zum Arbeitsamt statt, verpflichtete aber die Anstalt mit Entscheidung vom 31.3.87, also zehn Tage vor der Entlassung des Gefangenen, zur Neubescheidung. Die einmalige Ausführung des Gefangenen erfolgte am 3.4.1987. Zu einer Neubescheidung über den Urlaubsantrag ist es aber nicht mehr gekommen, weil der Gefangene am 10.4.87 aus der Haft entlassen wurde.

Der Fall belegt, daß gerade in dem halben bis dreiviertel Jahr vor der Entlassung - einer Zeit, in der besonders viele Dinge zu regeln und wichtige Entscheidungen über die Zukunft des Gefangenen zu treffen sind - Rechtsmittel des Gefangenen, und zwar offensichtlich einschließlich des einstweiligen Rechtsschutzes, selbst dann weitgehend aussichtslos sind, wenn die Anstalt, wie in dem hier geschilderten

Fall, keine besonderen Verzögerungstechniken einsetzt, sondern lediglich den Rechtsweg beschreitet.

Ein weiteres Beispiel für Fallerledigung durch Entlassung ist folgendes:

(Butzbach 2) Am 12.5.86 hob das OLG Frankfurt/M. eine Verfügung der JVA Butzbach auf, mit der die Anstalt einen Antrag des Gefangenen auf seine stationäre Unterbringung in einem öffentlichen Krankenhaus und die Überlassung der fachärztlichen Befunde in Kopie an seine Verfahrensbevollmächtigte abgelehnt hatte. Die JVA wurde verpfichtet, den Antragsteller erneut zu bescheiden. Am 24.6.86 beschied die Anstalt den Gefangenen erneut ablehnend, da keine medizinische Notwendigkeit für eine Verlegung bestehe und übergab in Kopie sieben Befundbögen. Ein weiterer existierender ärztlicher Befund wurde der Rechtsanwältin nicht übergeben. Von einer erneuten Rechtsbeschwerde wurde wegen der bevorstehenden Entlassung des Gefangenen abgesehen.

3.6. Strategien der Rechtsmitteleinlegung

Nach einer Entscheidung der Strafvollstreckungskammer hat der Unterlegene vier Wochen Zeit zur Einlegung einer Rechtsbeschwerde an das Oberlandesgericht. Unsere Arbeitshypothese war, daß Vollzugsverwaltungen eine Niederlage vor der Strafvollstreckungskammer niemals auf sich sitzen lassen würden. Wir dachten, daß in solchen Fällen fast automatisch Rechtsbeschwerde zum OLG erfolgt. Diese Hypothese hat sich jedoch als zu undifferenziert erwiesen. Für die Anstalt ist maßgeblich, ob der Schaden auf den Einzelfall begrenzt werden kann oder ob weitreichende Auswirkungen zu befürchten sind:

(Interview AL, Berlin-Tegel) "Bei der Entscheidung ist maßgeblich, ob es sich um einen Einzelfall handelt oder um eine grundlegende Angelegenheit mit Folgewirkungen".

(Interview AL, Berlin-Moabit) "Man kann nicht alles zum Kammergericht bringen. Jedenfalls dann nicht, wenn man es anders verwaltungsmäßig auf die Reihe bringt".

Insbesondere wenn sie nur zur Neubescheidung verpflichtet worden ist, wird es zumeist für die Anstalt völlig risikolos sein, eine neue Entscheidung inhaltlich ähnlicher Art zu treffen.

(Interview G, Butzbach) "In den Jahren 1977 bis 1981, wo die Richter durchentscheiden konnten, z.b.: 'die Anstalt wird verpflichtet, dem Gefangenen 12 Tage Resturlaub zu gewähren', da hat er die bekommen. Heute heißt es ja nur immer 'Neubescheidung'. Dies eröffnet nur neue Wege zur Ablehnung".

(Interview AL, Werl) "Bei einer Verpflichtung zur Neubescheidung wird der Hausinspektor, wenn nicht sogar der Abteilungsleiter versuchen, eine einvernehmliche Entscheidung herbeizuführen. Ansonsten wird bei einer Neubescheidung in Lockerungsfällen umgestellt auf eine andere Argumentation".

(Interview AL, Berlin-Moabit) "Wenn es sich um einen Präzedenzfall handelt, erfolgt häufig eine Neubescheidung 'im alten Sinne': wir berücksichtigen die Rechtsauffassung des Gerichts, aber machen eine neue Ermessensentscheidung, die das ursprüngliche Ergebnis beibehält".

Entweder wird der Gefangene sich damit abfinden oder er muß erneut die Strafvollstreckungskammer anrufen; und dann bleibt der Anstalt, im Falle einer erneuten Niederlage, immer noch der Weg zum Oberlandesgericht. Aus der Perspektive des Gefangenen verwandelt sich auf diese Weise der "Sieg" in eine "Niederlage". Hinzukommt, daß der neue Bescheid meist ausführlicher und informierter ausfallen wird als der alte:

"(Interview G, Butzbach) "Denn der erste Bescheid, das ist so ein Stückchen Papier, mit der Hand geschrieben. Das hält vor der Strafvollstreckungskammer nicht stand. Da werden die möglicherweise nach sechs Monaten zu einer Neubescheidung verpflichtet. Da machen die sich mehr Arbeit."

Die Anstalt kann ihrer Sache besonders sicher sein, wenn sie in ihrem neuen Bescheid an direkte Hinweise des Gerichtes anknüpfen kann.

(Hannover 4) Der Gefangene befand sich im offenen Vollzug und erhielt Vollzugslockerungen. Aufgrund einer neuen Anklage durch die StA Hannover wurde der Gefangene wieder in den geschlossenen Vollzug zurückverlegt. Ein Antrag auf drei Tage Urlaub wurde unter Hinweis darauf, daß gegen ihn ein Strafverfahren anhängig sei (VV Nr. 4 Abs. 2e zu § 13 StVollzG) abgelehnt. Das LG Hannover hat die Entscheidung der Anstalt aufgehoben und diese zur Neubescheidung verpflichtet. *Die Ablehnung des Urlaubs sei wohl im Ergebnis richtig,* jedoch nicht ausreichend begründet, da die bloße Bezugnahme auf die Verwaltungsvorschriften nicht ausreiche. Daher "trägt die Begründung des angefochtenen Bescheides *die im Ergebnis wohl richtige Ablehnung* von Vollzugslockerungen nicht".

Aber auch in anderen Fällen wird die Vollzugsverwaltung nur nach reiflicher Überlegung der Alternativen gegen eine Entscheidung des Landgerichts Rechtsmittel einlegen:

(Interview AL, Werl) "Wenn wir verlieren (manchmal verlieren wir gern!), wird in einer Konferenz der Abteilungsleiter diskutiert und entschieden, ob Rechtsbeschwerde eingelegt werden soll. Manchmal will aber auch die Aufsichtsbehörde, daß Rechtsbeschwerde eingelegt werden soll". Dann ergeht eine Weisung an den Anstaltsleiter.

Potentielle Präzedenzfälle, die nicht durch individualisierende Neubescheidung zu regeln sind, werden vor das Oberlandesgericht gebracht. Die Bedeutung eines Präzedenzfalles kann eine Entscheidung dadurch bekommen, daß zahlreiche andere Gefangenen sich auf sie berufen könnten, aber auch dadurch, daß sie Folgewirkungen bei dem betreffenden einzelnen Gefangenen haben kann:

(Interview AL, Berlin-Moabit) "Wie lange bleibt uns der Gefangene erhalten? Zum Beispiel der G ist einschließlich einer Sicherungsverwahrung bis zum Jahre 2016 in Haft. Da will ich es wissen!".

4. Umsetzung von Gerichtsentscheidungen

Auf die Frage, ob von Gefangenen erstrittene Gerichtsentscheidungen von den Anstalten auch umgesetzt werden, bekommt man unterschiedliche Antworten, je nachdem, wen man fragt. Gefangene finden immer wieder bestätigt, "was ich Ihnen schon mehrfach mitgeteilt habe: die Anstaltsleitung umgeht diese Beschlüsse auf ihre eigene Art und Weise" (G, Wolfenbüttel). Anstaltsleitungen hingegen, soweit sie sich generell äußern, glauben nicht "daß es bei der praktischen Verwirklichung gerichtlicher Beschlüsse so düster aussieht, wie es von Ihnen bzw. Müller-Dietz geschildert wird" (AL, Willich). Durch die Analyse von 100 Fällen haben wir versucht, dieser kognitiven Disparität quantitativ und qualitativ auf den Grund zu gehen.

Tabelle 12: Rechtskräftige Erfolge gegen die Anstalt
und formale Umsetzung

	Insges.	umge-setzt	nicht umges	unklar
Symbolische. Erfolge	18	-	-	-
Verpfl. zur Neubescheidung	58	48	4	6
Verpflichtung in der Sache	24	17	1	6
Insgesamt	100	55	5	12

Von den einhundert gerichtlichen Erfolgen von Gefangenen waren 18 rein symbolische Erfolge (Feststellung der Rechtswidrigkeit; Kostenausspruch gegen Staatskasse nach Erledigung der Hauptsache). In diesen Fällen war formal gesehen für die Anstalt nichts umzusetzen.

58 Erfolge der Gefangenen bestanden darin, daß die Anstalt verpflichtet wurde, unter Beachtung der Rechtsauffassung des Gerichts neu zu bescheiden. In sechs Fällen (Celle 3, Dietz 1, Kassel 5, Straubing 1, Wolfenbüttel 1, Wolfenbüttel 3) ist uns nicht bekannt, ob die

Anstalt dieser Verpflichtung nachgekommen ist, da die Anstalt nicht geantwortet hat.

In 48 Fällen ist die Anstalt ihrer Verpflichtung nachgekommen, in 4 Fällen ist dies nicht geschehen. Die Gründe der NichtDurchführung der gerichtliche angeordneten Neubescheidung waren in zwei Fällen die Entlassung, in einem Fall die Flucht und im letzten Fall der Verzicht des betreffenden Gefangenen.

In 24 Fällen wurde die Anstalt vom Gericht zu einer inhaltlich bestimmten Handlung oder Unterlassung verpflichtet. In siebzehn Fällen hat die Anstalt ihre Verpflichtung erfüllt, mindestens entsprechende Angebote gemacht. Auch hier haben in sechs Fällen die Anstalten jegliche Auskunft verweigert. Darüberhinaus war nur in einem Fall zum Zeitpunkt unserer Befragung die korrekte Umsetzung der Gerichtsentscheidung offensichtlich zweifelhaft:

(Werl 6) Das OLG Hamm hatte am 23.03.88 die Anstalt verpflichtet, einen rechtswidrig vom Eigengeldkonto des Gefangenen an einen Gläubiger überwiesenen Geldbetrag "dem Betroffenen wieder (...) zur Verfügung zu stellen. Der inzwischen entlassene Betroffene teilte uns Anfang 1989 mit, die "Entscheidung ist bis heute nicht umgesetzt worden. JVA antwortet auf Zahlungsaufforderungen nicht. Rechtsanwalt wird jetzt mit der Wahrnehmung meiner Interessen betraut". Zum gleichen Zeitpunkt teilte uns der Anstaltsleiter mit, "daß das zur Umsetzung des o.a. Beschlusses Erforderliche hier unverzüglich eingeleitet worden ist. Der Gläubiger hat bisher jedoch die Rückzahlung des ihm überwiesenen Betrages nicht vorgenommen, so daß die gerichtliche Geltendmachung notwendig ist, die durch den Präsidenten des Justizvollzugsamtes Westfalen-Lippe erfolgt".

Hier geht es um die juristische Frage, ob die Vollzugsverwaltung ihre Verpflichtung, dem Betroffenen sein Geld wieder zur Verfügung zu stellen, dadurch erfüllen darf, daß sie es zunächst von demjenigen, dem sie es irrtümlicherweise überwiesen hat, zurückfordert. Wir haben keinen Zweifel, daß dies nicht dem klaren Sinn der Gerichtsentscheidung entspricht.

Die Anstalten konnten im Jahre 1986 dem Bundesjustizministerium bundesweit nur drei Fälle benennen, in denen es zu Schwierigkeiten bei der Umsetzung gekommen ist. Sie haben dabei im Zweifel keine sehr aufwendige Untersuchung sämtlicher Fälle durchgeführt, in denen Gefangene rechtskräftige Gerichtsurteile erstritten haben. Vermutlich haben sie sich darauf beschränkt, diejenigen Fälle mitzuteilen, die ihnen (und ihren Aufsichtsbehörden) wegen extremer Schwierigkeiten in Erinnerung waren. Wir nehmen an, daß einige der oben erwähnten Fälle in einem solchen Zusammenhang gar nicht erinnert oder erwähnt worden wären. Das könnte erklären, warum wir doppelt soviel Fälle gefunden haben, wie die Vollzugsanstalten. Aber alles in allem stimmen unsere Ergebnisse mit denen der Anstalten auf dieser Ebene relativ gut überein: bei formaler Betrachtung werden fast alle Gerichtsbeschlüsse von den Anstalten letztlich umgesetzt. Das Bild wird allerdings differenzierter, wenn wir den Zeitpunkt der Umsetzung in die Analyse mit einbeziehen (Tabelle 13).

Tab.13: Zeitraum bis zur Erfüllung der gerichtlichen Verpflichtung

Zeitraum	Verpfl. z. Neubesch.	Verpfl. i.d. Sache	Gesamt
bis 1 Monat	14	11	25
bis 2 Monate	15	1	16
bis 3 Monate	6	0	6
bis 4 Monate	3	0	3
bis 5 Monate	2	0	2
bis 6 Monate	2	0	2
über 6 Monate	1	1	2
umstritten	0	3	3
symb.Erfolg	-	-	18
keine Umsetzung	4	1	5
keine Angaben	11	7	18
Insgesamt	58	24	100

Als Beginn des Zeitraums bis zur Erfüllung der gerichtlichen Verpflichtung haben wir das Datum der verfahrensabschließenden Gerichtsentscheidung genommen. Dies ist ein wenig ungenau. Die Anstalt kennt die Entscheidung des Gerichts meist erst einige Tage später, wenn sie mit der Post in der Anstalt eingeht; da dieser Zeitpunkt uns in vielen Fällen nicht bekannt war, mußten wir diese geringe Ungenauigkeit in Kauf nehmen. Die Tabelle zeigt, daß die meisten Gerichtsentscheidungen innerhalb der ersten zwei Monate nach Absetzung durch das Gericht von den Anstalten umgesetzt werden. Während dies bei Sachentscheidungen des Gerichts fast ausnahmslos der Fall ist, finden wir bei Bescheidungsbeschlüssen eine größere Streuung: hier kommt es durchaus vor, daß Gerichtsbeschlüsse erst nach drei, vier, fünf oder sechs Monaten umgesetzt (d.h. in irgend einer Weise neu beschieden) werden. Wartezeiten über sechs Monate haben wir je einmal gefunden. Nimmt man Wartezeiten von mehr als fünf Monaten als Indikator für problematische Umsetzung, dann vergrößert sich die Zahl der einschlägigen Fälle von sechs auf mindestens 10 von 100. Hinzu kommen drei Fälle, in denen die Umsetzung zwischen Anstalt und Gefangenen umstritten (Butzbach 5, Butzbach 18, Celle 4). Einer dieser Fälle sei hier angeführt:

(Butzbach 18) Das Gericht hatte den Anstaltsarzt dazu verpflichtet, dem G Kopien der ihn betreffenden Elektrokardiogramme herauszugeben. Die Anstalt behauptet daß dies geschehen ist. Der Gefangene bestreitet dies: "Ich habe, nachdem der Gerichtsbeschluß nicht umgesetzt wurde, dem Anstaltsleiter und dem Arzt geschrieben und sie aufgefordert, den Beschluß endlich umzusetzen. Danach kam dann eine Mitarbeiterin des Arztes an und bot mir 1 EKG an, das sei alles, was sie bei gründlicher Prüfung habe finden können. Sowohl die Nichtaushändigung in toto sowie dieses teilangebot sind in meinen Akten per Beschwerde dokumentiert. Nachdem ich nunmehr abermals an den Senat beim OLG schrieb und nachdem ich Strafanzeige wegen Urkundenfälschung stellte... und nachdem dieses Verfahren von der StA Gießen bearbeitet wurde, bekam ich nachweislich zwei EKG's ausgehändigt... Gemacht wurden aber mindestens drei EKG's...Es mag durchaus sein, daß es keine weiteren Diagramme mehr gibt...Aber nachdem ich einmal die Versicherung erhielt, es sei nur ein EKG auch bei nachdrücklichstem Suchen zu finden, und auf meine Strafanzeige hin wurden dann plötzlich zwei gefunden, weiß ich wirklich nicht, was da nun Lüge und was Fakt ist."

Der Anstaltsleiter hält dies allerdings für das "notorische Mißtrauen" des betreffenden Gefangenen gegenüber der Anstalt.

Die kognitive Disparität zwischen Anstalt und Gefangenen in der Frage der Umsetzung von Gerichtsentscheidungen wird jedoch nur dann wirklich verständlich, wenn wir die Umsetzung der Gerichtsentscheidungen im Hinblick auf das vom Gefangenen gewollte Ergebnis ansehen.

Tabelle 14: Inhaltlicher Erfolg oder Mißerfolg der Gefangenen aufgrund der Gerichtsentscheidung

	Verpflichtung zur Neubescheidung	Verpflichtung in der Sache	Insgesamt
Gefangener bekommt das Begehrte	14	14	28
Gefangener bekommt das Begehrte nicht	37	4	41
Keine Angaben	7	6	13
Symb.Erfolg	-	-	18
Insgesamt	58	24	100

Realistisch betrachtet beendet auch eine rechtskräftige Gerichtsentscheidung nicht automatisch und notwendigerweise einen länger andauernden Konflikt. Dies gilt innerhalb von totalen Institutionen ebenso wie außerhalb derselben. Blankenburg/Voigt[2] unterscheiden bei der Umsetzung von Gerichtsentscheidungen zwischen "reiner Durchführung" einerseits und "Implementation" andererseits. Mit dem ersten Begriff bezeichnen sie die Situation, daß Gerichtsentscheidungen determinierend sind, "d.h., so wie sie gefällt sind, auch ausgeführt werden". Mit dem zweiten Begriff verweisen sie darauf,

---

2   Implementation von Gerichtsentscheidungen, Olpaden 1987, 10 ff.

daß Gerichtsentscheidungen vielfach ein "Nachspiel" haben, daß sie "weitere Interaktionsprozesse in Gang setzen, in denen die richterliche Entscheidung verändert, zwischen den Parteien verhandelt und teils mehr oder weniger ausgeführt wird". Letzteres sei eher charakteristisch für Parteien, die in fortlaufenden Sozialbeziehungen stehen, als für solche, deren Beziehungen untereinander "selbst schon verrechtlicht" sind.

Die Beziehung zwischen Vollzugsverwaltung und Gefangenen ist ein ganz ungewöhnlicher Zwitter aus fortlaufender Sozialbeziehung (Anstaltsverhältnis) und dichter Verrechtlichung durch das Strafvollzugsgesetz. Für die Vollzugsverwaltung hat eine zugunsten eines Gefangenen ergehende gerichtliche Entscheidung Auswirkungen auf den Anstaltsalltag. Generelle wie individuelle Konsequenzen und Optionen müssen daher geprüft werden. Im Regelfall ist zu erwarten, daß die Verwaltung versuchen wird, durch die Art und Weise der Umsetzung Folgen zu vermeiden, die ihr kontraproduktiv erscheinen. Und dies kann zu mehr oder weniger ausführlichen Nachspielen führen. Aus der Perspektive der Anstalt kann dabei zwischen Strategien des Einlenkens und solchen des Gegenhaltens unterschieden werden.

Tabelle 14 zeigt, daß Gefangene in der Mehrheit der Fälle auch nach gewonnenem Gerichtsverfahren nicht das bekommen, weswegen sie sich die ganze Mühe gemacht haben. Dieses schlechte Ergebnis liegt primär an den Bescheidungsbeschlüssen, die in ihrer großen Mehrheit für die Gefangenen wiederum negativ ausfallen. Und die sehr viel kleinere Zahl von Verpflichtungen in der Sache (bei denen die Gefangenen fast durchweg bekommen, was sie wollten) kann dieses Ergebnis nur geringfügig verbessern. Die hohe Zahl von Fällen, in denen die Gefangenen im "Nachspiel" der von ihnen gewonnenen Fälle doch noch den Kürzeren ziehen, macht verständlich, daß sie generell eine "Renitenz" der Vollzugsanstalten gegenüber Gerichtsentscheidungen beklagen. Da in diesen Fällen jedoch die Anstalt zunächst formal "umgesetzt" hat, wird im Einzelfall zu prüfen sein, inwieweit inhaltliche Anhaltspunkte für schikanöses Verhalten der Anstalt vorhanden sind.

4.1. Varianten des Einlenkens

Totale Institutionen verweigern sich keineswegs in allen Fällen den gerichtlichen Vorgaben, auch wenn diese dem Gefangenen recht geben. Eine problemlose Durchführung der gerichtlichen Entscheidung ist jedoch so wenig selbstverständlich, daß es stets lohnt, sich zu fragen, warum die Anstalt eine Entscheidung glatt durchgeführt hat.

4.1.1. Gerichtsinduziertes Einlenken

An einer klaren inhaltlichen Entscheidung des Gerichts wird die Anstalt vielfach nur schwer vorbeikommen, nicht zuletzt, weil dies die diplomatischen Beziehungen zum zuständigen Gericht empfindlich stören könnte. Gleiches gilt dann, wenn das Gericht einen deutlichen Hinweis darauf gibt, wie es sich die Entscheidung der Anstalt vorstellt, auch wenn dieser die Sache zur Neubescheidung zurückgegeben werden muß. So kann die Erklärung für schnelles Einlenken der Anstalt daran liegen, daß aus den inhaltlichen Ausführungen des Gerichts zu entnehmen ist, daß alle nur denkbaren Beurteilungs- und Ermessensentscheidungen der Anstalt am Veto des Gerichts scheitern werden. Wir haben in unserem Material einen solchen Fall gefunden:

(Saarbrücken 1) Aus dem Beschluß des OLG vom 4. September 1986: "Die Strafvollstreckungskammer übernimmt in ihrer Entscheidung die Begründung der Justizvollzugsanstalt, der beantragte Urlaub sei nicht zu gewähren, weil mehrere Verurteilungen des Beschwerdeführers die Gefahr begründen, er werde den Urlaub zu neuen Straftaten mißbrauchen. Weiter heißt es in dem angefochtenen Beschluß, eine längere Unterbringung im geschlossenen Vollzug ohne die Gewährung von Lockerungen sei notwendig, um dem Gefangenen sein Fehlverhalten zu verdeutlichen.

Der Senat vermag diesen Erwägungen nicht zu folgen. Es trifft zu, daß der Beschwerdeführer in kurzen Abständen und ungeachtet ihm eingeräumter Bewährungschancen mehrere nicht unerhebliche Straftaten begangen hat. Die daran anschließende Erwägung der Strafvollstreckungskammer von der Notwendigkeit einer längeren Unterbringung im geschlossenen Vollzug übersieht jedoch, daß der

Beschwerdeführer schon seit dem 8.November 1984 in Haft ist... Der Senat vertritt in ständiger Rechtsprechung die Ansicht, daß einem Erstverbüßer, soweit er sich innerhalb des Vollzugs ohne Tadel verhält, in der Regel eine bedingte vorzeitige Entlassung nicht versagt werden kann, weil das besonders beeindruckende Ereignis erstmaliger Freiheitsentziehung es rechtfertigt, ihm eine neutrale Prognose zu stellen. Nach diesem Kriterium erscheint es deshalb auch im vorliegenden Fall angebracht, dem Beschwerdeführer nicht allein deshalb, weil er mehrmals verurteilt worden ist, nach so langer erstmaliger Freiheitsentziehung den Regelurlaub zu versagen."

Der Hinweis auf die "ständige Rechtssprechung", aber vielleicht noch mehr der Wink mit der "neutralen", d.h. für eine vorzeitige Entlassung ausreichenden Prognose haben ihre Wirkung auf die Anstaltsverantwortlichen nicht verfehlt:

"Diese Entscheidung ist hier am 10.9.86 eingegangen. Bereits an diesem Tag ist dem Gefangenen für den 11.9.1986 ein Ausgang, sodann am 3.10.1986 die erste Regelbeurlaubung gewährt worden. Schwierigkeiten bei der Durchführung der Lockerungsmaßnahmen sind auch in der Folge nicht aufgetreten. Der Gefangene wurde am 19.12.1986 bedingt entlassen".

Eine problemlose Durchführung kann auch dann vorkommen, wenn die Anstalt aus der Gerichtsentscheidung einen Hinweis zur Vermeidung ähnlicher Fälle entnimmt. Sie kann dann leichter im Einzelfall nachgeben. Spätestens dann erweist es sich, daß es der Vollzugsverwaltung gar nicht um den einzelnen Gefangenen, sondern um einen möglichen Nachahmungseffekt bei anderen ging. Wie ungewöhnlich die glatte Umsetzung einer Gerichtsentscheidung dieser Art für den betroffenen Gefangenen sein kann, ist aus den folgenden Formulierungen zu entnehmen:

(Berlin 5) G schreibt uns: "Die Entscheidung ist ohne nochmalige Überprüfung, also ohne eventuelle Umgehung der dem Urteil zugrundeliegenden Kriterien, umgesetzt worden. Die Entscheidung wurde sofort nach Erhalt des Urteils umgesetzt. In meinem Fall kam der Vollzugsdienstleiter und teilte mir mit, daß ich nunmehr meinen Fernseher 'einbringen' könnte. Ausnahmsweise hat es in meinem Fall keine weiteren Schwierigkeiten mehr gegeben".

Im konkreten Fall war 16 Monate lang um die Frage gestritten worden, ob G seinen genehmigten Fernsehapparat auch nach Verlegung behalten darf. Erst das Kammergericht entschied zugunsten des Gefangenen, daß eine einmal gewährte Einzelfernsehgenehmigung ihre Wirksamkeit nicht automatisch durch vorübergehende Verlegung in eine andere JVA verliert. Das Gericht fügte jedoch hinzu: "Im vorliegenden Fall kommt hinzu, daß die Erlaubnis (...) weder auf eine bestimmte Vollzugsanstalt beschränkt oder sonst mit einer Bedingung versehen worden war, bei deren Eintritt ihre Wirksamkeit enden sollte". Dieser Hinweis scheint die Vollzugsverwaltung sehr erleichtert zu haben. Sie schreibt:

"Aufgrund der Ausführungen des Kammergerichts (...) wurden und werden Genehmigungen zum Betrieb eines eigenen Fernsehgerätes gem. § 69 StVollzG nur noch zeitlich befristet und auf den örtlichen Bereich der jeweiligen Vollzugsanstalt beschränkt erteilt".

4.1.2. Reifung und Nachreifung

Das Einlenken der Anstalt mag aber auch ganz unabhängig von der Gerichtsentscheidung durch das Hinzutreten neuer Umstände erfolgt sein. Klassische Fälle dafür haben wir schon weiter oben auf den Begriff der "Reifung" gebracht. Diese tritt typischerweise während des laufenden Gerichtsverfahrens ein, führt zur Erledigung der Hauptsache und erspart der Anstalt eine vielleicht drohende Niederlage vor Gericht. Nach Rechtskraft sind Fälle von Reifung seltener und überraschender:

(Remscheid 5) G, ein intellektuell überdurchschnittlich interessierter und auch für seine Mitgefangenen engagierter Inhaftierter, hatte brieflich Kontakt mit der Gesamthochschule Wuppertal aufgenommen und erwog, ein Studium der Sozialwissenschaften aufzunehmen. Sein Antrag auf Ausführung zum Zwecke der Studienberatung wurde jedoch von der Vollzugskonferenz abgelehnt. Das von G angerufene Landgericht, wo er aus früheren Verfahren schon bekannt war, verpflichtete die Anstalt mit folgender, für G sehr günstigen Begründung:

Die Vollzugsbehörden seien "fälschlich davon ausgegangen, daß ein wichtiger Anlaß zur Ausführung nicht bestand (...). Soweit die Antragsgegnerin mit Schrift vom 19.8.1988 vorbringt, der Antragsteller werde in Anbetracht der von ihm begangenen Straftaten demnächst keine Anstellung als Sozialwissenschaftler finden, handelt es sich um ein unzulässiges Nachschieben von Gründen. Zudem läßt sich diese Prognose kaum halten".

Diese Begründung war für die Anstalt offenbar untragbar, weshalb sie Rechtsbeschwerde einlegte, diese aber von sich aus wieder zurücknahm. Aus einem Schreiben des Anstaltsleiters:

"Hierzu habe ich in einem Bericht an meine Aufsichtsbehörde u.a. folgendes ausgeführt: `Inzwischen liegen konkrete Anhaltspunkte für eine mehr Erfolg versprechende, anderweitige berufliche Orientierung bei dem Gefangenen (...) vor, so daß die bislang zur Ablehnung des Ausführungsantrages (Beratung über das Studium der Sozialwissenschaften) führenden Gründe - die auch Gegenstand und Anlaß der von mir eingelegten Rechtsbeschwerde waren - entfallen sind. Über einen aus diesem Grunde gegebenenfalls von dem Gefangenen erneut vorgelegten Ausführungsantrag wäre mithin auf der Grundlage anderer, neuer Gesichtspunkte zu beraten und zu entscheiden'. Die Entscheidung der Strafvollstreckungskammer ist somit ohne Auswirkung geblieben".

Ebenso wie es nach Abschluß eines Verfahrens zur Nachreifung einer Person kommen kann, kann es vorkommen, daß Vorschriften selbst nachreifen. Meist wird dies mit dem Verfahren selbst zu tun haben, von ihm induziert sein. Eine Änderung der Vorschriften kann jedoch auch dem Zeitgeist geschuldet sein und mit dem konkreten Verfahren nichts oder wenig zu tun haben.

(Werl 8) G. verfügte über ein Radiogerät mit Cassettenteil, den er auch zwecks Erlernen einer Fremdsprache zum An-

hören von Sprachcassetten benutzen durfte. Er wollte nun
aber auch Musikcassetten, die sich bei seiner Habe befanden, ausgefolgt erhalten und abspielen dürfen. Unter
Hinweis auf die RV des Justizministers, nach der die Benutzung von Cassettenrekordern nur im Zusammenhang
mit Aus- und Fortbildungsmaßnahmen gestattet werden
kann, lehnte die Anstalt dies ab. Über den Widerspruch
wurde solange nicht entschieden, bis G Untätigkeitsklage
erhob. Das LG hob die Entscheidung der Anstalt auf und
verpflichtet zur Neubescheidung: der bloße Hinweis auf
die RV reiche nicht aus.

"Nachdem der Gerichtsbeschluß (...) vom 18.08.1988 bei
mir eingegangen ist, und ich erfahren habe, daß die Anstaltsleitung keine Rechtsbeschwerde dagegen einreichen
werde, stellte ich am 15.08.1988 einen Antrag auf Aushändigung von 10 Musikcassetten. Am 21.09.1988 wurden mir
dann von der Kammer hier im Hause 20 Musikcassetten
ausgehändigt. Seitdem dürfen alle Insassen hier 20 Musikcassetten im Besitz haben."

Der Verzicht auf die Rechtsbeschwerde bei gleichzeitiger Überer-
füllung des vom Gefangenen Gewünschten ist denkbar ungewöhnlich. Diese Umstände sprechen dafür, daß auf einer anderen Ebene
eine grundsätzlich neue Politik in der betreffenden Frage beschlossen
worden war.

Tatsächlich läßt sich dies auch aus der Gerichtsentscheidung entnehmen, in der es heißt: Seit einiger Zeit wird auf Landesebene die
Frage geprüft, ob hinsichtlich der Überlassung von Musikcassetten
an nicht zu lebenslanger Haft verurteilte Teilnehmer des geschlossenen Vollzuges eine Neuregelung getroffen werden soll, abschließend
ist diese Frage durch die zuständigen Stellen jedoch noch nicht beantwortet worden". Offenbar ist dies nach Abschluß des Gerichtsverfahrens geschehen.

4.1.3. Zögerndes Einlenken

Das Einlenken der Anstalt muß nicht immer so zügig vonstatten gehen, wie in den oben geschilderten Fällen. Je mehr Zeit die Anstalt

sich für ihre Neubescheidung nimmt, umso mehr muß der Gefangene eine erneute Ablehnung seines Antrags befürchten.

(Celle 1) Der Gefangene wollte am Kraftsport teilnehmen, die Anstalt lehnte dies jedoch ab, da Hinweise auf einen Ausbruchsversuch des G eingegangen seien und deshalb eine Freizeitsperre als Sicherungsmaßnahme angeordnet war. Das OLG rügte (bereits drei Monate später), daß der Sachverhalt nicht vollständig ermittelt sei, insbesondere müsse die Vollzugsbehörde die Verdachtsmomente gegen G im Einzelnen darlegen. Erst vier Monate nach der OLG-Entscheidung wurde die Freizeitsperre aufgehoben, "nach langem Hin und Her" wie der G uns sagt. Die Anstalt bestätigte dies, führte aber sachliche Gründe für die Verzögerung an: der Sicherheitsdienstleiter sei "urlaubsabwesend" gewesen, die Gefangenenpersonalakte "längere Zeit bei der Strafvollstreckungskammer", außerdem seien "weitere Ermittlungen" in einer anderen Anstalt erforderlich gewesen.

Eine Intervention von "höherer Stelle" kann hier manchmal eine schon drohende Ablehnung verhindern:

(Celle 9) Der Gefangene hat zwei kleine Kinder, eine 85-jährige Mutter, Geschwister und Verwandte im Berufsleben. "Keiner kann die beschwerliche, weite Reise vom Emsland nach Celle auf sich nehmen". Er erreichte beim OLG (nach etwas weniger als vier Monaten), daß die Anstalt seinen Antrag auf Besuchsüberstellung in eine andere Anstalt neu bescheiden mußte. Der neue, positive Bescheid kam über vier Monate später, nachdem der Vater des Gefangenen, der den Justizminister kennt, diesem den Beschluß des Gerichtes gezeigt hatte. "Danach kam vom Ministerium was runter".

Verblüffende Wirkungen werden auch bloßen Anfragen des Bundesverfassungsgerichtes zugeschrieben:

(Butzbach 10a) Der an AIDS erkrankte Gefangene war wegen seiner Erkrankung aus dem offenen Vollzug abgelöst worden. Ihm wurden auch jegliche Lockerungen verweigert, wobei die Aufsichtsbehörde ihre Zustimmung insbs.

im Hinblick auf die Gefahr verweigert, die sich aus der Kombination seiner Delikte (Vergewaltigung) mit seiner Erkrankung ergäbe: "Nicht nur die tendenzielle Gefährlichkeit des Strafgefangenen als solche ist zu beachten, sondern zusätzlich auch der Umstand, daß eine erneute Rückfälligkeit mit hoher Wahrscheinlichkeit lebensbedrohende Folgen für die Opfer nach sich ziehen wird". Die Ablösung aus dem offenen Vollzug hat er vergeblich bis zum OLG angefochten, schließlich Verfassungsbeschwerde eingelegt.

Aber auch ein Antrag auf Tagesausgang wird immer wieder abgelehnt. Nachdem das Landgericht die Anstalt zum zweitenmal innerhalb weniger Monate zur Neubescheidung verpflichtet hat (das Verfahren hatte bis dahin insgesamt fünf Monate gedauert), vergehen weitere vier Monate bis zur Neubescheidung, die dann allerdings positiv ausfiel. Zu diesem Zeitpunkt war die Anfrage des Bundesverfassungsgerichts in Sachen offener Vollzug eingetroffen, was nach Ansicht eines kundigen Mitgefangenen entscheidend war: "Es hat sich wieder einmal gezeigt, daß das BVG in der Tat die letzte Instanz für den Gefangenen ist. G hätte ja niemals Vollzugslockerungen von der JVA erhalten, da bin ich mir gewiß. Nur unter dem Eindruck der Anfrage des BVG (wobei schon der Präsidialrat genügt) kommen die Dinge dann in Bewegung".

Wenn das Zögern der Anstalt (in Verbindung mit der Länge des Gerichtsverfahrens) zu lange dauert, kann dies dazu führen, daß die Sache für den Gefangenen inzwischen nicht mehr aktuell ist:

(Schwerte 1) Das OLG Hamm verpflichtete die Anstalt (nach einem fast ein Jahr dauernden Verfahren) dazu, einen Antrag auf Verlegung in den offenen Vollzug neu zu bescheiden. Der bloße Verweis auf eine RV des Justizministeriums sei keine ausreichende Begründung. Die Anstalt ersucht das Justizministerium um seine Zustimmung zur Verlegung. Zwei weitere Monate später nimmt der Gefangene den Antrag zurück. Grund dafür war, nach Auskunft der Anstalt die in Kürze bevorstehende Entlassung: "Der Gefangene wollte während der verbleibenden Vollzugsdauer nicht noch in eine andere Anstalt".

4.2. Varianten des Gegenhaltens

Auch nach verlorener Gerichtsentscheidung kann eine Weigerung der Anstalt, dem Gefangenen das Gewünschte zu geben, durchaus legitim sein. Dies gilt insbesondere dann, wenn die Anstalt bloß aus formalen Gründen verloren hat, ihre Position jedoch inhaltlich gut begründet ist. In solchen Fällen kommt es vor, daß das Gericht der Anstalt sogar Hinweise gibt, wie sie das von ihr angestrebte Ergebnis juristisch besser und gerichtsbeständig begründen könnte. Aber auch ohne ausdrücklichen Hinweis des Gerichts wird die Anstalt oft in der Lage sein, den Gefangenen in überzeugender Weise erneut abschlägig zu bescheiden. Andererseits wird der Gefangene die erneut negative Entscheidung der Anstalt häufig für reine Schikane halten. Im Folgenden sollen verschiedene Variationen der Verweigerung dargestellt werden, wobei unsere Darstellung jeweils von eher legitimen zu schikanös anmutenden Beispielen fortschreitet.

4.2.1. Aussitzen

Auch nach rechtskräftiger Gerichtsentscheidung arbeitet die Zeit zugunsten der unterlegenen Vollzugsverwaltung. Je mehr Zeit vergeht, umso wahrscheinlicher ist es, daß die Entscheidung nicht zugunsten des Gefangenen umgesetzt werden kann, weil dieser entlassen oder geflohen ist:

> (Berlin 2) Das LG Berlin erläßt am 6.3.1987 eine einstweilige Anordnung, wonach dem G unverzüglich, spätestens drei Tage nach Zustellung der Entscheidung Sonderurlaub zur Vorbereitung der Entlassung gegeben werden muß. Ein Antrag der Anstalt auf Aufhebung bzw. Abänderung dieser Entscheidung wird vom Landgericht am 11.3.1987 zurückgewiesen. Das Kammergericht schließt sich dem zwar nicht an (weil es keine Ermessensreduzierung auf Null für gegeben hält), verpflichtet aber am 31.3.1987 die Anstalt zur Neubescheidung über den Sonderurlaub. Dazu kommt es jedoch nicht mehr, da der Gefangene einen Tag nach Eingang der Entscheidung entlassen wird, ohne einen Sonderurlaub zur Vorbereitung der Entlassung erhalten zu haben.

Hier hat die Anstalt eine Uneinigkeit der Gerichte ausgenützt, das von ihr gewünschte Ergebnis zu erreichen. Dies kann man noch für legitim halten, da eine neue, negative Ermessensentscheidung, zu der es hier nicht mehr kam, wahrscheinlich vom Kammergericht abgesegnet worden wäre. Das folgende Beispiel zeigt, daß Vollzugsverwaltungen versuchen können, einen Konflikt auch dann auszusitzen, wenn das Oberlandesgericht Unterstützung des Gefangenen signalisiert. An diesem Fall ist ungewöhnlich, daß das OLG hier einen Weg gefunden hat, sich über die Resistenz der Anstalt hinwegzusetzen.

(Celle 13) Das OLG Celle hatte die Anstalt verpflichtet, einen Urlaubsantrag neu zu bescheiden. Es hatte dabei auf die "Widersprüchlichkeit" des Anstaltsverhaltens hingewiesen, die es darin sah, "dem Antragsteller zunächst für eine bedingte Entlassung eine günstige Prognose zu erstellen, ihm dann aber vor der Gewährung bloßer Vollzugslockerungen ein Sichbewähren abzufordern, ihm aber die Gelegenheit hierzu -etwa durch stufenweise Lockerungen- gänzlich zu versagen". Nach Auskunft der Anstalt ist es jedoch zu einer Neubescheidung nicht gekommen: "Es hat erhebliche Schwierigkeiten gegeben. Es sind erhebliche Verzögerungen eingetreten. Die aufgetretenen Schwierigkeiten sind nicht bewältigt worden. Der Gefangene ist zuvor von dem OLG (...) auf Bewährung entlassen worden".

Durch Zeitablauf kann sich auch die Perspektive soweit verändern, daß er selbst an einer Umsetzung der Entscheidung in seinem (ursprünglichen) Sinne nicht mehr interessiert ist.

(Schwerte 1) Im Januar beantragte der G seine Verlegung in den offenen Vollzug. Die Anstalt lehnte unter Hinweis auf eine RV des Justizministeriums ab, wonach eine Verlegung in den offenen Vollzug nur auf dem Umweg über eine halboffene Anstalt möglich sei. Im August entschied das LG Hagen zugunsten des Gefangenen, im November das OLG Hamm. Als dann die Anstalt, ein Jahr nach dem ursprünglichen Verlegungsantrag immer noch nicht entschied, sondern nunmehr das Justizministerium um "die erforderliche Zustimmung" ersuchte, verlor der Gefangene die Geduld. In den Worten der Anstalt: "Der Vorgang erledigte sich dann allerdings durch die Rücknahme des Verlegungsantrages am 14.1. 1987. Grund: Entlassung am 5.5. 1987. Der Gefg. wollte während der verbleibenden Vollzugsdauer nicht noch in eine andere Anstalt".

Hier klingt Verständnis für den Gefangenen durch, dessen gerichtliche Erfolge jedoch an der Institution abgeprallt waren.

4.2.2. Umstellen der Argumentation

Wenn das Gericht Kritik an einer bestimmten rechtlichen Argumentation äußert, kann die Anstalt versuchen, auf eine andere Argumentation auszuweichen. Hierfür erhält sie manchmal weiterführende Hinweise des Gerichts.

(Kassel 1) Der Gefangene war von einem Tagesausgang nicht zurückgekommen. Als er einige Tage später wieder verhaftet wurde, hatte er eine Reisetasche mit ihm gehörenden Büchern und Schreibpapier bei sich, die er bei einem Freund abgeholt hatte. Die Tasche wurde ihm ab- und zu seiner Habe genommen. Sein Antrag, ihm die Sachen auszuhändigen, wurde unter Hinweis auf § 33 Abs.1 Satz 3 StVollzG abgelehnt. Nach dieser Bestimmung dürfen Gefangene nur dreimal pro Jahr Pakete erhalten; weitere Pakete bedürfen der Erlaubnis der Vollzugsbehörde.

Das OLG Frankfurt hob die Anstaltsentscheidung auf: das nachträgliche Einbringen von Gegenständen sei hier gleichzustellen "dem Mitbringen von Gegenständen bei Strafantritt, die während des Vollzugs der Strafe von der Anstalt für den Gefangenen aufbewahrt werden".

Unter Beachtung dieser Ausführungen des OLG wurde nunmehr der VU (Vollzugsunterworfene?) neu beschieden: "In Anwendung der Vorschriften über das Einbringen von Gegenständen zum Strafantritt wurde dem VU die Aushändigung der Bücher versagt, da Bücher generell nur über einen Verlag bezogen werden dürfen und Teilmengen des Schreibmaterials genehmigt. Der VU lehnte die Aushändigung des Schreibpapiers dann ab".

Auch dann, wenn die Anstalt nicht ausdrücklich zur Neubescheidung verpflichtet wird, kann sie manchmal auf eine andere Argumentation ausweichen:

(Zweibrücken 2) Ein generelles Schreib- und Besuchsverbot gegenüber einen ehemaligen Strafgefangenen, wegen dessen angeblich "schädlichen Einflusses" war vom OLG Zweibrücken aufgehoben worden. Die Anstalt hatte das Verbot auf eine angeblich die Anstalt beleidigende Postkarte des Betroffenen an den Inhaftierten Alfred S. gestützt. Aus den Gründen des OLG: "Der Senat ist der Auffassung, daß der im angefochtenen Beschluß festgestellte Sachverhalt zwar ein Verbot von Besuchen des Beschwerdeführers bei dem damals noch in der Justizvollzugsanstalt einsitzenden Alfred S. gerechtfertigt hätte, daß aber für die tatsächlich ausgesprochene generelle Verbotsverfügung keine ausreichende tatsächliche Grundlage bestand".

Die Anstalt verbot nun den Besuch im konkreten Einzelfall: "Die Umsetzung des Beschlußes des OLG Zweibrükken bereitete ...der Anstalt keine Probleme, wohl aber dem Antragsteller, der nicht einsehen wollte, daß sein schädlicher Einfluß auf frühere Mitgefangene zwar nicht ein generelles Verbot des Schriftwechsels und des Besuchsverkehrs, wohl aber ein Verbot im konkreten Einzelfall rechtfertigen konnte". Der Betroffene, ehemaliger Vorsitzender der Insassenvertretung, kann dies nur als Schikane begreifen: "OLG-Entscheid positiv- und die Anstalt verweigert mir den Besuch, da stand ich nun, den OLG-Entscheid in der Hand an der Pforte und konnte wieder heimfahren. 120 Km umsonst gefahren. Besuch abgelehnt". Aber sein erneuter Versuch, die Gerichte einzuschalten, scheiterte, was angesichts der klaren Festlegung des OLG nicht erstaunlich ist.

Vielfach erweist sich die eigentliche Begründung für ein Verbot als nicht gerichtsbeständig. Die Anstalt muß dann versuchen, auf eine andere Argumentation umzusteigen, die vielleicht juristisch besser ist, dafür aber schwerer mit Tatsachen zu untermauern.

(Berlin 4) Der Gefangene hatte Pinsel, Farbe, Papier und Leinwand zum Zweck der Freizeitbeschäftigung beantragt. Damit hätte die Anstalt bei einem anderen Gefangenen keine Probleme gehabt. Hier ging es aber eigentlich darum, daß der Gefangene die ihm zugewiesene Arbeit verweigerte, was die Anstalt im Verfahren um die Malutensilien als "Mangel an Bereitschaft, an der Gestaltung seiner Behandlung mitzuwirken" wertete.

Das Kammergericht wies diese Argumentation mit deutlichen Worten als gesetzwidrig zurück: "§ 70 Abs.2 Nr.2 StVollzG gibt dem Anstaltsleiter keine Handhabe, einem Gefangenen einen der Freizeit dienenden Gegenstand zu versagen, um ihn auf diese Weise zu einer Änderung seines Verhaltens im Vollzug zu veranlassen".

Die Anstalt erließ daraufhin - acht Monate nach Beginn der Auseinandersetzung - einen neuen negativen Bescheid, in dem sie nunmehr erstmalig darlegte, daß der Besitz von Malmaterialien im konkreten Fall Sicherheit und Ordnung der Anstalt gefährde.

Normalerweise wäre die Sache damit zuende, da nur bei wenigen Gefangenen die Nerven stark und die Verbüßungsdauer lang genug sind, um eine weitere gerichtliche Entscheidung zu suchen. Hier geht der Gefangene jedoch nochmals vor Gericht und informiert zusätzlich die Presse, die den mediengerechten Fall ("Genie und Resozialisierung") aufgreift. Tatsächlich wird die Umstellung der Argumentation als vorgeschoben durchschaut:

(Berlin 4a) Das LG Berlin hebt den Bescheid der Anstalt auf und verpflichtet die Anstalt, dem G während der Freizeit den Besitz von Malutensilien zu gestatten. Der Gefangene schreibt dazu: "Theoretisch hätte die JVA Tegel noch einmal die Möglichkeit gehabt, Beschwerde bei der Kammer einzulegen. Angesichts der relativ geringen Aussicht auf Erfolg hat die JVA Tegel darauf verzichtet... Farbe, Pinsel und Leinwand wurden inzwischen ausgehändigt". Allerdings zeigte sich bald danach, daß die Anstalt nur auf eine neue Idee gekommen war, den G zur Arbeitsaufnahme zu bewegen: "Der Teilanstaltsleiter machte mich im Gespräch darauf aufmerksam, wenn ich keine Arbeit aufnehmen würde, würde er dafür sorgen, daß ich in kürzester Zeit nur zwei oder drei Pinsel und ein Stück Papier erhalten würde. Somit sah ich mich genötigt eine Arbeit auf-

zunehmen, damit ich endlich meiner Leidenschaft - der
Malerei - nachkommen konnte".

4.2.3. Nachbessern oder Repetieren

Soweit die Anstalt dazu verpflichtet wird, entsprechend der Rechtsauffassung des Gerichts neu zu bescheiden, kann sie versuchen, ihre
Argumentation in ausführlicherer Form zu wiederholen. Dies kann
sich mehrfach wiederholen, wie im folgenden Fall.

> (Wittlich 2+ 2a) Der Gefangene beantragt (am 25.2.1988)
> die Genehmigung, sich den Alternativkommentar zum
> Strafvollzugsgesetz von seinen Angehörigen zusenden zu
> lassen. Die Anstalt lehnt dies mit der Begründung ab, Bü-
> cher könnten "aus grundsätzlichen Erwägungen" nur
> durch Vermittlung des Anstaltspädagogen erworben wer-
> den, "um das mit der Aushändigung verbundene Sicher-
> heitsrisiko bei vertretbarem Aufwand in Grenzen zu hal-
> ten". Der Gefangene solle "entsprechend Hausgeld an-
> sparen und sich dann an den Pädagogen wenden". Die
> letztere Formulierung läßt ahnen, daß es weniger um die
> Sicherheit als vielmehr darum geht, daß der Gefangene
> sich das teure Buch vom Mund absparen soll.

Das Landgericht (27.4.1988) läßt sich dies und die unspezifizierten
"grundsätzlichen Erwägungen" nicht gefallen. Seine Ausführungen
lassen keinen Raum für Zweifel:

> "Es besteht keinerlei gesetzliche Grundlage, daß Bücher
> aus 'grundsätzlichen Erwägungen' nur durch Vermittlung
> des Anstaltspädagogen erworben werden können (...). Es
> muß jedem Gefangenen frei gestellt bleiben, auf die von
> ihm gewünschte Art und Weise Bücher einzukaufen oder
> sich diese zusenden zu lassen...Rein abstrakte, nicht näher
> konkretisierte Sicherheitserwägungen sind nicht ausrei-
> chend, um den von der Anstalt gewünschten Übersen-
> dungsweg zu rechtfertigen... Falls keine der in § 70 ge-
> nannten Versagungsgründe vorliegen, wird die Anstalt die
> Übersendung des Kommentars, der bereits in der Justiz-
> vollzugsanstalt Wittlich angekommen und an den Absen-
> der zurückgesandt worden war, zu genehmigen haben".

Die Anstalt geht bei ihrer neuerlichen Ablehnung zunächst auf den Hinweis des Gerichts auf § 70 StVollzG ein und macht genauere Ausführungen zum "Sicherheitsrisiko" (besondere Eignung von Büchern zum Einschmuggeln von Geld, Rauschmitteln und Medikamenten; unverhältnismäßiger Kontrollaufwand; Antragsteller soll einmal berauscht angetroffen worden sein). Der Gefangene geht auch gegen diese Ablehnung wieder vor das Gericht und wieder wird die Anstaltsentscheidung aufgehoben:

Das Gericht (19.8.1988) akzeptiert zwar "Bedenken gegen die Zuverlässigkeit des Verurteilten". Es sei daher nicht zu beanstanden, "wenn der Anstaltsleiter die Übersendung des Kommentars durch Familienangehörige direkt an den Verurteilten nicht zuläßt. Es ist jedoch zu prüfen, ob die geäußerten Sicherheitsbedenken auch dann bestehen, wenn der Kommentar nach Bezahlung durch die Familie durch eine Buchhandlung in unversehrter Originalpackung übersandt wird. Hierüber wird der Anstaltsleiter nunmehr zu entscheiden haben"

Ein neuer, wiederum ablehnender Bescheid wird dem Gefangenen am 9.9.1988 eröffnet. Während der erste Bescheid nur aus 5 Zeilen, der zweite aus 55 handschriftlichen Zeilen bestand, ergeht jetzt eine Verfügung von 76 Zeilen Schreibmaschine. Allerdings wird der Wortlaut der vorhergehenden Verfügung schlicht wiederholt und nur an einer Stelle nennenswert ergänzt. Dort wird betont, daß Sicherheitsbedenken auch bei der vom Gericht vorgeschlagenen Beschaffungsart bestehen. Es könne nicht mit Sicherheit ausgeschlossen werden, "daß mit dem Absender eines Bucheinzelhändlers Mißbrauch getrieben wird. Außerdem kann mit zunehmender Verbreitung von Folienschweißgeräten eine Originalverpackung nicht von einer entsprechenden nachträglich vorgenommenen Verpackung unterschieden werden".

Theoretisch kann dieser Vorgang unendlich oft wiederholt werden. Die Anstalt kann auf diese Weise dem Gefangenen deutlich machen, daß es letztlich auf sie und nicht auf das Gericht ankommt. Kein Wunder, wenn der Gefangene (wie im geschilderten Fall) irgendwann aufgibt.

Riskanter erscheint auf den ersten Blick die letzte hier dazustellende Variation: das bloße Wiederholen der schon vom Gericht für unzureichend erklärten Argumente. Die Wahrscheinlichkeit ist hier groß, daß der Gefangene sich wieder an das Gericht wenden und die offenkundige "Mißachtung des Gerichts" durch die Anstalt rügen wird. Dabei kann sich jedoch zeigen, daß das Gericht nicht bereit ist, sich deutlich auf die Seite des Gefangenen zu stellen:

(Straubing 3) Der Gefangene hatte beantragt (am 24.4.87), ihm die Bestellung eines Federkopfkissens bei der Firma Quelle zu genehmigen. Er wurde zunächst "dahingehend belehrt", daß er bei "entsprechender ärztlicher Verordnung ein Kopfkissen erhalten könne". Nachdem der Anstaltsarzt ein Federkopfkissen befürwortet hatte, wurde dem G mitgeeilt, er könne ein Kopfkissen in der Bekleidungskammer abholen. G wollte aber nach wie vor kein Anstaltskissen, rief das Gericht an und bezog sich dabei auf § 19 StVollzG, wonach der Gefangene seinen Haftraum "in angemessenem Umfang mit eigenen Sachen ausstatten" darf.

Das Gericht hob (am 22.10.87) die Entscheidung der Anstalt auf und verpflichtete diese zur Neubescheidung, da "die Voraussetzungen des § 19 StVollzG, auf den der Antragsteller ausdrücklich und wiederholt sein Begehren gestützt hat" bisher überhaupt nicht ausdrücklich geprüft worden seien. Die Entscheidung sei ermessensfehlerhaft, weil die Vollzugsbehörde von dem ihr in § 19 StVollzG eingeräumten Ermessen "überhaupt nicht Gebrauch gemacht" habe. Die Anstalt wurde vom Gericht ausdrücklich darauf hingewiesen, "daß 'angemessener Umfang' ein unbestimmter Rechtsbegriff ist, dessen Anwendung gerichtlich überprüfbar ist, mangelnde Erforderlichkeit allein noch kein Grund für die Versagung eines Gegenstandes ist und der angemessene Umfang sich nach Art, Größe und Einrichtung des Haftraums richtet".

Es ist nicht verwunderlich, wenn ein Gefangener aus solchen Formulierungen schließt, daß das Gericht auf seiner Seite ist. Im konkreten Fall verlief die Umsetzung der Gerichtsentscheidung, nach Darstellung des Gefangenen, verwirrend und widersprüchlich:

"Natürlich habe ich aufgrund des gewonnenen Gerichtsbe-
schlusses eine Bestellung mit der Bitte um Genehmigung
des Kopfkissens bei der Leitung der JVA Straubing eingereicht. Hierauf erscheint am 30.10.1987 gegen 12.15 Herr L
in Begleitung des Herrn F (Vollzugsinspektor) und be-
drängt mich, das Anstaltskissen zu nehmen. Dabei wirft
Herr Regierungsrat L das Kissen auf das Bett in meinem
Haftraum und sagt: 'Sie nehmen jetzt das Kissen!'. Ich sage,
daß ich es nicht nehme und das Gericht nicht zum Spaß
angerufen habe.

Schließlich erscheint der Bedienstete Herr M am 10.11.1987
in meinem Haftraum und eröffnet mir mündlich, daß das
Federkissen genehmigt ist und die Bestellung ausläuft.
Jedoch kommt drei Tage später am 13.11.1987 der Bedienstete Herr W und sagt, daß die Bestellung des Kissens abgelehnt sei. Herr W sagt, Herr L habe das Kissen (abgelehnt), aufgrund der Anordnung des Anstaltsarztes, mir sei
ein eigenes Kissen aus gesundheitlichen Gründen zu versagen." Letztlich sei ihm von der Anstalt nur ein anstaltsei-
genes "Kindersitzkissen" (40x40 cm) angeboten worden,
"welches die Anstalt als Vorwand eines (sic!) medizinischen Kopfkissens bezeichnete".

Verständlicherweise trägt der Gefangene die Sache nochmals zu Gericht. Dort wird sein Anliegen jedoch - ein Jahr nach seinem ursprünglichen Antrag - als "unbegründet" abgelehnt.

4.2.4. Mindere Angebote

Eine weitere Möglichkeit der Anstalt besteht darin, dem Gefangenen
etwas anzubieten, was unterhalb des von ihm Gewünschten liegt.
Auf diese Weise muß neu verhandelt werden, wobei ein Scheitern
der Verhandlungen ausschließlich zu Lasten des Gefangenen geht.
Denn er muß sich dann entscheiden, ob er erneut den Rechtsweg beschreiten will.

(Celle 10, 10a) Der Gefangene beantragt, ihm den Erwerb
eines verschließbaren Aktenkoffers zu gestatten. Damit
will er sich vor Diebstählen und vor unbefugtem Einblick
in seine Anwaltsunterlagen sichern. Das LG Lüneburg ver-

pflichtet die Anstalt zur Neubescheidung: das Verlangen
sei nicht unangemessen, der Schrank sei nicht ordentlich
verschließbar und reiche daher für die Sicherheit des G
nicht aus. Es fügt allerdings hinzu: "Bei seiner neuen Entscheidung wird der Anstaltsleiter zu erwägen haben, ob
das Sicherheitsbedürfnis des Antragstellers durch einen
neuen, wirksam abzuschließenden Zellenschrank befrie-
digt werden kann".

Die Anstalt legt gegen die Entscheidung Rechtsbeschwerde
ein, die als unzulässig zurückgewiesen wird. Nun bietet
die Anstalt dem G ein Vorhängeschloß für den Zellenschrank an. Als er dies als unzureichend ablehnt, geschieht
gar nichts mehr. Er bemüht also erneut die Gerichte und
erreicht bei LG Lüneburg eine erneute Verpflichtung zur
Neubescheidung. Dagegen geht er selbst in die Rechtsbeschwerde und erreicht nach über einem Jahr Verfahrensdauer, daß die Anstalt verpflichtet wird, ihm "den Besitz
eines verschließbaren Aktenkoffers zu gestatten".

An dieser Entscheidung ist bemerkenswert, daß das OLG hier den
gordischen Knoten zerschlagen und das Spiel mit immer neuen Bescheidungsbeschlüssen abgebrochen hat. Dies ist ein eher ungewöhnlicher Verlauf. Typischere Beispiele finden sich in der Auseinandersetzung, die Mitte der 80er-Jahre um das Fernsehen entbrannt
war. Der Versuch der Vollzugsverwaltungen, Einzelfernsehen auf
extreme Fälle zu beschränken stieß auf massives Unverständnis der
Gefangenen. Nachdem zunächst Hamburg und dann Bremen sich
aus der Einheitsfront der Vollzugsverwaltungen gelöst und Einzelfernsehen gestattet hatten, nahm die Zahl der Gerichtsverfahren in
anderen Bundesländern zu. Hier hatten die Gefangenen das Handi-
cap, daß sie spezielle (möglichst medizinische) Gründe anführen
mußten, während sie eigentlich Normalität anstrebten (aber nicht ar-
gumentieren durften).

(Zweibrücken 3) Das OLG hebt ein von der Anstalt erlas-
senes Rauchverbot im Gemeinschaftsfernsehraum auf.

Das Rauchverbot war von der Anstalt erlassen worden um
damit der Beschwerde eines Nichtrauchers abzuhelfen (der
sich aber eigentlich nur beschwert hatte, um eigenes Fernsehgerät auf seine Zelle zu bekommen). Dagegen hatte ein

anderer Gefangener sich beschwert und beantragt, das Rauchverbot aufzuheben oder ihm den Einzelfernsehempfang auf der Zelle zu gestatten.

Zur Umsetzung teilt das Ministerium uns folgendes mit:

"Mit Bekanntwerden der Aufhebung des Rauchverbotes durch den Beschluß (...) durften die Gefangenen im Fernsehraum wieder rauchen. Der Nichtraucher, der Anlaß gegeben hatte, das Rauchverbot anzuordnen, hat von der Möglichkeit, sich in der Nähe eines in einem anderen Flügel der Anstalt eingerichteten Nichtraucherfernsehraumes velegen zu lassen, keinen Gebrauch gemacht. Er zog es vor, an Ort und Stelle zu bleiben und die Belästigung durch rauchende Gefangene hinzunehmen".

Alle beteiligten Gefangenen hatten also im Ergebnis verloren.

(Wolfenbüttel 3) Widerruf einer Einzelfernsehgenehmigung durch die Anstalt.

Das OLG hob nach einem Verfahren von extrem langer Dauer (weit über zwei Jahre) die Entscheidungen von Anstalt, Vollzugsamt und Strafvollstreckungskammer auf und verpflichtet die Anstalt zur Neubescheidung. Über diese Entscheidung war die Anstalt (nach Auskunft des Gefangenen) "nicht erfreut (...) .Um praktisch diesen Beschluß wieder zu hintergehen, damit sich andere Gefangene nicht darauf berufen können, wenn ich in den Besitz eines eigenen Fernsehers käme, wurde mir ein Gerät der JVA zur Verfügung gestellt".

(Meppen 1) Der Gefangene hatte einen Antrag auf Einzelfernsehen gestellt, da es nicht ausreiche, wenn über das Programm durch Mehrheitsentscheidung der Gefangenen entschieden würde.

Das OLG gab ihm recht: "Wenn die Vollzugsbehörde die Programmauswahl im wesentlichen der Mehrheitsentscheidung der Gefangenen anvertraut, so muß sie darauf achten, daß diese Auswahl nicht einseitig ist. Notfalls muß sie eingreifen. Wenn es dem Gefangenen nicht gelingt, sein Recht- im Hinblick auf sein Grundrecht der Informationsfreiheit hierauf zu rrealisieren, kommt Einzelfernsehen in Betracht".

Die Anstalt reagierte hierauf damit, daß sie Videoaufzeichnung von politisch-kulturellen en und Sendungen veranlaßt (die vom Abteilungsleiter und der Psychologin genehmigt werden müssen) und diese am nächsten Tag allen interessierten Gefangenen anbietet.

Der Betroffenen war damit höchst unzufrieden: " (...) entgegen dem Beschluß des OLG Celle - nun statt Mehrheitsentscheidungsunterwerfung von Gefangenen, nun Entscheidung von Psychologin und Abteilungsleiter. (...) Die Anstaltsleitung der JVA Meppen versucht mit allen Mitteln- wahrscheinlich um Nachfolgeanträge zu vermeiden- eine positive Entscheidung zu verhindern und verstößt nach wie vor gegen das Grundgesetz in Bezug auf die Informationsfreiheit". Versuche des Gefangenen, Abhilfe bei der Strafvollstreckungskammer zu erlangen, scheitern.

Nach einem Regierungswechsel in Niedersachsen kam es übrigens auch dort zu einer generellen Veränderung der Fernseh-Politik in Richtung Einzelfernsehen.

4.2.5. Voraussetzungen und Bedingungen

Die Anstalt kann versuchen, die Umsetzung der Gerichtsentscheidung von Bedingungen abhängig zu machen. Manchmal wird ihr dies vom Gericht ausdrücklich eingeräumt. Dies gibt der Anstalt eine starke Verhandlungsposition, die zur Resignation des Gefangenen führen kann.

(Celle 4) Der Gefangene ist Funkelektroniker und hat im Strafvollzug einen Fernlehrgang Videotechnik erfolgreich abgeschlossen. Sein Antrag auf Aushändigung eines Heimcomputers der Marke Commodore C 64, ohne Diskettenlaufwerk, Monitor und Drucker, zum "Fahren" von Lernprogrammen war jedoch abgelehnt worden. Da der Anstaltsleiter im Verfahren selbst einräumte, daß bei dem G keine konkrete Gefahr des Mißbrauchs zu befürchten sei, verpflichtete die Strafvollstreckungskammer durch Beschluß vom 11.03.87 die Anstalt, dem G den Computer auszuhändigen, "wobei es dem Anstaltsleiter nach pflichtgemäßem Ermessen obliegt, entsprechende Auflagen zu machen".

Wenn das Gericht der Anstalt nicht ausdrücklich gestattet, die Umsetzung von Bedingungen abhängig zu machen, kann die Anstalt versuchen, in die Entscheidung derartige Bedingungen hineinzuinterpretieren:

(Schwalmstadt 1) Rechtsanwalt beantragt für seinen psychisch gestörten Mandanten Verlegung in ein Krankenhaus außerhalb des Vollzuges zur Untersuchung und Behandlung. Nachdem die Anstalt dies unter Berufung auf "zeitliche und organisatorische Schwierigkeiten" verweigert, wird sie vom LG Marburg dazu verpflichtet, "den Antragsteller in ein geeignetes Krankenhaus außerhalb des Vollzuges zu verlegen". Gegen die Entscheidung werden Rechtsmittel nicht eingelegt, vielleicht, weil die Anstalt in dem Wörtchen "geeignet" Manövrierspielraum sieht. Sie regt vielmehr die Erstellung eines neuen Gutachtens an, welches klären soll "welche weiteren diagnostischen Maßnahmen notwendig und hinreichend sind, um das Krankheitsbild zu beschreiben und, sofern erforderlich, zur Frage eventueller Behandlungsmaßnahmen Stellung nehmen ".

Der Gefangene verweigert sich aber dem neuen Gutachter, mit der Folge, daß zwei Jahre nach der Gerichtsentscheidung immer noch keine Verlagung stattgefunden hatte. Erst eine massive Medienkampagne der Anwälte brachte wieder Bewegung in die Situation, mit dem Ergebnis, daß G nach 26 Monate nach der Gerichtsentscheidung schließlich in ein Krankenhaus "zum Zwecke der weitergehenden psychiatrischen Diagnostik und stationären Beobachtung" verlegt wurde.

In dem soeben dargestellten Fall kann die Anstalt sich auf die "ablehnende Haltung" des Betroffenen gegenüber den von der Anstalt erfundenen Bedingungen berufen. Es gibt jedoch auch Fälle, in denen die Anstalt allein es in der Hand hat, ob und wann eine Situation eintritt, in der die Gerichtsentscheidung zugunsten des Gefangenen anwendbar würde:

(Werl 4) Hier beschwerte sich der Gefangene dagegen, nur gefesselt ausgeführt zu werden. Das LG Arnsberg machte deutlich, daß "jedenfalls mit dem Hinweis auf den hohen Strafrest des Antragstellers allein nicht dessen Fesselung" angeordnet werden dürfe. Sie verpflichtete die Anstalt "für den Fall künftiger Ausführungen dem Antragsteller unter Beachtung der Rechtsauffassung der Kammer einen neuen Bescheid zu erteilen". Auch hier wurde kein Rechtsmittel eingelegt und die Anstalt teilt uns mit, bei weiteren Ausführungen sei "über die Fesselung gemäß der Rechtsauffassung des Gerichts entschieden worden". Aus der Sicht des Gefangenen sieht dies allerdings anders aus: "In meiner Freude über den errungenen Teilsieg berichtete ich einem rechtlich interessierten Mitgefangenen. Dies hörte ein höherer Bediensteter der JVA Werl, der spontan erklärte, dann gebe es nun eben keine Ausführungen mehr, denn dann müsse man erst gar nicht mehr über Fesselung entscheiden. Tatsächlich ist objektiv feststellbar, daß fortan meine Ausführungsanträge abgelehnt worden sind oder von mir zurückgenommen werden mußten, nachdem mir sehr massiv deren Aussichtslosigkeit dargelegt worden war".

Diese Version des Strafgefangenen wird bestätigt durch den zuständigen Strafvollstreckungsrichter, der den vorliegenden Fall als Beispiel für "die Misere des gerichtlichen Rechtsschutzes im Vollzugsverfahren" detailliert dargestellt hat (KAMANN 1991, 322 ff).

Die Anstalt zeigt in solchen Fällen, daß sie Beschlüsse der Strafvollstreckungskammer faktisch unterlaufen kann. Allerdings muß die Anstalt dabei nicht immer mit dem Anstaltsleiter identisch sein.

(Werl 4) Der Anstaltsleiter äußert sich vorsichtig, distanziert; man kann nur zwischen den Zeilen herauslesen, daß es sich um eine Auseindersetzung zwischen dem Gefangenen und dem für seinen Bereich zuständigen Abteilungsleiter gehandelt hat: "Der Bereich war nicht frei von Emotionen. Der unmittelbare Bereich hat sich sehr gesträubt und allenfalls das gemacht, was notwendig war. Um einen solchen Dauerclinch zu verhindern, wechselte der Gefangene manchmal den Anstaltsbereich oder sogar die Anstalt".

4.2.6. Dauerclinch

Einen Dauerclinch besonderer Art betrifft auch der letzte Fall. Die Besonderheit besteht darin, daß hier der Gefangene sowohl das OLG als auch die Strafvollstreckungskammer im Laufe der Zeit für seine Sache mobilisieren konnte. Dennoch gelang es dr Anstalt zu demonstrieren, daß sie letztlich am längeren Hebel sitzt:

(Butzbach 6) Der Gefangene hatte schon 1985 die Anstalt gerichtlich gezwungen, ihn als Behinderten anzuerkennen und von der Arbeitspflicht auszunehmen. Er hatte ferner erreicht, daß das OLG Frankfurt am 19.9.1985 die Anstalt verpflichtete, ihm einen Einkauf von seiner Rente im vom Gesetz vorgesehenen "angemessenen Umfang" (§ 22 Abs. 3 StVollzG) zu gestatten; als Maßstab setzte das OLG das durchschnittliche Hausgeld eines arbeitenden Gefangenen (damals ca. 130,- DM) fest (die Anstalt hatte unter Berufung auf eine für alle unverschuldet arbeitslosen Gefangenen nur eetwa halb soviel freigeben wollen). Diese Entscheidung wurde von der Anstalt auch zunächst umgesetzt.

Anfang 1986 wurde G in eine Anstalt des offenen Vollzuges verlegt. Ende 1986 wurde er - durch eine später vom OLG für rechtswidrig erklärte - Entscheidung in die ursprüngliche Anstalt zurückverlegt (für Einzelheiten vgl. die Fallstudie 3.). Nunmehr weigerte sich die Anstalt, ihm mehr als 68.- DM monatlichen Einkauf (von seiner Rente) zu gestatten. Zur Begründung führte der AL aus, dem OLG seien bei seinem ursprünglichen Entschluß die tatsächlichen Auswirkungen auf den Strafvollzug unbekannt gewesen. Postwendend (und zunächst sogar im Wege einer einstweiligen Anordnung) hob jedoch die Strafvollstreckungskammer die Entscheidung der Anstalt wieder auf und verpflichtete diese, "dem Antragsteller von seinem Eigengeld einen monatlichen Einkauf zu gestatten, der ungefähr dem durchschnittlichen Betrag des monatlichen Hausgeldes (Oktober 1985: 130,- DM) entspricht. Die Anstalt legte dagegen Rechtsbeschwerde ein, erreichte eine Aussetzung des Beschlusses und behandelte den G. weiterhin wie alle anderen unverschuldet arbeitslosen Gefangenen.

Inzwischen wollte jedoch das OLG Nürnberg von der Auslegung des § 22 StVollzG durch das OLG Frankfurt abweichen und legte zu diesem Zweck die Rechtsfrage dem BGH vor. Dieser entschied am 24.11.1987 gegen eine strenge Anbindung an das Hausgeld der arbeitenden Gefangenen (BGHSt 35, 101). In der unmittelbar darauf erfolgenden Entscheidung des LG Frankfurt (vom 21.12.1987) schloß sich dieses "den Rechtsausführungen des Bundesgerichtshofes an mit der Folge, daß unter Berücksichtigung der vom Bundesgerichtshof erwähnten Merkmale eine Einzelfallprüfung zu erfolgen hat". Das OLG wies ausdrücklich darauf hin, daß dabei lt. BGH insbesondere auch "besondere körperliche Bedürfnisse des Gefangenen (z.B. Krankheit oder Behinderung)" zu berücksichtigen seien. In diesem Sinne sei der G neu zu bescheiden.

Nach Mitteilung des AL ist der G. "mit einem ausführlichen Bescheid vom 23.3.1988 beschieden worden". Allerdings im gleichen Sinne wie bisher. Dagegen ging der G. übrigens erneut vor die Strafvollstreckungskammer, die ihm am 13.9.1988 erneut Recht gab und nunmehr sogar 150,- DM für angemessen hielt. Die Anstalt ging dagegen in die Rechtsbeschwerde und vor Entlassung des Gefangenen kam es zu keiner verbindlichen Entscheidung des Konflikts. Faktisch hatte der Anstaltsleiter sich durchgesetzt.

An diesem Fall läßt sich zusammenfassend nochmals zeigen, wie ein entschlossener Anstaltsleiter verschiedene Strategien kombinieren und sich auch dann gegen einen rechtlich versierten Gefangenen durchsetzen kann, wenn dieser die Gerichte auf seiner Seite hat.

5. Fernwirkung von Gerichtsbeschlüssen

Die vorliegende Untersuchung konzentriert sich auf die Frage, inwieweit auf Antrag konkreter Gefangener ergangene Gerichtsentscheidungen auch im konkreten Einzelfall umgesetzt werden. Dabei haben wir Belege dafür gefunden und analysiert, die zeigen, daß es nicht selten ist, daß Anstalten auch nach rechtskräftiger gerichtlicher

Entscheidung die Auseinandersetzung mit dem Gefangenen weiterführen. Dieser Widerstand gegen Gerichtsentscheidungen wird von Gefangenen jedoch noch auf einer anderen Stufe beschrieben und beklagt: der Sieg eines Gefangenen bedeutet nicht automatisch, daß andere Gefangene in gleichgelagerten Fällen nunmehr das von ihnen Begehrte ohne gerichtliche Auseinandersetzung erhalten. Dies scheint schon innerhalb des jeweiligen Gerichtsbezirkes zu gelten, gilt aber mit Sicherheit, wenn Gefangene sich auf Gerichtsentscheidungen anderer Gerichtsbezirke berufen. Nach Implementation im weiteren Sinne haben wir uns mit der letzten Frage unserer schriftlichen Implementationsbefragung (Anhang B1) erkundigt: "Welche negativen oder positiven Konsequenzen erwarten Sie längerfristig von dieser Entscheidung? (im Hinblick auf die an dem konkreten Verfahren Beteiligten, auf andere Gefangene, andere Anstalten)". Oft berufen sich Gefangene auf ihnen bekanntgewordene "Grundsatzentscheidungen", müssen aber feststellen, daß die Anstalt diese nicht als bindend anerkennt. Unsere Befragung zeigt, daß die Anstaltsleitungen den Großteil der von ihnen verlorenen Fälle als "Einzelfallentscheidungen" bezeichnen, von denen sie keine Auswirkung auf andere Gefangene erwarten. In einigen wenigen Fällen allerdings wird mitgeteilt, daß die Entscheidung "Klarheit in eine bis dahin offene Rechtsfrage gebracht" habe (Berlin 1). Diese beiden Möglichkeiten sollen nun genauer untersucht werden.

5.1. Individualisierung von Entscheidungen

Nach dem Strafvollzugsgesetz darf gerichtlichen Rechtsschutz nur suchen, wer geltend machen kann, "durch die Maßnahme oder ihre Ablehnung oder Unterlassung in seinen Rechten verletzt zu sein" (§ 109 Abs. 2 StVollzG) und daß das angerufene Gericht nur über diesen Individualantrag zu entscheiden hat. Das gleiche Gesetz schreibt jedoch vor, daß mindestens die Oberlandesgerichte für die "Fortbildung des Rechts" bzw. die "Sicherung einer einheitlichen Rechtssprechung" (§ 116 Abs.1 StVollzG) zu sorgen haben. Ob eine vor Gericht gebrachte Sache "bloßer Einzelfall" bleibt oder grundsätzlichere Bedeutung erlangt, steht nicht von vornherein fest. Die Vollzugsverwaltungen werden vielfach versuchen, den "Schaden" einer gegen sie ergangenen Entscheidung dadurch zu begrenzen, daß sie behaupten, es handle sich um einen "speziellen Einzelfall (...), bei dem primär die persönlichen Umstände des Inhaftierten und die bisher mit ihm im Vollzug gemachten Erfahrungen von Bedeutung sind" (Berlin 4). Ein Anstaltsleiter hat dafür generalisierend folgende Formulierung gewählt:

(Butzbach 1) "Da jedoch für viele Gefangene nicht einsichtig ist, daß auch die gerichtlichen Entscheidungen Einzelfallentscheidungen sind, werden im Gefolge von derartigen obergerichtlichen Entscheidungen häufig Anträge auf gerichtliche Entscheidung unter Bezugnahme auf die angeblich grundsätzliche Entscheidung der Obergerichte gestellt. Diese Auswucherungen können wohl auch für künftige Fälle nicht vermieden werden"

Gefangene werden vielfach die Einmaligkeit einer bestimmten Situation nicht einsehen und versuchen, gleiches Recht auch für sich zu fordern. Die Vollzugsverwaltungen könnten hier anerkennen, daß durch eine bestimmte Auslegung des Gesetzes eine ganze Kategorie von Gefangenen einen Anspruch erworben hat. Dies geschieht auch manchmal in der Form einer Änderung von Verwaltungsvorschriften (siehe unten). Manchmal geschieht jedoch auch das Gegenteil: ohne die Richtigkeit der gerichtlichen Auslegung des Gesetzes zu bestreiten, stellt die Vollzugsverwaltung sich auf den formalen Standpunkt, daß die betreffende Entscheidung nur für einen bestimmten Gefangenen gilt und daß jeder andere seinen Anspruch notfalls einklagen müßte. Dies kann verschiedene Gründe haben. Die Anstalt mag die Arbeitsbelastung durch viele gleichartige Anträge befürchten:

(Remscheid 3) Auf unsere Frage nach positiven oder negativen Konsequenzen der Entscheidung teilte uns die Anstalt mit:

"Die mit meiner Entscheidung bzw. der Entscheidung der Strafvollstreckungskammer Wuppertal verbundenen Konsequenzen dürften eine Häufung entsprechender Anträge sein. Damit verbunden wäre u.a. weitergehende Arbeitsbelastung der zuständigen Bediensteten, die vor der Freigabe die noch anstehenden Vollzugszeiten, die regelmäßige Er-

füllung der Arbeitspflicht und die Höhe des Arbeits-
einkommens und anstehende Pfändungen überprüfen
müßten."

Sie mag aber von Folgeanträgen auch direkt unerwünschte Auswirkungen auf "Sicherheit und Ordnung" der Anstalt befürchten und
deshalb die Entscheidung inhaltlich ablehnen:

> (Celle 10 a) Die vom Gericht veranlaßte Aushändigung ei-
> nes verschließbaren Aktenkoffers wird von der Anstalt so
> kommentiert: "Positive Konsequenzen werden nicht er-
> wartet. Es wird mit Berufungsfällen anderer Gefangener
> gerechnet, so daß bei vermehrter Aushändigung von Ak-
> tenkoffern die Übersichtlichkeit in den Haftträumen behin-
> dert sowie Sicherheit oder Ordnung in der Anstalt gemäß
> §§ 19, 70 StVollzG gefährdet wird".

(Butzbach 6) Der erwerbsunfähige G, der jahrelange gerichtliche
Auseinandersetzungen mit der Anstalt darüber hatte, in angemessener Weise von seinem Eigengeld einkaufen zu dürfen, berichtet:

> "Ich hatte einmal ein Gespräch mit dem AL, da sagte der,
> es wäre ihm völlig egal, in welcher Höhe ich als Rentner
> vom Eigengeld einkaufen könne, er habe aber da die Zu-
> hälter und Wirtschaftsstraftäter vor Augen, die würden
> dann ein zu bequemes Leben führen".

Schließlich mag die Anstalt die Strategie der Vereinzelung auch dazu
benutzen, in einer Situation objektiv knapper Güter über die Runden
zu kommen. Ein gutes Beispiel dafür ist die Rechtsprechung zur
Überbelegung von Haftträumen in der Mitte der 80er-Jahre. Diese
Rechtsprechung hatte es für unzulässig erklärt, bestimmte Zellen
(gemessen an Bodenfläche, Luftinhalt, Fenstergröße, Ausstattung
etc.) mit mehr als einer bestimmten Zahl von Gefangenen zu belegen
(für Einzelheiten vgl. AK-Huchting/Schumann § 144 Rz. 4). Angesichts der Überbelegung von Anstalten gingen Anstaltsleiter dazu
über, Gefangene kurzfristig dennoch in unzulässiger Weise unterzu-
bringen.

(Butzbach 12) Der ausländische G beantragte Unterbringung in einem Einzelhaftraum. Einen Monat lang passierte gar nichts. Ein deutscher Mitgefangener brachte ihn auf die Idee, einen Antrag auf gerichtliche Entscheidung zu stellen. "Erst als man hörte, daß ich ans Gericht gegangen bin, ging es sehr schnell" (Interview). In den Worten des Anstaltsleiters: "Durch Beschluß des Landgerichts Gießen vom 11.12.87 wurde die Hauptsache für erledigt erklärt, weil der Anlaß des Antrages...bereits zwei Tage nach Eingang weggefallen war... Die Kostenentscheidung erging zu Lasten der Staatskasse, weil sich der Antragsteller in einem Haftraum befunden hatte, der ca. 12 qm groß war und zu jeder Zeit mit drei Gefangenen belegt war. Da das Oberlandesgericht bereits in zwei früheren Entscheidungen festgestellt hatte, daß die Unterbringung von drei Personen in einem Haftraum von ca. 12 qm Größe rechtswidrig war, wurde der Anlaß für den Antrag bei Gericht für beachtlich erachtet".

Der Fall macht deutlich, daß Anstaltsleitungen sich gegebenenfalls auch über eine ständige Rechtsprechung des für sie zuständigen OLG hinwegsetzen, in der Hoffnung, daß diese Rechtsprechung sich zu dem betreffenden Gefangenen noch nicht herumgesprochen hat oder daß dieser mit den Rechtsbehelfen nicht vertraut ist. Notfalls kann dann immer noch ein Gefangenen-Austausch vorgenommen werden, mit der Konsequenz, daß nun ein anderer Gefangener unzulässig untergebracht ist und sich dagegen wehren muß. Die Anstalt kann jedoch hoffen, daß das zugrundeliegende Problem irgendwann von selbst wieder verschwindet:

(Butzbach 7) "Durch sukzessive 'Ausdünnung' ist es in den Folgemonaten gelungen, alle Haftäume mit der genannten Größe lediglich nur noch mit zwei Inhaftierten zu belegen"

(Butzbach 12) "Zwischenzeitlich konnte die Dreifachbelegung der genannten Haftäume auf Null reduziert werden"

(Celle 2) "Die o.a. Entscheidung selbst ist dadurch umgesetzt worden, daß o.a. Haftäume nur noch mit einem Gefangenen belegt wurden. Das ist - nach Rückgang der Belegung - erst jetzt möglich geworden. Der o.a. Beschluß hat demnach positive Konsequenzen gehabt".

Mag sein, daß sich die Situation für die Anstalten als eine der objektiven Unmöglichkeit rechtmäßiger Unterbringung aller Gefangener dargestellt hat. Sie konnten sich insoweit auf § 146 Abs. 2 StVollzG berufen, wonach es zulässig ist, ausnahmsweise und vorübergehend Zellen überzubelegen. Es ist Gefangenen jedoch nicht zu verdenken, wenn sie das oben dargestellte rollierende System für ein Umgehung des Rechts halten.

5.2. Generalisierung von Entscheidungen

Wenn Anstalten eine Entscheidung generell für verbindlich erklären, dann kann dies verschiedene Ursachen haben. Es kann zum einen bedeuten, daß sie die Entscheidung als richtig begrüßen. Dies wird vor allem dann der Fall sein, wenn die Anstaltsleitung immer schon der nunmehr gerichtlich bestätigten Meinung war, sich an einer entsprechenden Praxis jedoch durch die Aufsichtsbehörde gehindert sah. Sie wird dann für die Zukunft freier sein, ihrer wohlerwogenen Meinung zu folgen:

(Bremen 1) "Der Entscheidung vermag die Anstalt nicht nur für den Fall von Frau B, sondern generell zuzustimmen. Auch ich halte es für richtig, daß die Anstalt vom Gericht verpflichtet worden ist, künftig gründlicher zu prüfen... Die Anstalt wird sich daher bemühen, in Zukunft entsprechend den Entscheidungsgründen des Beschlusses des Oberlandesgerichts Fragen der Zulassung von Vollzugshelfern zu prüfen"

(Werl 1) "Durch diesen Beschluß ist in begrüßenswerter Weise eine Unsicherheit in der Anwendung des § 22 StVollzG beseitigt worden und eine richtungsweisende Klarstellung erfolgt".

Generalisierung der Entscheidung kann auch bedeuten, daß Anstalt und Landesjustizverwaltung keine Chance sehen den Fall zum "Einzelfall" zu erklären und aus Folgeprozessen siegreich hervor zu gehen. Dies wird vor allem dann der Fall sein, wenn ausnahmsweise nicht vereinzelbare Gefangene, sondern konfliktfähige Organisationen (etwa die Strafverteidigerinitiativen und der Deutsche Anwaltsverein) zu den Benefiziaren der Entscheidung gehören.

(Bruchsal 1) Zur Entscheidung des OLG Karlsruhe, wonach die Anstalt Verteidgerpost in keinem Falle öffnen darf schreibt das zuständige Ministerium:

"Durch das vom Oberlandesgericht ausgesprochene Verbot sieht sich die Vollzugsanstalt Bruchsal nicht mehr in der Lage, der Mißbrauchsgefahr angemessen zu begegnen. Wir haben die Entscheidung, die später auch in den einschlägigen Fachzeitschriften und in unserem Amtsblatt veröffentlicht wurde, im Rahmen einer internen Rechtssprechungsübersicht am 27. Februar 1987 unseren Anstalten bekanntgegeben und die Anstaltsleiter bei der nächsten Anstaltsleitertagung gebeten, trotz der sicherheitsrelevanten Bedenken danach zu verfahren"

Fortbestehenden Bedenken werden dann typischerweise zu Versuchen führen, die hinderliche Rechtsprechung durch Gesetzesänderung auszuhebeln (im konkreten Fall wurde dies im Entwurf eines Gesetzes zur Änderung des Strafvollzugsgesetzes vom 08.12.88, wenn auch erfolglos, versucht).

Wenn es der Landesjustizverwaltung hingegen Ernst ist mit der durch die Entscheidung gewonnenen Klarheit, dann wird sie in dem betreffenden Punkt ihre Verwaltungsvorschriften ändern und dadurch sicherstellen, daß weitere ähnliche Fälle auch ohne Antrag auf gerichtliche Entscheidung in gleicher Weise behandelt werden. Dies muß allerdings nicht heißen, daß in Zukunft alle Gefangenen in den Genuß der im Einzelfall erstrittenen Leistung kommen. Vielmehr kann die Anstalt u.U. Hinweise des Gerichts als Rezept dafür nehmen, wie in Zukunft gerichtliche Erfolge von Gefangenen verhindert werden können:

(Berlin 5) So hatte das Kammergericht in seiner Fernsehentscheidung angemerkt, daß im konkreten Fall "die Erlaubnis zur Benutzung eines eigenen Fernsehgerätes schon für den geschlossenen Vollzug erteilt worden ist und daß sie weder auf eine bestimmte Vollzugsanstalt beschränkt noch oder sonst mit einer Bedingung versehen worden war, bei deren Eintritt ihre Wirksamkeit enden sollte" (KG v.4.3.1986).

Die Vollzugsverwaltung nahm diesen Wink auf:

"Aufgrund der Ausführungen des Kammergerichts im Beschluß vom 04.März 1986 wurden und werden Genehmigungen zum Betrieb eines eigenen Fernsehgerätes gem. § 69 StVollzG nur noch zeitlich befristet und auf den örtlichen Bereich der jeweiligen Vollzugsanstalt beschränkt erteilt werden".

Auch werden aufgrund der Entscheidung eines Oberlandesgerichts im allgemeinen höchstens die Verwaltungsvorschriften des betreffenden Bundeslandes geändert, nicht aber die bundeseinheitlichen Verwaltungsvorschriften der Länder (wozu man sich im Strafvollzugsausschuß der Länder einigen müßte).

5.3. Renitente Verwaltungen und Gerichte

Auf die oben geschilderte Weise entsteht unterhalb des bundesweit geltenden Strafvollzugsgesetzes eine buntscheckige Landschaft mit unterschiedlicher, aber vom jeweils zuständigen Oberlandesgericht gebilligten, Praxis: bestimmte Lektüre ist einem Bundesland verboten, im anderen erlaubt (vgl. die Auseinandersetzung um den Ratgeber für Gefangene); der Besitz von Briefmarken ist in manchen Bundesländern eng und streng reguliert, in anderen völlig frei; in einem Bundesland (NRW) ist sogar der Hafturlaub aus dem geschlossenen Vollzug - entgegen der bundesrechtlichen Vorgabe von 21 Tagen - auf 12 Tage begrenzt. Je nachdem, wo ein Gefangener sich befindet, wird er es begrüßen oder verfluchen, daß in einer bestimmten Frage eine Vereinheitlichung nicht stattfindet. Aber der Gang zum Bundesverfassungsgericht unter Berufung auf den Gleichheitsgrundsatz hat bisher in dieser Hinsicht noch nichts gebracht. Der einzige rechtliche Mechanismus zur Vereinheitlichung der Rechtsprechung findet sich in § 121 Abs.II GVG, worin es im Hinblick auf Strafvollzugssachen heißt:

"Will ein Oberlandesgericht ... von einer nach dem 1.1.1977 ergangenen Entscheidung eines anderen Oberlandesgerichtes oder von einer Entscheidung des Bundesgerichtshofes abweichen, so hat es die Sache diesem vorzulegen".

Die klare Sprache des § 121 GVG darf nicht darüber hinwegtäuschen, daß es immer wieder vorkommt, daß vorlegungsbedürftige Fälle dem Bundesgerichtshof nicht vorgelegt werden. Die im Verwaltungsrecht diskutierte Frage einer Konsistenzsicherung der Rechtssprechung durch "Nichtvorlagebeschwerde" (vgl. zusammenfassend Treiber 1987, 330 ff) ist daher auch im Strafvollzug von aktueller Bedeutung. Manchmal nehmen sich Oberlandesgerichte die Mühe, ausdrücklich darzustellen, warum es im konkreten Fall einer Vorlage nicht bedarf. Manchmal gehen sie aber auch gar nicht auf diese Möglichkeit ein. Auch auf diese Weise kann der Rechtschutz von Gefangenen verkürzt werden.

Vier Fälle unserer Untersuchungsstichprobe haben allerdings letztlich zu drei solchen "Vorlagebeschlüssen" und damit zu Entscheidungen des Bundesgerichtshofes geführt. In zwei Fällen hatten die Gefangenen die weitreichende Bedeutung "ihrer" Entscheidung klar erkannt, während die Vollzugsverwaltungen zunächst keinen Anlaß zu Generalisierung sahen.

(Heilbronn 1) Hier hatte das OLG Stuttgart eine Rechtsfrage geklärt: "Die nach § 93 Abs. 2 StVollzG zulässige Inaspruchnahme des Hausgeldes durch Aufrechnung beschränkt sich auf die Fälle des § 93 Abs. 1 Satz 1 StVollzG". Die weitreichenden Folgen wurden jedoch noch 1988 von der Anstaltsleitung nicht gesehen: "Irgendwelche Konsequenzen aus dieser Entscheidung darf man nicht erwarten, da der behandelte Fall tatsächlich von ganz besonderer Seltenheit ist". Im Gegensatz rechnete G mit "weiteren Entscheidungen anderer Oberlandesgerichte", zu denen es in der Folge auch kam. Aufgrund eines Vorlagebeschlußes des OLG Celle entschied der BGH die Rechtsfrage schließlich im Sinne des OLG Stuttgart."

(Berlin 3) Hier hatte das LG Berlin 1987 und das KG Berlin 1988 festgestellt, der sogenannte "Türspion" dürfe von der Anstalt nur benutzt werden, wenn bestimmte Anhaltspunkte für Gefährdung der Sicherheit oder schwerwiegende Störung der Ordnung vorliegen. Von einem anderen Oberlandesgericht wurde die Frage später dem Bundesgerichtshof vorgelegt, der 1991 im Sinne des Kammergerichts entschied. Durch eine im Rahmen unserer Untersuchung angestellte Nachfrage stellte sich heraus, daß auch die JVA Berlin-Moabit solange mit der generellen Umsetzung der Entscheidung ihres eigenen Obergerichts gewartet hatte: "Die unterschiedliche höchstrichterliche Rechtsprechung in Sachen 'Sichtspion' hat uns jedoch erst nach Klärung der Rechtslage durch den BGH-Beschluß vom 8.Mai 1991 - 5 AR Vollz 39/90- Anlaß gegeben, sowohl bei Strafgefangenen als auch bei Untersuchungsgefangenen grundsätzlich auf die Benutzung von Sichtspionen zu verzichten, soweit nicht im Einzelfall die besondere Beobachtung angeordnet ist. Unsere zu besonderen Sicherungsmaßnahmen und gemeinschaftlicher Unterbringung ergangene Hausverfügung haben wir nach Prüfung und Behebung der organisatorischen Schwierigkeiten am 3. September 1991 der veränderten Rechtslage angepaßt. Hinsichtlich der damaligen Entscheidung hatten wir keine besonderen Erwartungen gehegt. Wir haben die Rechtsprechung in dieser Angelegenheit verfolgt und den oben genannten BGH-Beschluß umgesetzt".

In einem weiteren Fall (siehe oben 4.6) hielt der Anstaltsleiter seinen Widerstand gegen eine von ihm abgelehnte Entscheidung seines eigenen Oberlandesgerichtes so lange durch, bis der BGH ihm den Spielraum eröffnete, seine ursprüngliche Politik fortsetzen zu können.

Alle drei Beispiele illustrieren, daß der Vollzug bei der Implementation von Gerichtsentscheidungen sehr zurückhaltend sein wird, wenn dies seinen Interessen nicht entspricht. Die Fälle unterstreichen nochmals, wie sehr die Weiterentwicklung des Rechts im Bereich des Strafvollzuges von der Aktivität einzelner Gefangenen abhängt. Sie machen aber auch deutlich, wie sehr die generelle Implementation obergerichtlicher Entscheidungen vom guten Willen der Vollzugsverwaltungen abhängt.

6. Renitenz revisited

Als wir vor Jahren den Begriff der "renitenten Vollzugsbehörden" in die Welt gesetzt haben, hatte dies einen bewußt polemischen Zweck. Wir versuchten nicht nur die Behauptung vieler Gefangenen ernst zu nehmen, wonach Gerichtsentscheidungen durch die Anstalten mißachtet würden, sondern wir wollten mit der Benennung dieses Sachverhaltes ein sprachliches Gegengewicht gegen den im Justizjargon häufig vorkommenden "querulatorischen Gefangenen" schaffen. Als die Anstalten und Justizministerien die Existenz des Phänomens leugneten, erwies es sich als nötig den Begriff der "Renitenz" zu operationalisieren. Ausgehend von der Feststellung eines "mehr oder weniger langen" Zeitraums zwischen der Gerichtsentscheidung und ihrer Befolgung durch die Anstalt haben wir damals geschrieben:

> "Das konnte Renitenz bedeuten, mußte es aber nicht. Denn bei der gerichtlichen Verpflichtung zur Neubescheieung durch die Anstalt wird manchmal auch der Sachverhalt unter einem neuen Aspekt aufzuklären sein. Es ist daher auch nicht möglich, eine feste zeitliche Grenze dafür anzugeben, wann 'Renitenz' vorliegt. Für jeden Einzelfall mußten daher zusätzliche Kriterien herangezogen werden"[3]

Anhaltspunkte für Renitenz waren für uns damals neben der selten dokumentierbaren (und stets dementierbaren) ausdrücklichen Weigerung der Anstalt, Feststellungen von neutralen Dritten (Gerichten, Aufsichtsbehörden, Parlamenten), wonach die Verzögerung der Umsetzung eine vermeidbare gewesen war. Diese Operationalisierung versetzte uns in die Lage, den Beweis anzutreten, daß es Fälle von sachlich nicht gerechtfertigter Nicht- (bzw. Spät-) befolgung von Gerichtsentscheidungen gibt.

Dieses Vorgehen birgt jedoch die Gefahr einer unangebrachten Verdinglichung. Renitenz ähnlich wie Querulanz könnte als Eigenschaft von Personen verstanden werden, auch als eine besondere Art des Schimpfens. Mit derartigen Zuschreibungen mag sich die Psychiatrie beschäftigen. Uns geht es ausschließlich um eine soziale Tat-

---

3   Lesting/Feest, ZRP 1987, 391.

sache, die wir organisationssoziologisch zu erklären versuchen. Vor dem Hintergrund des hier ausgebreiteten Materials können wir sagen, daß die von uns früher dokumentierten Fälle von "Renitenz" Teil eines umfasenderen Phänomens sind, welches wir hier mit "Resistenz" bezeichnen. Der Strafvollzug, wie andere totale Institutionen erweist sich als relativ resistent gegen Veränderungen von außen. Die Anrufung der Gerichte im Einzelfall kann von der Institution in der Regel abgefangen, abgefedert werden, ohne daß es überhaupt zu einer abschließenden Gerichtsentscheidung kommt. Aber auch nach den relativ seltenen Gerichtsbeschlüssen, in denen Anstaltshandeln kritisiert und aufgehoben wird, bleiben den Anstalten zahlreiche Möglichkeiten, den "Schaden" zu vermeiden oder wenigstens zu begrenzen. Diese Resistenz gegenüber gerichtlichem Rechtsschutz darzustellen, zu analysieren und einige ihrer fatalen Konsequenzen aufzuzeigen ist in der vorliegenden Untersuchung unser Ziel. Demgegenüber tritt die Frage zurück, in welchen einzelnen Fällen der institutionell begründete Widerstand gegen Veränderungen einer besonderen polemischen Zurückweisung bedarf.

IV. Gefangenen-Portraits

Jedes methodische Vorgehen bringt auch Begrenzungen mit sich. In unserer Untersuchung sind wir von Fällen ausgegangen, die von Gefangenen vor Gericht gewonnen wurden. In den Hintergrund traten damit notwendigerweise solche Gefangene, die gar nicht oder selten die Gerichte bemühen bzw. denen der Rechtsweg keine Erfolge beschert hat. Dieses Vorgehen hat zum Teil ungeplante Konsequenzen, die uns nachträglich zu denken geben.

So enthält unsere Untersuchungs-Stichprobe keine einzige inhaftierte Frau. Bei 100 Fällen könnte dies noch Zufall sein, da Frauen nur etwa 3 Prozent der Inhaftierten ausmachen. Aber auch unsere gezielte Suche nach gerichtlichen Erfolgen von weiblichen Gefangenen ist für den Untersuchungszeitraum erfolglos geblieben. Liegt dies am "negativen Rechtsbewußtsein" (LAUTMANN 1980) von Frauen, welches sie eher nach außerrechtlichen Möglichkeiten der Konfliktbewältigung suchen läßt? Oder zeigt sich darin eher ihr "ohnmächtiger Umgang mit Machtstrukturen (KLEIN-SCHONEFELD 1978)? Unser Untersuchungsmaterial kann darauf keine Antwort geben.

Ähnliches gilt für Ausländer, die zum damaligen Zeitpunkt immerhin 10 Prozent der Strafgefangenen ausmachten. In unserer Untersuchungsstichprobe befindet sich ein einziger Ausländer. Ein Gespräch mit ihm hat ergeben, daß er einer der wenigen Einmal-Prozessierer in unserer Stichprobe ist. Er wurde, ganz zu Beginn seiner Haftzeit, von einem sehr kompetenten deutschen Mitgefangenen dazu bewogen, sich einer letztlich erfolgreichen Prozeßaktion (gegen Überbelegung von Zellen) anzuschließen. Dies blieb sein einziger Gang zu Gericht. Er komme "im allgemeinen gut mit Anstaltsleitung aus". Bedeutet dies, daß Ausländer weniger Probleme haben? Oder daß ihre Beschwerdemacht geringer ist? Oder daß sie vorsichtiger im Umgang mit der deutschen Obrigkeit sind (seien müssen)? Auch hierfür findet sich in unserer Untersuchung kein Anhaltspunkt.

Unser methodisches Vorgehen hat eine weitere, schwerwiegende Konsequenz: als "Fall" gilt in unserer Untersuchung das, was vom Gericht mit einem eigenen Aktenzeichen versehen wurde. Auf diese Weise waren wir in der Lage sowohl die Anstaltsleitung wie die Gefangenen nach der konkreten Umsetzung der spezifischen Gerichtsentscheidung zu fragen. Die Kehrseite dieses Vorgehens besteht jedoch darin, daß wir allenfalls zufällig etwas über den Kontext erfahren, in dem der einzelne "Gerichts-Fall" steht. Hat der gleichen Gefangene vorher oder nachher weitere Konflikte mit der gleichen Anstalt gehabt? Hat ein gerichtlicher Erfolg positive Auswirkungen auf künftige Beschwerden des gleichen Gefangenen? Kann man damit rechnen, daß die Anstaltsleitung oder die Aufsichtsbehörde künftige Beschwerden eines Prozeß-Gewinners ernster nimmt? Oder muß der Gefangene umgekehrt damit rechnen, daß die Anstalt versuchen wird, sich bei passender Gelegenheit für die erlittene "Niederlage" zu rächen?

Auf die zuletzt aufgeworfenen Fragen sind wir bei der Darstellung unseres Materials wenigstens hin und wieder zu sprechen gekommen. Allerdings hat die von uns gewählte mosaikartige Präsentation der verschiedenen Fälle in den verschiedenen Verfahrensstadien ein anschauliches Bild der Situation des einzelnen Gefangenen wohl eher verhindert. Wir möchten daher im Folgenden, die Darstellung unserer systematisch erhobenen Untersuchungsdaten durch Material ergänzen, welches sich im Strafvollzugsarchiv der Universität Bremen angesammelt hat. Es ist weitgehend unabhängig von unserer Untersuchung, in langjähriger Korrespondenz mit Gefangenen zustandegekommen. Die drei im folgenden widergegebenen Einzelfall-Studien ("Portraits") betreffen durchwegs Gefangene, die wiederholt gerichtlichen Rechtsschutz in Anspruch genommen haben. Sie gestatten es daher, erste vorsichtige Antworten zur Frage der Vor- und Nachteile des Mehrfachprozessierens zu geben. Ferner haben wir unter die Portraits gezielt je eine Frau und einen Ausländer aufgenommen, in der Hoffnung, dadurch die anderen erwähnten Lücken unserer Untersuchung ein wenig zu schließen.

1. Suad Krpo: Portrait eines Verlierers[1]

Im März 1987 erreichte das Strafvollzugsarchiv an der Universität Bremen ein Paket. Es enthielt einen Aktenordner und ein Begleitschreiben. Der Aktenordner enthält einen Teil des Schriftwechsels, den der Gefangene in den Jahren 1978-1987 mit deutschen Behörden geführt hat. Während die Zeit 1978-1983 nur relativ spärlich doku-

---

1   Die Urfassung dieses Textes stammt von Monika Ulrich.

mentiert ist, liegt für die Jahre 1984-1987 eine umfangreiche, wahrscheinlich ziemlich vollständige Korrespondenz vor.

In dem Begleitschreiben heißt es:

"Hiermit sende ich Ihnen meine Akte in der Hoffnung daß einiges daraus brauchbar ist und jemandem nützlich sein kann. Die Akten sende ich Ihnen über meine Betreuerin da ich dem Anstalt nicht traue. Entschuldigen Sie bitte, wenn der Inhalt nicht sortiert ist. Ich hatte immer dafür gesorgt, das bei Zellen Kontrollen, sich niemand leicht über meine vorgänge, ein übersicht verschaffen kann und daher ist in den Akten etwas Unordnung. Ich wollte es die tage sortieren kann ich mich aber nicht mehr konzentrieren. Der lange kämp hat mir nicht ausgemacht nur jetzt wo ich bescheid habe das ich am 3. April abgeschoben werde ist die ruhe weg. Ich hoffe Sie werden sich trotzdem da zurechtfinden (...). Na ja, ich Hoffe Sie können etwas aus meine Unterlagen gebrauchen und jemanden zu helfen. Wenn nicht weg schmeisen ist leicht.
Mit freundlichen Grüßen
(Gez. Suad Krpo)"

Wir wissen nicht viel über die Person Suad Krpo. Aus den von ihm übersandten Unterlagen ist zu entnehmen, daß er 1949 in Mostar geboren wurde und daß er jugoslawischer Staatsangehöriger war. Durch Urteil des Schwurgerichts Düsseldorf vom 21. 4. 1974 wurde er wegen Raubmordes zu lebenslanger Freiheitsstrafe verurteilt. Mit dem Strafvollzugsarchiv (welches auch erst seit 1983 existiert) hat er nach unseren Unterlagen nur einmal Kontakt aufgenommen. Er scheint aber im Besitz eines Alternativkommentars zum Strafvollzugsgesetz gewesen zu sein.

1.1. Ausländer im Gefängnis

Ausländer haben es im Gefängnis zumeist schwerer als Einheimische. Der härtere Vollzug beruht zum einen auf der Fremdheit der sozialen und kulturellen Situation (Kommunikationsprobleme, Speisegewohnheiten etc.). Zum anderen hat die regelmäßig zu erwartende Ausweisung Vorwirkungen im Vollzug (Versagung von Lokkerungen etc.). Auch dort wo keine akute Ausländerfeindlichkeit des Personals und der Mitgefangenen vorliegt, sehen sich ausländische Gefangene gegenüber Deutschen zurückgesetzt und diskriminiert.

Krpo beherrscht die deutsche Sprache nur unvollkommen; dennoch ist die sprachliche Verständigung nicht sein hauptsächliches Problem. Im Vordergrund steht der äußerst eingeschränkte Kontakt zur Außenwelt. Seine Familie (2 Brüder, 6 Schwestern, ein Vater - verstorben 1978) lebt in Mostar/Jugoslawien. Daraus resultiert, daß er (fast) keinen Besuchskontakt zu seiner Familie hat. Sein älterer Bruder besuchte ihn im Jahr 1982, der jüngere im März 1984. Krpo sagt von dem letzteren Besuch, daß sein Bruder ihm sehr fremd geworden sei, eine Unterhaltung sei nicht mehr zustande gekommen. Den Kontakt zu seiner Familie kann er folglich nur durch Briefe und (spärliche) Telefonate aufrecht erhalten. Auch innerhalb der Anstalt ist Krpo isoliert. Seine Kontakte beschränken sich auf den Anstaltspfarrer, auf einem jugoslawischen Betreuer der Caritas Mönchengladbach und auf gelegentliche Besuche von ehrenamtlichen Betreuern.

Da gegen ihn im Anschluß an die Strafe Abschiebungshaft angeordnet ist, sind Lockerungen nach den bundeseinheitlichen Verwaltungsvorschriften zu §§ 11, 13 StVollzG zwingend ausgeschlossen. Allerdings ist dies nur schwerlich mit dem Strafvollzugsgesetz vereinbar, worin sich keine derartige Regelung findet. Selbst Lebenslängliche können nach 10 Jahren Haftdauer Urlaubsanträge stellen (§ 13 Abs. 3 StVollzG), ohne daß das Gesetz zwischen Deutschen und Ausländern unterscheidet. Krpo beruft sich auf das Gesetz und beantragt nach exakt zehn Jahren Haftzeit Beurlaubung und Verlegung in den offenen Vollzug. Die Antwort der Vollzugsbehörde ist eindeutig negativ, die Begründung enthält Wertungen der Persönlichkeit des Betroffenen, die dieser als beleidigend empfunden haben dürfte:

"Aufgrund der gegen Sie angeordneten Abschiebungshaft muß hinsichtlich jeder Art von Lockerung bei Ihnen befürchtet werden, daß Sie sich einer weiteren Inhaftierung entziehen werden. Das ergibt sich aus Ihrer Persönlichkeit, die als bindungslos und realitätsfern anzusehen ist. Da Sie

überdies als Urlaubsanschrift ein Hotel angeben, kann auch nicht angenommen werden, daß die angestrebte Beurlaubung Ihrer Wiedereingliederung gilt."
(Justizvollzugsamt Köln, 12.4.1984)

Der Hinweis auf die "Wiedereingliederung" ist geradezu zynisch, wenn man bedenkt, daß bei abzuschiebenden Ausländern von Wiedereingliederung ohnehin keine Rede sein kann. Krpo läßt diesen Bescheid nicht auf sich beruhen und stellt dagegen Antrag auf gerichtliche Entscheidung. Leider ist der Fortgang des Verfahrens in seiner Akte nicht dokumentiert. Es ist jedoch davon auszugehen, daß auch die Gerichte ihm nicht zu Lockerungen verholfen haben. Sein Versuch am "normalen Leben" wenigstens ansatzweise teilzunehmen, war damit gescheitert.

Insgesamt gesehen vermittelt die Akte des Suad Krpo den Eindruck, daß er mit der zu bewältigenden Lebenssituation im Vollzug überfordert war, und daß er in besonderer Weise unter bzw. in dieser Institution litt. Dabei fühlte er sich nicht zuletzt auch wegen seiner ausländischen Herkunft diskriminiert:

"Seit hier Sozialarbeiter L. angefangen hat, habe ich, wegen meiner Herkunft Schwierigkeiten. (...) Hier terrorisiert er die, die keine familiären Bindungen hier in der BRD haben. Gegen ihn nutzt nicht beschwerde zu schreiben weil er den hiesigen Anstaltsleiter voll in seine macht hält."
(Suad Krpo, 12.5.1985)

Anstaltsleiter, Sozialarbeiter oder Bediensteten im Vollzug gelang es offensichtlich nicht, eine adäquate Beziehung zu ihm aufzubauen. Sie konnten ihm nicht das Gefühl vermitteln, daß sie ihm in vollzuglichen oder gar persönlichen Fragen helfen wollten oder konnten.

1.2. Rechtsweg als Ersatzkommunikation

Vom bestehenden Rechtsschutzsystem machte Krpo während seiner Haft regen Gebrauch. Die von ihm zur Verfügung gestellten Unterlagen dokumentieren insbesondere für die Jahre 1984 bis 1986 einen intensiven Schriftwechsel mit Gerichten und Behörden. Indirekt ist den Unterlagen zu entnehmen, daß er auch schon vorher versucht hat, eine vorzeitige Entlassung zu erreichen (mehrfache Gnadengesuche, Anträge gemäß § 456a StPO).

In keinem einzigen der von ihm angestrebten Verfahren ist es ihm gelungen, seine Rechtsauffassung durchzusetzen. Stets geht er aus diesen Verfahren als Verlierer hervor. Daher nimmt es nicht wunder, wenn Krpo von dem Gedanken beherrscht scheint, daß ihm Unrecht geschieht. Aus seinen Schriftsätzen spricht ein tiefes Mißtrauen gegenüber der Vollzugsverwaltung, welches durch jede weitere ablehnende Entscheidung bestätigt wird. Man muß sich Fragen, ob diese Entwicklung durch ein anderes Vorgehen hätte vermieden werden können.

Aus der Akte ist zu entnehmen, daß es häufig zu "Mißverständnissen" zwischen dem Inhaftierten und der Vollzugsanstalt gekommen ist. Den Entscheidungen in seiner Sache sind offenbar keine intensiveren Gespräche vorausgegangen, weshalb die Einschätzungen oft weit auseinandergehen. Dies kann an einem aufschlußreichen Beispiel aus dem Arbeits/Ausbildungsbereich demonstriert werden:

Vor seiner Inhaftierung hatte Krpo den Beruf des Kühltechnikers erlernt. Im Vollzug machte er sich zunächst vertraut mit dem Reparieren von Uhren. Dann nahm er ab 1983 an drei verschiedenen Fernlehrgängen (Oszilloskop-Labor, Fernseh-Labor, Mikroprozessor-Technik) eines Lehrinstitutes in Konstanz teil und fertigte erfolgreich die entsprechenden Lehrbriefe an. Krpo schreibt der Teilnahme und dem Abschluß dieser Lehrgänge große Bedeutung zu:

"Das Vollzugsziel ist erreicht worden durch meine Resozialisierungsbemühungen (Ausbildung), die mich befähigen, in Jugoslawien ohne Schwierigkeiten einen Arbeitsplatz zu finden" (Krpo, 4.8.1983).

"Ich habe das geschafft, was noch keinem gelungen ist - im geschlossenen Vollzug - 3 Elektronik-Lehrgänge - trotz sprachlicher Schwierigkeiten. Das beweist, daß ich nach den Anforderungen des StVollzG mehr als tadellose Führung habe." (Krpo, 10.12.1984).

Die Anstalt teilt diese Einschätzung überhaupt nicht, wie sich in einem späteren Rechtsstreit zeigt, bei dem es um von der JVA zu ge-

164

währende Leistungszulagen ging. Hier wurde das Niveau der der von Krpo absolvierten Lehrgänge von Mitarbeitern der JVA folgendermaßen beschrieben:

"Lehrinhalte und das Stoffquantum ... richten sich ... an Hobbyisten. Sie stellen in keinem Fall eine umfassende oder systematische Vorbereitung auf eine Abschlußprüfung vor einer Handwerks- oder Industrie- und Handelskammer dar, noch verleihen diese Kurse nach erfolgreichem Abschluß einen Berufsgrad (Leiter der JVA Willich, 29.4.85)."

Auch solche Stellungnahmen werden in nicht unbeträchtlichem Maße zum gegenseitigen Mißtrauen beigetragen haben. Dies gilt auch für den folgenden umfangreichen Vorgang, bei dem es Krpo darum ging, Einblick in die Anstaltsstellungnahme zu einem seiner Gnadengesuche zu erhalten. Sein Antrag wird unter Hinweis auf die Vertraulichkeit des Gnadenverfahrens (§ 7 GnONW) abgelehnt.

Krpo bemüht auch hier die Gerichte und trägt eine Reihe durchaus plausibler Argumente vor:

"Somit besteht die Gefahr, daß die Gnadeninstanz infolge von vollzugsinternen Mißverständnissen oder fahrlässig falschen Informationen sachlich unzutreffende Stellungnahmen erhält. Der Gnadenträger könnte aber seine möglicherweise ablehnende Entscheidung gerade auf Umstände stützen, die auf einer solcherart entstandene Stellungnahme seitens der Anstalt beruhen, ohne daß der Gefangene sich dagegen verteidigen kann."
(Suad Krpo, 27.7.1984)

Auch hier entscheidet die Strafvollstreckungskammer gegen ihn und seine Rechtsbeschwerde wird am 29.11.1984 vom Oberlandesgericht mit der formelhaften Begründung als unzulässig verworfen, daß

"es nicht geboten ist, die Nachprüfung des angefochtenen Beschlusses zur Fortbildung des Rechts oder zur Sicherung einer einheitlichen Rechtsprechung zu ermöglichen."

Unter diesem Umständen kann es Krpo kaum verwundert haben, daß auch das Gnadengesuch selbst letztlich abgelehnt wurde. Bemerkenswert ist allerdings auch hier die Begründung, die einen Zusammenhang zu seinem Arbeitsverhalten herstellt:

"Ein weiteres Gnadengesuch vor Ablauf einer Verbüßung von insgesamt 13 Jahren Haft erscheint wenig aussichtsreich, zumal der Verurteilte die Aufnahme ihm zumutbarer Arbeit beständig verweigert" (Gnadenstelle beim Landgericht Düsseldorf, 30.10.84).

Angesichts der oben erwähnten Ausbildungsbemühungen Krpos erscheint dies paradox. Jedenfalls erscheinen diese als naheliegender Anknüpfungspunkt für Gespräche mit dem Gefangenen. Wir wissen nicht, ob jemand sich jemals die Mühe genommen hatte, gemeinsam mit Krpo einen Vollzugsplan aufzustellen und auf einen bestimmten Entlassungszeitpunkt hinzuarbeiten. Dies hätte vielleicht die aufwendigen Gerichtsverfahren über mehrere Instanzen erspart. In dem Maße, in dem Krpo sich juristisch "sachkundig" macht, ersetzt jedoch die juristische Kommunikation mehr und mehr das zwischenmenschliche Gespräch. Dies wird gerade auch im folgenden Fall deutlich:

Im Januar 1986 kommt es zu Differenzen zwischen Krpo und einem Rechtspfleger des AG Remscheid. Krpo will von der gesetzlich vorgesehenen Möglichkeit Gebrauch machen, dem Rechtspfleger Rechtsbeschwerden zu Protokoll zu geben. Der tatsächliche Verlauf des Termins wird von den Beteiligten unterschiedlich geschildert. Der Rechtspfleger gibt an, mit dem Einverständnis Krpos zunächst die übrigen Gefangenen abgefertigt zu haben, da mit Krpos Antrag aufwendige Vorarbeiten verbunden gewesen seien. Während des Termins sei die Arbeit jedoch aufgrund des zusammenhanglosen Vortrags Krpos erheblich erschwert worden und sei dann letztendlich nicht zu Ende geführt worden, da Krpo den Raum schimpfend verlassen habe, um einen Besuchstermin wahrzunehmen.

Krpo hingegen fühlte sich von dem Rechtspfleger schikaniert und beschwerte sich dagegen beim Direktor des Amtsgerichts:

"Herr S. sagte mir sofort, das er keine Lust hat sich mit meinen Angelegenheiten zu beschäftigen weil ich gegen ihn Beschwerde geschrieben habe, und das er für mich das tun werde, was eben tun muß. (...) 13:45 wurde ich zum Besuch gerufen. Ich sagte Herrn S. das ich mich eben vertreten lassen muß wie anfang gesagt durch anderen Gefangenen (...). Darauf sagt mir Herr S.: Nur wenn Sie persönlich da bleiben schreibe ich. Vertretung durch Mitgefangenen ist unzulässig".

Einen Hinweis auf § 118 Rdnr. 7 AKStVollzG (wonach es im Rechtsbeschwerdeverfahren genüge, bei Verletzung des materiellen Rechts die "allgemeine Sachrüge" zu erheben und eine weitere Begründung entbehrlich sei) habe der Rechtspfleger gar nicht zur Kenntnis nehmen wollen. Stattdessen habe er sich über den Gefangenen lustig gemacht:

"Über die Tatsache, daß meine Anträge längst geschrieben wären, wenn er pflichtgemäß gearbeitet hätte, lachte er." (Krpo, 14.1.86)

Da der Direktor des AG Remscheid sich nicht veranlaßt sieht, aufgrund der Eingabe aufsichtsdienstliche Maßnahmen zu ergreifen, wendet Krpo sich an die Strafvollstreckungskammer. Dabei fällt auf, daß er inzwischen auch Eigenheiten der Gerichtssprache ("hiesige Rechtssprechung") übernommen hat:

"die Arbeit des Urkundsbeamten Herrn S. ist mit hiesiger Rechtssprechung nicht in Einklang zu bringen, (...)
Herr S. arbeitet gegen die hiesige Rechtssprechung in dem er andere Gefangene (Deutsche) vorzieht, obwohl ich als erster bei ihm war." (Krpo, 2.2.86)

Auch hier geht Krpo gegen die ablehnende Entscheidung der Strafvollstreckungskammer vor das Oberlandesgericht. Der Beschluß des OLG Hamm, der abschließend am 12.6.86 in dieser Sache ergeht, ist in der Akte nicht enthalten, wird jedoch von Krpo folgendermaßen kritisiert:

"Dem Urkundsbeamten ist glauben. Gefangene sind sowieso Verbrecher." (Krpo, 20.7.1986)

Der Rechtsweg über zwei Instanzen hat nichts bewirkt, nur alte Feindbilder bestätigt.

1.3. Fazit

"Ist ja viel leichter und bequemer inhaftierten Ausländern alles abzulehnen als überprüfen was und wie in Wirklichkeit hier läuft." (Krpo, 13.6.1984)

"Es kommt nicht darauf an, ob ich die Verfahren verloren werde oder nicht. Viel mehr geht es mir darum, den Beamten rausprovozieren das er von sich aus gegen mich Strafanzeige macht. In dem Fall mußte es zur Verhandlung kommen und da hätte beweise und Tatsachen zählen." (Krpo, 2.1.1984)

"Die zuständige Strafvollstreckungskammer ist Anstaltsfreundlich und deswegen kann mann, auch von da keine Gerechtigkeit erwarten (...)
Da ich auf unrecht gewarnt bin hätte ich weiter kämpfen in der Hoffnung das irgendwann den zuständigen auffallen wird das in JVA Willich Psychoterror herrscht." (Krpo, 12.5.1985)

Diese Zitate Krpos lassen Schlußfolgerungen auf seine Einstellung gegenüber Vollzugsanstalt und gerichtlicher Entscheidungspraxis zu. Krpo strebte mit seinen Verfahren in erster Linie eine Überprüfung der vollzugsinternen Gegebenheiten an. Er fühlte sich der Anstalt ausgeliefert, sah das Gericht als eine "höhere Instanz", die dem Geschehen in der JVA u.U. Einhalt gebieten könnte. Im Vordergrund steht für ihn also eine Verbesserung der Beziehungen Krpo - Vollzugsbedienstete. Eine positive Grundbeziehung, die - wenn auch nur ansatzweise - Voraussetzung für ein resozialisierendes Einwirken wäre, ist hier nicht vorhanden. Im Gegenteil, die Fronten verhärten sich immer mehr. Während Krpo unter dem Eindruck steht, daß ihm fortwährend Unrecht geschieht, fühlen sich Vollzugspersonal und - verwaltung möglicherweise von der Vielzahl der Eingaben über Gebühr belastet.

Suad Krpo betrieb während der Zeit seiner Inhaftierung eine Vielzahl von Verfahren an, wobei er schätzungsweise 20-mal Rechtsschutz vor Gerichten suchte, mindestens 9-mal von seinem Beschwerderecht Gebrauch machte, 3-mal das Petitionsrecht, 4-mal

Dienstaufsichtsbeschwerde in Anspruch nahm sowie 10 Gnadengesuche stellte. In keinem Fall konnte er sich jedoch mit seiner Rechtsauffassung durchsetzen. Ein Mißerfolg reihte sich für ihn insofern an
den nächsten.

Seine Eingaben werden häufig mit kurzen, stereotypen Wendun-
gen beantwortet wie: "Ihre gegen den Bescheid (...) gerichtete Dienstaufsichtsbeschwerde vom 23.11.1983 hat mir zu Maßnahmen der
Dienstaufsicht keinen Anlaß gegeben." (Justizminister NRW,
14.2.1984). Derart kurze Mitteilungen konnten bei Krpo nicht den
Eindruck erwecken, daß auf seine Situation adäquat eingegangen
wird. Sie gaben ihm vielmehr Anlaß zu glauben, seine Anliegen würden "vom Tisch gefegt".

Bei der Bearbeitung der Akte Krpo drängte sich immer wieder
die Frage auf, warum hier nicht im Vorfeld versucht wurde, die bestehenden Konflikte durch Gespräche zu lösen? Eine persönliche An-
sprache trägt sehr viel eher zur Befriedung, zum Abbau von Aggres-
sionen und zur Klärung des sachlichen Anliegens bei. Eine Art
Schlichtungsinstanz, die eine einvernehmliche Konfliktlösung angestrebt hätte, wäre hier hilfreich gewesen. Statt dessen fanden hier
Scheingefechte statt, die Suad Krpo letztendlich auch resignieren ließen.

2. Jeanette Roberts: Portrait einer Widerspenstigen[2]

Jeanette Roberts ist eine der ganz wenigen Frauen, die uns im Zusammenhang mit gerichtlichem Rechtsschutz im Gefängnis überhaupt bekannt wurden. Ihre Auseinandersetzung mit den bayerischen Vollzugsbehörden wurde zunächst durch die Berliner Gefangenenzeitung "Durchblick" publik gemacht. Auf diese Weise erfuhren auch wir von ihren Aktivitäten, ohne daß ein direkter Kontakt zustandegekommen wäre. Nach ihrer Entlassung suchte Jeanette Roberts von sich aus das Strafvollzugsarchiv an der Universität Bremen auf und übergab uns einen Leitzordner mit Material. Dessen Auswertung und eine längere Korrespondenz mit ihr ist die Grundlage für die folgende Darstellung.

2.1. Kontext der Auseinandersetzung

Jeanette Roberts war durch Urteil des Landgerichts Traunstein vom 10.1.1985 (2 KLs 15 Js 19659/84) zu 2 Jahren Freiheitsstrafe verurteilt worden. Nachdem sie 3 Monate in Untersuchungshaft gesessen hatte, trat sie Mitte Januar 1985 ihre Strafhaft in der Justizvollzugsanstalt Aichach an. Ihr am 2.12.1985 eingereichter Antrag auf Aussetzung des letzten Drittels dere verhängten Freiheitsstrafe zur Bewährung (§ 57 Abs. 1 StGB) wurde "im Hinblick auf die Führung der Verurteilten und die Nichterreichung des Vollzugsziels weder von der JVA Aichach noch von der Staatsanwaltschaft befürwortet"[3]. Die zuständige Strafvollstreckungskammer des Landgerichts Augsburg lehnte den Antrag mit einer Sperrfrist von 6 Monaten (§ 57 Abs. 5 StGB) ab:

"Einer hierfür erforderlichen günstigen Zukunftsprognose steht die Einstellung und das Verhalten der Verurteilten im Vollzug entgegen. Die Verurteilte ist dem Gericht seit längerer Zeit aus zahlreichen mehr oder weniger sinnvollen Anträgen auf gerichtliche Entscheidung und einstweilige Anordnung nach §§ 109 ff StVollzG bekannt. Sie steht in Korrespondenz mit zahlreichen männlichen Schwerkriminellen ... und tauscht mit diesen Gedankengut aus, das der

---

2   Dieser Text stammt von Wolfgang Lesting.

3   vgl. Beschluß des LG Augsburg - Aichach StVK 24/86 v.23.1.1986.

Untergrabung der Autorität des Anstaltspersonals dient und dem Vollzugsziel des § 2 StVollzG zuwiderläuft und schon wiederholt zu Beanstandungen Anlaß gegeben hat'"[4].

Angesichts der "fest verwurzelten rechtsfeindlichen Gesinnung und Ablehnung der bestehenden Rechtsordnung" sei kein Anhaltspunkt für die Erreichung des Vollzugsziels gegeben.

Die gegen diesen Beschluß eingelegte sofortige Beschwerde wurde vom Oberlandesgericht München[5] als unbegründet verworfen, weil "bei einer Heroinabhängigen eine Strafaussetzung zur Bewährung nur dann in Betracht käme, wenn es ihr gelinge, einen Therapieplatz zu finden und sie bereit wäre, sich dorthin zu begeben."

Diese Begründung ist vielleicht weniger deshalb interessant, weil Jeanette Roberts angibt, sie sei zum damaligen Zeitpunkt bereits seit Jahren drogenfrei und deshalb nicht therapiebedürftig gewesen, was wohl auch von der Anstalt so gesehen worden sei, da ihr nie eine Therapie vorgeschlagen wurde, sondern eher weil das Oberlandesgericht ergänzend zu seiner Begründung ausführt, daß es

"auf alle anderen, von der Strafvollstreckungskammer angeführten Gründe nicht mehr ankomme" (OLG München a.a.O.).

Unmittelbar nach Ablauf der sechsmonatigen Sperrfrist beschloß die Strafvollstreckungskammer[6] die Aussetzung der Reststrafe zur Bewährung. Zur Begründung heißt es in dem Beschluß:

"Ihre (Jeanette Roberts; W.L.) im ersten Halbjahr unannehmbare Führung im Vollzug hat sie inzwischen aufgegeben und verhält sich zumindest nach außen ordentlich."

---

4   Beschluß des LG a.a.O.

5   2 Ws 169/86 v. 19.2.1986.

6   Beschluß v. 24.7.1986 - Aichach StVK 24/86.

Damit kam der zuständige Strafvollstreckungsrichter P zwar zu einem anderen Ergebnis als noch vor einem halben Jahr, er wiederholte aber - ungeachtet des OLG Beschlusses - sein maßgebliches Kriterium für die Entlassungsprognose nach § 57 Abs. 1 StGB. Auf die Begründung des richterlichen Beschlusses angesprochen antwortete uns Jeanette Roberts in einem Brief vom 11.7.1991, daß es einen "Deal" mit dem zuständigen Strafvollstreckungsrichter P gegeben habe. Als sie circa 2 1/2 Monate vor dem Endstrafenzeitpunkt zum ersten Mal (Entlassungs-)Urlaub beantragt habe, sei sie zu P gerufen worden, der ihr folgenden Vorschlag unterbreitet habe:

> "Wenn ich bereit sei, alle (laufenden) Anträge (auf gerichtliche Entscheidung) fallenzulassen, dann würde er dafür sorgen, daß ich in zwei Tagen entlassen werde. Da ich selbst gelesen hatte, daß die Anträge mit Entlassung verfallen, habe ich sie zurückgezogen und wurde Hals über Kopf entlassen."

Welche dieser Darstellungen der Wahrheit näher kommt, soll im Folgenden untersucht werden.

2.2. Beginn der Auseinandersetzung

Aus dem uns übergebenen Material - einem Leitzordner mit Durchschlägen bzw. Originalen von Dienstaufsichtsbeschwerden, Petitionen, Anträgen auf gerichtliche Entscheidung, Anhalteverfügungen der Anstalt, gerichtlichen Beschlüssen, Schriftwechsel mit der Strafvollstreckungskammer und Anwälten, Korrespondenz mit Gefangenen, Gefangenenzeitschriften, kriminalpolitisch aktiven Initiativen und Einzelpersonen etc. - läßt sich nicht genau rekonstruieren, wann das von Strafvollstreckungsrichter P kritisierte unbotmäßige Vollzugsverhalten von Jeanette Roberts begonnen hat. Auf jeden Fall wehrte sie sich schon in der U-Haft mit dem Rechtsschutzmittel der Dienstaufsichtsbeschwerde gegen eine Maßnahme der Anstalt:

> "Ich machte mir zwar keine großen Illusionen, daß eine Dienstaufsichtsbeschwerde tatsächlich etwas bewirken würde, aber ich fühlte mich so ungerecht behandelt, daß ich einfach 'etwas tun mußte'. Meine beruflichen Kenntnisse (Fremdsprachensekretärin) waren mir dabei sehr hilf-

reich und daß es Dienstaufsichtsbeschwerden auch im Vollzug geben muß, das erschien mir als gegeben" (Brief vom 11.7.1991).

Nach der Überführung in die Strafhaft dauerte es immerhin mehr als 4 Monate, bis Jeanette Roberts weitere Dienstaufsichtsbeschwerden erhob. Dabei mußte sie allerdings die Erfahrung machen, daß in ihren Fällen mit diesem Rechtsmittel keine Autorität außerhalb der Anstalt angerufen werden konnte. Ihre an den Bayerischen Minister der Justiz gerichteten Dienstaufsichtsbeschwerden gegen einzelne Bedienstete der Anstalt wurden von diesem zuständigkeitshalber "an den Vorstand der JVA zur weiteren Sachbehandlung in eigener Zuständigkeit" zurückverwiesen bzw. die Anstalt sah aus diesem Grunde später "von einer Übersendung der Dienstaufsichtsbeschwerde an den Herren Staatsminister der Justiz" ab[7]. Während Jeanette Roberts noch ablehnende Bescheide auf ihre allesamt erfolglosen Dienstaufsichtsbeschwerden erhielt, hatte sie

"von einer Mitgefangenen, die kurz nach meinem Eintreffen entlassen wurde, ein Poster mit aufgezeichnetem Rechtsschutzweg erhalten. So erfuhr ich, daß es überhaupt möglich war, gegen Anstaltsentscheidungen gerichtlich vorgehen zu können" (Brief v. 11.7.1991).

Über den Einsatz der neuentdeckten Rechtsschutzmöglichkeiten entwickelte Jeanette Roberts bald genaue Vorstellungen:

"Dienstaufsichtsbeschwerde erfolgte gegen persönliche Übergriffe von Bediensteten, Antrag auf gerichtliche Entscheidung im Fall von Rechtsverletzungen, Petitionen, wenn es um Dinge ging, die auch andere Gefangene betreffen" (Brief v. 11.7.1991).

In der Folgezeit stellten für Jeanette Roberts besonders die Behinderung ihrer Außenkontakte Rechtsverletzungen dar. Sie hatte in der Anstalt nämlich zwischenzeitlich nicht nur eine umfangreiche

---

7 Bescheide des Regierungsdirektors D. v. 25.6.1985 und der Regierungsdirektorin Dr. M. v. 18.9.1985.

Korrespondenz ("50 - 60 Briefe/Monat") mit zahlreichen einschlägig bekannten Gefangenen, den GRÜNEN, und der Gefangenenorganisation Solidarität etc. angefangen, sondern auch - neben Strafvollstreckungskammerbeschlüssen und Anhalteverfügungen - eigene Artikel in Gefangenenzeitschriften veröffentlicht, in denen sie sich in sehr kritischer Weise mit dem Strafvollzug in Aichach auseinandersetzte. Den Gipfel dieser "Öffentlichkeitsarbeit", mit der "meine Reputation ihren Lauf nahm", stellten Aufrufe in der Tageszeitung, den Gefangenenzeitschriften Haberfeld und Durchblick sowie dem Kölner VolksBlatt dar, Jeanette Roberts zu schreiben "und die übereifrige Zensurinstanz in Aichach weiter auf Trab zu halten".

2.3. Eskalation

Die Anstalt hatte auf diese Aktivitäten mit einer Vielzahl von Anhalteverfügungen und Schreibverboten - im Ordner befinden sich 78 Bescheide für den Zeitraum vom 5.8.1985 bis 3.6.1986 - reagiert. Die Anträge auf gerichtliche Entscheidung von Jeanette Roberts standen fast alle im Zusammenhang mit diesen Anhalteverfügungen und Schreibverboten[8] . Dabei ging sie nicht generell gegen jeden negativen Bescheid der Anstalt vor, sondern beschritt nur ausnahmsweise den Weg zum Gericht:

"Vor allem wollte ich vermeiden, daß das Amtsgericht (P) den Eindruck bekäme, ich prozessiere nur um des Spaßes wegen. So ging ich nur gegen die Anhalteverfügungen/Kontaktsperren vor, von denen ich sicher war, daß sie unzulässig waren ... Viele von den Anhalteverfügungen waren Auszüge aus der TAZ oder Briefe von Menschen, die ich nicht kannte, und so nicht wußte, ob der Inhalt der Briefe "zulässig" war oder nicht, z.B. im Fall von D war ich sicher, daß er nie etwas schreiben würde, was eine Anhaltung nach sich ziehen könnte (...). Ich wollte eben keine Querulantin sein und wehrte mich nur, wo ich sicher war, daß das Gesetz gebrochen wurde" (Brief v. 11.7.1991).

---

8   Sie betrafen jeweils einmal die Weiterleitung der Post, den Briefmarkeneinkauf, die Bestellung von Büchern, das Kopftuchtragen bei der Essensausgabe, ansonsten nur Schriftwechselverbote, Klagen gegen Anhalteverbote und andere "Zensurverfügungen".

Ebenso wie bei ihren Dienstaufsichtsbeschwerden war Jeanette Roberts auch mit ihren 14 Anträgen auf gerichtliche Entscheidung erfolglos. Aber nicht nur die gerichtlichen Niederlagen selbst, sondern auch die Art und Weise des Scheiterns ihrer Rechtsschutzbemühungen sind bemerkenswert. Dies läßt sich bereits am Beispiel ihres ersten Versuchs, gerichtlichen Rechtsschutz in Anspruch zu nehmen, verdeutlichen:

"Mit am 12.8.1985 beim Amtsgericht Aichach eingegangenen Anträgen auf Erlaß einer einstweiligen Anordnung und gleichzeitig auf gerichtliche Entscheidung vom 7.8.1985 wendet sie sich gegen einen Bescheid des Leiters der JVA Aichach vom Juli 1985, in dem nach ihrer Behauptung die Weiterleitung von an Samstagen ein- und ausgehender Post betreffend ihre Person abgelehnt und sie dadurch in ihren Rechten auf "Aufrechterhaltung kontinuierlicher sozialer Kontakte" verletzt sei, da die Anstalt gem. § 30 StVollzG ein- und ausgehende Schreiben unverzüglich weiterzuleiten habe. Die JVA Aichach hat am 9.8.1985 Stellung genommen und hält die Anträge für unzulässig, da ein beschwerdefähiger Bescheid betreffend die Regelung der Weiterleitung ein- und ausgehender Post der Antragstellerin vom Juli 1985 nicht existiere, allenfalls im Rahmen eines unverbindlichen Gesprächs in einer Sprechstunde im Juli 1985 das Thema der Weiterleitung von Post an Samstagen besprochen worden sei"[9].

Es ist hier weniger die generelle Unkenntnis des Strafvollzugsrechts als vielmehr die Praxis der Vollzugsbehörden, mit grundsätzlich bloß mündlicher Bescheidung die anfechtbare Maßnahme und damit den Streitgegenstand zu vernebeln, die Jeanette Roberts scheitern läßt:

"Sowohl der Antrag auf gerichtliche Entscheidung als auch auf einstweilige Anordnung sind unzulässig und zu verwerfen, da keine die Antragstellerin beschwerende Regelung eines Einzelfalles auf dem Gebiet des Strafvollzuges gem. §§ 109ff, 114 II StVollzG vorliegt. Nach der Stellungnahme der JVA Aichach, der insoweit zu folgen ist, besteht kein entsprechender nach §§ 109ff StVollzG angreifbarer Bescheid des Leiters der Justizvollzugsanstalt Aichach oder

---

9   Aichach StVK 385/386/85 S. 2.

eines Bevollmächtigten vom Juli 1985, sondern wurde der Antragstellerin im Rahmen eines Gesprächs erklärt, daß und warum an Samstagen eine Weiterleitung der Post nicht erfolgen könne. Einem solchen Gespräch fehlt der Regelungscharakter und das hoheitliche Handeln der Anstaltsleitung zur Regelung eines Einzelfalls. Die Antragstellerin macht nicht geltend, daß in einem konkreten Fall ihre Postsendungen an einem Samstag nicht weitergeleitet worden seien.[10]

Auch der Versuch von Jeanette Roberts, in einem weiteren gerichtlichen Verfahren die Lehren aus der ablehnenden Begründung der Strafvollstreckungskammer zu ziehen, schlugen fehl: Am 23.9.1985 beantragte sie u.a. "gem. § 113 Abs. 3 StVollzG festzustellen, daß es rechtswidrig war, meinen am 16.9.85 abgegebenen Brief erst am 17.9.85 zur Post weiterzubefördern". Nach der Strafvollstreckungskammer war der gestellte Feststellungsantrag unzulässig, da

"die Weiterleitung von Schreiben von Gefangenen in Form der Vermittlung von ein- und ausgehenden Schreiben keine Einzelmaßnahme auf dem Gebiet des Strafvollzugsrechts darstellt und auch nach der Behauptung der Antragstellerin, der Brief sei erst am Tag nach der Übergabe durch sie seitens der Anstalt weitergeleitet worden, keine vorübergehende Anhaltung nach § 31 StVollzG zu sehen ist, was allenfalls eine die Antragstellerin beschwerende Einzelmaßnahme auf dem Gebiet des Strafvollzugs darstellen könnte".[11]

Rechtsbeschwerden zum Oberlandesgericht München hat Jeanette Roberts nicht erhoben.

"Das rechtliche know-how hätte mir sicherlich gefehlt. Ich wußte einfach nicht, ob die Entscheidungen rechtlich begründet waren oder nicht und wie ich gegen sie vorgehen (Begründung) sollte ... Es war schwierig, an juristisches Material heranzukommen."

---

10   Aichach StVK 385/386/85 S. 3.

11   Aichach StVK 458/85 S. 3f.

Außerdem befürchtete sie - zunächst noch in der Hoffnung auf eine positive 2/3-Entscheidung -, daß

"die Anstalt sowie das Gericht alle nur möglichen Verzöge-
rungstaktiken anwenden würde, was hieße, daß ich bis zur
Entlassung (...) mit Sicherheit keinen Beschluß des OLG
München erhalten würde, und so wie mir gesagt wurde,
ich für die Kosten nach der Entlassung aufkommen müßte
(...), wenn die Anträge "verfallen" würden" (Brief v.
22.8.1991).

2.4. Ein unseliger Kreislauf

Negativer als diese rechtlichen Schwierigkeiten haben sich für Jeanette Roberts sicherlich die frühen Etikettierungen als Querulantin
ausgewirkt. Bereits in einer Stellungnahme der Anstalt vom
12.11.1985 wird ihr Verhalten als querulatorisch ausgelegt[12] und zu
ihrem gerichtlichen Antrag, den Anstaltsleiter anzuweisen, eine an-
gehaltene Briefbeilage weiterzuleiten, führt die Anstalt aus:

"Der Antrag der Gefangenen erscheint bereits unzulässig,
da es an einem Rechtsschutzbedürfnis der Ast. fehlt. Sie
verfolgt mit ihrem Antrag ausschließlich "prozeßfremde
Zwecke". Es geht ihr keinesfalls darum, eine etwaige Verletzung ihrer Rechte geltend zu machen, sondern sie verfolgt ausschließlich das Ziel, die Justiz mit querulatorischen
Anträgen zu belasten"[13].

Fortan wird in den Schriftsätzen bzw. Beschlüssen der Anstalt und
Gericht nicht nur mehr oder weniger deutlich diese Etikettierung
wiederholt, sondern in den ablehnenden Begründungen immer wieder auf das "bekannte Persönlichkeitsbild"[14], "labil und zum Widerspruch neigend"[15] und die mit ihr "gemachten Erfahrungen"[16] ver-

---

12   Schriftsatz zum Verfahren Aichach StVK 458/85.

13   Schriftsatz der Anstalt v. 4.2.1986 zu Aichach StVK 507/85 (2).

14   Aichach StVK 507/85 (7) S.4; Aic StVK 458/85 S. 5.

15   Aichach StVK 425/85 S. 5.

wiesen. Dabei werden Jeanette Roberts vor allem ihre "bedenkliche Einstellung zu Staat, Justiz und insbesondere Strafvollzug, die weitestgehend von ihr abgelehnt werden" sowie "ihr umfangreicher Schriftverkehr mit zahlreichen männlichen Strafgefangenen aus anderen Justizvollzugsanstalten und das mit diesen Personen ausgetauschte Gedankengut, das großenteils der Untergrabung der Autorität des Anstaltspersonals und der Aufwiegelung anderer Strafgefangener dient"[17], aber auch ihre "zahlreichen Verfahren nach §§ 109ff StVollzG[18] vorgehalten.

Nach dieser Etikettierung geht es in den sich anschließenden gerichtlichen Auseinandersetzungen auffällig wenig um den Streitgegenstand selbst, vielmehr wird von Anstalt und Gericht jede Auseinandersetzung zum Grundsatzkonflikt um das Vollzugsverhalten von Jeanette Roberts hochstilisiert. Für Jeanette Roberts kommt hinzu, daß

"zu keiner Zeit von der AL versucht wurde, mit mir über die diversen Angelegenheiten zu sprechen. Während der gesamten Haftzeit in Aichach hatte ich drei Begegnungen mit AL Herrn D und eine mit Herrn L, einem Juristen, der ausschließlich meine Anträge bearbeitete. Diese fanden statt im Rahmen des wöchentlichen "Rapports", wobei interne "Übertretungen" mit Einschluß- und/oder Einkaufssperre geahndet werden. Diese Begegnungen währten ca. 2 Minuten, wobei mir lediglich meine "Untat" sowie die Strafe mündlich übermittelt wurden." (Brief v. 22.8.1991).

Aber auch das Beschwerdeverhalten von Jeanette Roberts eskalierte. Hatte sie zu Beginn ihrer Inhaftierungszeit die Maßnahmen der Anstalt noch klaglos hingenommen und mit einem gewissen Erstaunen auf die ersten Auseinandersetzungen reagiert[19], so wird jetzt von der

---

16   Aichach StVK 507/85 S. 4; Aic StVK 507/85 (4) S. 5.

17   Aichach StVK 507/85 (7) S.4; vgl. auch Aichach StVK 458/85 S. 5.

18   Aichach StVK 425/85 S. 8).

19   Zur Anhaltung eines angeblich beleidigenden Briefes konstatiert sie: "Da ich es nicht für möglich hielt, daß in 1985 solch eine Äußerung "angehalten" werden kann, betrat ich den gerichtlichen Weg".

Anstalt in einem Schriftsatz an die Strafvollstreckungskammer folgende Äußerung von Jeanette Roberts wiedergegeben:

"(...) ich hatte da ne' Fußnote geschrieben, die angeblich grob beleidigend war. Dieser Meinung bin ich nicht und da mir das nun doch zu dumm wird, werd ich sie auch wieder Stellungnahmen ans Gericht schreiben lassen. Wenn sie partout keine Ruhe geben wollen, dann sollen sie ihren Streß auch haben, mir solls recht sein (...) ich lasse ihnen nichts durchgehen. Die Auseinandersetzung ist mir heilig, weil es das Einzige ist, womit ich ihnen auf die Nerven gehen kann"[20].

Jeanette Roberts rebelliert nicht nur gegen die besonders restriktiven Bedingungen einer bayerischen Frauenstrafanstalt, sondern - nach ihren eigenen Angaben - auch gegen das Frauenideal des Anstaltsleiters und seiner Untergebenen, was in Aichach durchgesetzt werden solle:

"Liebe zur Hausarbeit, Handarbeit, Topfpflanzen, Nettigkeit, Willigkeit, Bedürfnislosigkeit" (so die Charakterisierung des Frauenstrafvollzugs in Aichach in einem Leserbrief der TAZ v. 4.7.1991, dem sich Jeanette Roberts in ihrem Brief v. 22.8.1991 "voll anschließt").

Ihre verstärkten Außenkontakte zu anstaltsbekannten "Querulanten" und "subversiven" Gruppen und Organisationen, mit denen sie ihre Rechtskompetenz steigern und ihre Isolation verringern kann[21], bestätigen die Anstalt nur in ihrem Bild von der aufsässigen Gefangenen und fordern verstärkte Sanktionierung heraus.

Am 14.7.1986 - also 10 Tage vor der überraschenden Entlassung von Jeanette Roberts - beschreibt ihr Anwalt, Dr. H. aus München; die Situation in einem Schriftsatz an die Strafvollstreckungskammer wie folgt:

---

20 zit. nach Schriftsatz der JVA v. 4.2.1986 zu Aichach StVK 507/85 (2) S. 2

21 So formuliert der Strafgefangene D. in einem Brief vom 25.9.1985 Anträge auf gerichtliche Entscheidung vor, welche von Jeanette Roberts auszugsweise in dem Verfahren Aic StVK 507/86 (6) verwendet werden.

"Die Verwechslung äußerer Anpassung an die Bedingungen des Strafvollzugs mit einer vermeintlich gelungenen Resozialisierung ist es, die die Anstalt auf Eingaben und Beschwerden so hilflos und (...) geradezu aggressiv reagieren läßt, gerade weil Eingaben und Beschwerden von vielen Gefangenen als das letzte Reservat angesehen werden, die eigene Persönlichkeit vor dem totalen Zugriff der Institution zu bewahren. Die Anstalt muß sich nicht wundern, daß Versuche, den Gefangenen machtmäßig zu brechen, ihn zum freiwilligen Verzicht auf seine letzten Rechte zu drängen, dazu führt, daß sich die Auseinandersetzung zwischen institutioneller Macht und sich steigernder Oppositionshaltung des Gefangenen, der sich an seinen formalen Rechten festklammert, gegenseitig hochschaukelt. Man sollte es sich doch einmal überlegen, ob nicht ein anderer Umgang mit der Gefangenen, der mehr auf eine posiive Förderung als auf das Brechen der Persönlichkeit dieser Gefangenen ausgerichtet ist, hier womöglich den Vollzugszielen nähergeht als dieser unselige Kreislauf von sich verstärkender Repression einerseits und einer verstärkten Beschwerdetätigkeit der in ihren Rechten und in ihrem Rechtsbewußtsein getroffenen Gefangenen andererseits."[22]

Wahrscheinlich wurde die Eskalation auch dadurch bewirkt, daß Anstalt und Gericht mit einem Schulterschluß reagierten: Durch die Austauschbarkeit ihrer Formulierungen und die Identität der ablehnenden Begründungen mußten sie auf Jeanette Roberts wie ein monolithischer Block wirken. Aber auch die formale Bearbeitung der Anträge auf gerichtliche Entscheidung verschlechterte sich: So vergrößerten sich die Zeiträume zwischen Antragstellung und gerichtlicher Entscheidung zusehends, wobei die Verzögerungen zunächst zwischen der Aufforderung des Gerichts zur Stellungnahme und der Antwort der Anstalt eintraten (schließlich 2 - 4 Monate), während gleichzeitig der Gefangenen bzw. ihrem Rechtsanwalt Fristen von 3 oder 4 Wochen gesetzt wurden.

Der Richter P ließ von den 14 Anträgen auf gerichtliche Entscheidung 6 unentschieden, obwohl die Verfahren bereits bis zu 9 Mona-

---

22 Schriftsatz in Sachen Aichach StVK 507/85 (9/10).

ten anhängig waren und traf lediglich eine Kostenentscheidung, nachdem Jeanette Roberts wegen der beabsichtigten Entlassung ihre Anträge zurückgenommen hatte. Ob es der Druck dieser unerledigten Verfahren war, der P über die Frage der vorzeitigen Entlassung verhandlungsbereit machte, kann nicht geklärt werden. Schließlich wäre auch durch die Entlassung nach Verbüßung der Endstrafe am 9.10.1986 - also 2 1/2 Monate später - Erledigung eingetreten. Vielleicht war aber auch der Konflikt soweit eskaliert, daß nur die vorzeitige Entlassung als Lösung erschien. Schon der Rechtsanwalt hatte in dem oben genannten Schriftsatz diesen Lösungsweg aufgezeigt:

"Die Anstalt sollte, wenn es ihr mit der Resozialisierung Ernst ist, aufhören, sich mit der Gefangenen Roberts auf diesen ständigen Machtkampf einzulassen, sondern dafür sorgen, daß diese alsbald entlassen wird, damit sie sich unter normalen Verhältnissen wieder sozial integrieren kann."

Die Begründung des Entlassungsbeschlusses jedenfalls war, wie sich aus den Zeitpunkten der Anhalteverfügungen (s.o.) ergibt und wie auch aus der oben zitierten Stellungnahme des Rechtsanwalts ersichtlich, "paradox, denn gerade zu diesem Zeitpunkt lief mein "Kampf" auf Hochtouren" (Brief v. 11.7.1991).

2.5. Fazit

Jeanette Roberts hat vor Gericht nie gesiegt. Sie aber deshalb als (Rechtsschutz-) Verliererin zu kennzeichnen, wäre verkürzt. Immerhin ist es ihr gelungen, ein Netzwerk von Unterstützern und eine kritische Öffentlichkeit für Auseinandersetzungen zu mobilisieren, für die normalerweise keine Lobby zu finden ist. Allerdings sind ihr diese Erfolge eher gegen das Rechtsschutzsystem als mit dessen Hilfe gelungen. Ob darüber hinaus die plötzliche Aufmerksamkeit, die dem sonst so ruhigen Frauenstrafvollzug zuteil wurde, in Aichach etwas veränderte oder möglicherweise nur zur vorzeitigen Entlassung beigetragen hat, kann allerdings nicht beantwortet werden.

Das Fazit von Jeanette Roberts zum Rechtsschutz selbst aber ist niederschmetternd:

"In Aichach zumindest gibt es keinen Rechtsschutz! Es wird verhindert, daß Frauen überhaupt erfahren, daß Anträge auf gerichtliche Entscheidung gestellt werden können ... Frauen, denen ich half, Anträge zu stellen, wurden unter Druck gesetzt ... 95 % wüßten nicht einmal, wie sie einen Brief schreiben müßten, selbstwenn sie wollten ... Für mich als erwiesen gilt, daß Richter P Hand in Hand mit der AL gegen die Insassen arbeitet und zwar in einem Ausmaß, welches an konspirative, kriminelle Machenschaften grenzt, gegen die der Gefangene absolut keine Chancen hat.
Fazit: Ich hatte Glück, daß ich aufgrund meiner Bildung in der Lage war, mich zu wehren, und die Gesetzesverstöße zu erkennen. Von Seiten der Anstalt wurde alles Mögliche unternommen, um Rechtsmaterial von mir fern zu halten, und mich durch konstante Unterdrucksetzung von meiner Rechtswahrnehmung abzuschrecken" (Brief v. 11.7.1991).
"Jedoch ... in der BRD existiert ein Strafvollzugsgesetz und dies muß genauso befolgt werden, wie der Staat die Befolgung der Gesetze von seinen Bürgern verlangt" (Brief v. 22.8.1991).

3. Rolf Dewit: Portrait eines Pyrrhus-Siegers[23]

Wir kennen diesen "Fall" genauer als manchen anderen der von uns dokumentierten. Denn der betreffende Gefangene, Rolf Dewit, hatte sich schon 1984 an das Strafvollzugsarchiv gewandt. Daraus ergab sich eine Korrespondenz, die bis zu seiner Entlassung fast fünf Jahre dauerte und einen dicken Leitz-Ordner umfaßt. Nach seiner Entlassung haben die Autoren dieses Buches Dewit in Frankfurt besucht und mit ihm ein eingehendes Gespräch geführt.

Der Briefwechsel mit Rolf Dewit steht mit unserer Untersuchung in intensiver Wechselwirkung. Retrospektiv gesehen sind viele Fragen und Einsichten, die später in den Ergebnissen unserer bundesweiten Untersuchung formuliert werden, bereits in diesem Briefwechsel zu finden. Unter den für unsere Untersuchung gesammelten Fällen befinden sich 5, welche die Handschrift von Rolf Dewit tragen[24]

Zum gerichtlichen Rechtsschutz im Strafvollzug zeigte Rolf Dewit eine fast experimentelle Einstellung ("Ich habe mir gesagt: man hat mich mittels eines Gesetzbuches hierher gebracht, jetzt will ich mal sehen, was das StVollzG überhaupt wert ist" (16.5.1985). Er schreibt auch mehrfach von dem Wunsch, aus seinen Erfahrungen eine "Dokumentation" zu erstellen. Und er hält an diesem Plan, trotz aller Selbstzweifel, fest:

"Ich habe alle Unterlagen dazu an der Hand (7 Kisten, alles StVK- und OLG-Verfahren), aber ich bekomme das bisher nicht so richtig in den Griff. Ich bin lediglich Volksschüler, und das noch mangelhaft. Was verstehe ich vom Aufbau einer Dokumentation. Allenfalls eine von Emotionen geprägte Sache käme dabei heraus. Aber ich werde vielleicht einmal einen sachkundigen und interessierten Menschen finden, der mir dabei hilft" (4.9.1988).

---

23   Dieser Text stammt von Johannes Feest.

24   vgl Peter Selling/Johannes Feest: Rechtsdurchsetzung in der totalen Institution. Eine Untersuchung zur Implementation von Gerichtsentscheidungen im Strafvollzug, Bremen 1990, S. 146 ff.: BUTZBACH 4; BUTZBACH 6; FRANKFURT 1 (jeweils in eigener Sache) und BUTZBACH 11 (in der Sache eines Mitgefangenen).

Und drei Tage vor seiner Entlassung schreibt er: "Ich habe das Projekt einer Dokumentation meiner Vollzugsverfahren fast abgeschlossen und möchte es Ihnen zur Verfügung stellen" (12.2.1989).

Leider ist daraus nichts geworden. In der folgenden Fallstudie sollen wenigstens einige Aspekte dieses "Selbstversuchs" dokumentiert werden. Vor allem geht es darum zu zeigen, wie sehr in der totalen Institution juristisch unterschiedliche Sachverhalte praktisch unentwirrbar miteinander verknüpft sind. Ich beschränke mich im folgenden auf die mit der Behinderung und Erwerbsunfähigkeit von Rolf Dewit zusammenhängenden Verfahren. Tatsächlich hat er nach seinen Angaben insgesamt etwa 350 Fälle vor die Vollzugsgerichte gebracht (250 in eigener Sache, 100 für andere Gefangene).

3.1. Rentner im Strafvollzug

Im ersten Jahr seines Strafvollzuges versuchte Rolf Dewit in erster Linie, seine Rechte als Behinderter durchzusetzen. Im Mittelpunkt stand dabei die Frage, ob er als Erwerbsunfähigkeitsrentner zur Arbeit verpflichtet ist. Im Gesetz ist diese Frage nicht ausdrücklich geregelt. Vielmehr sind (neben werdenden und stillenden Müttern) nur "Gefangene, die über 65 Jahre alt sind, von der Arbeitspflicht freigestellt" (§ 41 Abs. 1 Satz 3 StVollzG):

"Als ich hier am 8.3.1984 in die JVA kam, wurde ich am 27.4.1984 einer vollschichtigen Arbeit in einem Metallbetrieb zugeteilt. Ursache hierfür war der Umstand - der aber im späteren gerichtlichen Verfahren ...nie mehr durchsichtig wurde -, daß ich bei der Leitung der JVA den Antrag gestellt hatte, ich möchte mehr als eine Freistunde täglich, ich möchte als Rentner nicht 23 Stunden am Tag auf einer Zelle verwahrt werden. Daraufhin wurde mir sofort diese Arbeit zugeteilt mit dem mündlichen Hinweis, jetzt befände ich mich ja nicht mehr 23 Stunden am Tag im Haftraum - also bräuchte ich keine vermehrten Freistunden.

Gegen die Arbeitszuweisung vom 27.4.1984 habe ich am 2.5.1984 Antrag auf gerichtliche Entscheidung gestellt und vorgetragen, ich sei Rentner, habe diesen Anspruch in Freiheit erworben und wäre demnach grundsätzlich von der Arbeitspflicht befreit." (Brief vom 19.9.1984).

Am 29.8.1984 wies das LG Gießen diesen Antrag zurück: nach der Stellungnahme des Anstaltsleiters sei Rolf Dewit für die betreffende Arbeit geeignet. "Schon allein aufgrund der Tatsache, daß der Antragsteller (nur) 70 Prozent schwerbehindert ist, ist er in der Lage, entsprechend dem Rest seiner verbliebenen Arbeitskraft eine Tätigkeit auszuüben". Dagegen legte Rolf Dewit Rechtsbeschwerde ein, die am 26.3.1985 erfolgreich war: Das OLG Frankfurt gab ihm in vollem Umfang Recht und verwies die Sache allerdings zur neuen Entscheidung zurück an die Strafvollstreckungskammer. Im Gegensatz zu mir war Rolf Dewit damit nicht zufrieden:

"Sie meinen, mit dem OLG-Beschluß könne man ganz zufrieden sein, aber wie Sie sehen, greift das OLG wieder in die Trickkiste. Selbstverständlich war das OLG in der Lage, die Sache selbst zu entscheiden, denn die Gründe der Entscheidung sind ja eindeutig. Aber das OLG will sich da nicht festlegen lassen als Obergericht, es soll bei einer StVK-Entscheidung bleiben im Einzelfall, die dann keine besondere Bedeutung für alle Fälle hat. Jeder einzelne Rentner muß sich dann selbst wiederum den mühsamen Weg durch die Instanzen boxen, dies ist allein Sinn und Zweck der OLG-Entscheidung" (Brief vom 25.4.1985).

Dies ist eine durchaus plausible Analyse. Dennoch erwies sich die Entscheidung im nachhinein als eine wahre Grundsatzentscheidung[25]. Andererseits gab die Zurückverweisung der Anstalt die Chance, die Anerkennung von Rolf Dewit als nicht arbeitspflichtigem Rentner um weitere drei Monate hinauszuzögern.

---

25 Sie wurde in Fachzeitschriften abgedruckt (ZfStrVo 1985, 315; NStZ 1985, 429 m.Anm.Müller-Dietz) und wird heute in Kommentaren zum StVollzG als Beleg dafür zitiert, daß Erwerbsunfähigkeitsrentner von der Arbeitspflicht auszunehmen sind (Calliess/Müller-Dietz, 5. Aufl., 1991, § 41 Rz. 5; AK-Däubler, 3. Aufl., 1990, § 41 Rz. 9)

Schon vor dieser Entscheidung hatte Rolf Dewit eine Reihe weiterer Forderungen im Zusammenhang mit seiner Behinderung erhoben, die von der Anstalt alle abgelehnt wurden:

- die schon erwähnte Forderung nach vermehrtem Aufenthalt im Freien und die Forderung nach verlängertem Aufschluß (um nicht 23 Stunden in seiner Zelle eingesperrt zu sein);

- die Forderung nach 6 Stunden Öffnung der Zellentüren pro Tag (die Regel in der JVA Butzbach war "einmal in der Woche abends 18 bis 19 Uhr "offene Station");

- die Forderung nach einem Kopfkissen anstelle eines Kopfteils (was ihm bei seinem letzten Anstaltsaufenthalt 1977-79 gewährt worden war, während der Arzt diesmal gesagt haben soll, es gäbe in der Zelle genügend andere Gegenstände, die man unter den Kopf legen könne, um bequem zu liegen);

- die Forderung nach einem eigenen Fernsehapparat auf der Zelle (da er wegen seiner Erkrankung nicht am Gemeinschaftsfernsehen teilnehmen könne; die Regel in der JVA Butzbach war "wöchentlich 90 Minuten Gemeinschaftsfernsehen");

- die Forderung, monatlich DM 150 von seinem "Eigengeld" (Rente) für den Einkauf verwenden zu dürfen (in der JVA Butzbach durften Gefangene, die ohne eigenes Verschulden ohne Arbeit waren, nur bis zu DM 50,- einkaufen).

Im Herbst 1985 scheint er am Ziel seiner Wünsche: sein Status als nicht arbeitspflichtiger Rentner war nun auch von der Anstalt anerkannt. Diese hatte ihm eine weitere Freistunde eingeräumt. Die Strafvollstreckungskammer hatte ihm (nach voraufgegangener OLG-Entscheidung und Einholung eines ausführlichen externen Gutachtens) einen eigenen Fernseher zugesprochen. Und das OLG hatte befunden, daß ihm ein Einkauf in "angemessener" Höhe von seiner Rente ermöglicht werden sollte. Aber die Umsetzung der Gerichts entscheidungen soll sich noch als sehr schwierig erweisen. Besonders in der Fernseh-Sache will die Anstalt nicht nachgeben[26]:

"Die zwei Freistunden gewährt man mir mittlerweile, aber den Fernseher rückt man nicht raus. Man sagt mir, man habe den StVK-Beschluß dem HMdJ zugleitet, die müssen prüfen, ob Rechtsmittel eingelegt werden sollten. Das ist aber rechtswidrig, der AL ist verpflichtet worden, mir den TV zu gewähren, dem muß zunächst mal gefolgt werden; prüfen, ob Rechtsmittel eingelegt werden sollen, kann man dann immer noch" (Brief vom 15.10.1985).

Die Sache zieht sich dann noch hin, Rolf Dewit läßt sowohl eine Dienstaufsichtsbeschwerde als auch eine Verfassungsklage vom Stapel, und am 20.12.1985 wird ihm der Fernseher auf die Zelle gestellt. Rolf Dewit ist überzeugt davon, daß dieses plötzliche Einlenken mit einem Anruf vom Bundesverfassungsgericht bei dem Anstaltsleiter zusammenhängt.

Aber noch eine andere Frage ist für die Anstalt von grundsätzlicher Bedeutung: die des Einkaufs vom Eigengeld. Die Anstalt beruft sich auf die bundeseinheitlichen Verwaltungsvorschriften, wonach ein (sehr beschränkter) Einkauf vom Eigengeld nur solchen Gefangenen gestattet werden dürfe, die "ohne eigenes Verschulden" ohne Arbeit sind (VV zu § 22 StVollzG). Rolf Dewit kommentiert dies wie folgt:

"Natürlich ist Ihnen wie mir klar, warum es diese Regelung der VV überhaupt gibt, denn gäbe es sie nicht, würde ja kein Mensch für die paar Groschen arbeiten, sondern die meisten würden vom Eigengeld einkaufen. Diese VV ist eine rein repressive Maßnahme, um die Gefangenen zur Arbeit zu zwingen..." (Brief vom 15.7.1985).

---

26 Dazu muß man wissen, daß die Frage des Fernsehapparates auf der Zelle in den 80er Jahren zu einer zentralen Grundsatzfrage im Strafvollzug geworden war. Nur Hamburg und Bremen hatten sich im Sinne einer weitestgehenden Normalisierung, d.h. einer fast völligen Freigabe des Einzelfernsehers, entschieden. In den übrigen Bundesländern führte dies zu um so härteren Auseinandersetzungen um die Frage der dort einzig zulässigen "begründeten Ausnahmefälle" (§ 69 Abs. 2 StVollzG).

Nach seinem Sieg in der Rentner-Sache kritisiert er unsere objektivistisch-dürre Dokumentation (FEEST/LESTING 1987) als "sehr akademisch":

"Wissen Sie, nur der Betroffene weiß ja, was da mehr dahinter steckt, wieviel Leid usw. (...). Wer weiß eigentlich, was es bedeutet, mehr als ein Jahr ohne jeglichen Einkauf zu sein. Man muß da einen sehr, sehr starken Willen haben, um das durchzustehen. Auch kann man in dieser Zeit in irgend welche sogenannten "Geschäfte" verwickelt werden, und das heißt dann wiederum Hausstrafen. Also das ist schon ein Dschungel, in den man da hineingerät" (Brief vom 10.11.1986).

In einem weiteren Gang vor die Gerichte[27] um die Höhe des Einkaufs setzt sich letztlich die Anstalt mit ihrer Politik durch, daß nicht-arbeitende Gefangene (unabhängig vom Grund ihrer Arbeitslosigkeit) weniger zum Einkauf haben sollen als arbeitende Gefangene. Quod erat demonstrandum.

3.2. Verlegungsverluste

Schon im August 1985 hatte Rolf Dewit eine Verlegung in die psychiatrische Abteilung der JVA Kassel nur mit List und Tücke verhindern können. Er schrieb damals:

"Damit wären alle hier anhängigen StVK Verfahren auf elegante Art erledigt (wo doch jetzt sehr interessante Entscheidungen anstehen, TV-Einzelempfang, 6 Stunden täglich Öffnung der Zellentüren bei Rentnern, zweite Freistunde oder gar mehr, Übertragung von 19 Tagen Urlaub aus dem vorigen Jahr usw.), aber man erledigt dies auf diese Art" (Brief vom 18.8.1985).

Er selbst hatte schon im Frühjahr 1985 eine Verlegung in den offenen Vollzug (Gustav Radbruch Haus Frankfurt) angestrebt. Als die An-

---

27   vgl. BUTZBACH 6. Die Entscheidung des OLG Frankfurt ist abgedruckt in: ZfStrVo 1986, 58 = NStZ 1986, 381 (mit Anmerkung Großkelwing).

stalt (mit ausschließlichem Hinweis auf die Strafhöhe) dies ablehnte, wandte er sich an die Strafvollstreckungskammer, welche die Anstaltsentscheidung als "ermessensfehlerhaft" aufhob und eine Verpflichtung zur Neubescheidung aussprach. Aber die Anstalt änderte nur ihre Begründung:

"Die JVA ist natürlich jetzt vor drei Tagen hingegangen und hat erneut abgelehnt, diesmal soll ich uneeignet sein, und ich müßte noch eine "gewisse Zeit" mit den Mitteln des geschlossenen Vollzuges behandelt werden" (Brief vom 15.7.1985).

Rolf Dewit ging damit naturgemäß nochmals zur Strafvollstreckungskammer, verlor aber diesmal, offenbar weil die StVK sich nicht in den Beurteilungsspielraum der Anstalt einmischen wollte. Um so überraschender erfolgte am 6.2.1986 die Verlegung nach Frankfurt. Und dort zeigte sich, daß vieles, was er in Butzbach erstritten hatte, nicht mehr gelten sollte:

"Der größte Hit war ja dann hier, als man mir den TV wieder abnahm mit der Begründung, im offenen Vollzug würde ich keinen Einzelfernseher benötigen, denn hier wären andere Umstände gegeben wie in der JVA Butzbach. Ich habe wiederum mehr als 4 Monate benötigt, um an den TV heran. Ein normaler Mensch glaubt es ja überhaupt nicht, aber es ist in der Tat so, wie ich es schreibe. Wenn da nicht noch die Verfassungsbeschwerde anhängig gewesen wäre, die hätten mir ja hier niemals den TV gegeben. Aber das Bundesverfassungsgericht fragte noch nach Butzbach (der Brief wurde mir nachgeschickt) an, ob die Verfassungsbeschwerde erledigt sei und ob ich im Besitz des TV sei. Da habe ich hingeschrieben, daß man mich verlegt habe in den offenen Vollzug... und daß man mir hier den TV wieder abgenommen habe. Ich habe die Verfügung des hiesigen AL gleich mitgeschickt, 3 Wochen später kam die Verfügung, daß jeder Gefangene im offenen Vollzug einen eigenen TV haben könnte. Das hat nur das BVG bewirkt, so jedenfalls glaube ich" (Brief vom 10.11.1986).

Aber nicht nur der Fernsehapparat ging durch die Verlegung zunächst verloren. Rolf Dewit hatte sich vom offenen Vollzug mehr Offenheit, mehr Auslauf, mehr Möglichkeiten, seine Frau zu sehen etc., versprochen. Technisch wäre dies sehr leicht mit Hilfe des Freigängerstatus möglich (der auch vermehrten Urlaub nach § 15 Abs. 4 StVollzG mit sich bringt). Stattdessen heißt es in seinem Vollzugsplan:

> "Der Verurteilte ist Rentner, steht damit dem Arbeitsmarkt nicht mehr zur Verfügung, kann deshalb zum Freigang nicht zugelassen werden. Es kommt deshalb nur eine Einstufung in die Vorerprobungsphase in Betracht. Der Verurteilte erhält bis zum Entlassungszeitpunkt den Ausgangsrahmen von täglich 2 Stunden" (zitiert im Brief vom 20.11.1986).

Rolf Dewit geht auch gegen diese von ihm als unnötig empfundene Einschränkung vor die Gerichte. Aber bei der StVK findet er nicht viel Verständnis:

> "Wegen des eigenen TV im offenen Vollzug habe ich mit Richter S. persönlich gesprochen, wollte eine einstweilige Anordnung. Da sagte der mir doch, ich solle doch froh sein, im offenen Vollzug zu sein, von ihm bekäme ich kein eigenes TV, er wäre doch nicht so verrückt wie die StVK Gießen und ließe für das Geld der Steuerzahler ein Gutachten machen" (Brief vom 23.3.1988).

Während dieses neue Fernseh-Verfahren nie entschieden wird, verliert er das Verfahren um den Freigängerstatus. Aber er beginnt der neuen Anstalt offenbar doch mit seinen Kenntnissen des Rechtsweges zur Last zu fallen. Dies ist jedenfalls die einzige plausible Erklärung für die am 14.11.1986 angeordnete Rückverlegung mit der pauschalen Begründung, er habe sich "für einen weiteren Verbleib im hiesigen offenen Vollzug als ungeeignet erwiesen. Er hat gravierend gegen die Sicherheit und Ordnung der Anstalt sowie gegen ausdrücklich erteilte Weisungen verstoßen" (Verfügung vom 14.11.1986). Aus der Sicht des Betroffenen sieht dies so aus (in einem Brief, den er mit der Hand und ohne die bei der Verlegung zerbrochene Brille, schreibt):

"Diese Maßnahme kam völlig überraschend, sozusagen aus heiterem Himmel. Sie können absolut versichert sein, daß keinerlei Mißbrauch meinerseits vorliegt, die Spielregeln habe ich insoweit eingehalten. Aber ich habe die verschiedenen Mißstände immer wieder, auch vor der StVK, angefochten, daher wird der Wind blasen... Es stellt sich mir die Frage, wie lange kann ich bei meiner Persönlichkeitsstruktur unter diesen Leidzufügungen und Erfahrungen Mensch bleiben und nicht Tier werden. Mal abgesehen davon, daß man mich ohne jede Not im Hof der JVA Frankfurt ergriffen hat und ohne den geringsten persönlichen Gegenstand nach hier verbracht hat. Nun ja, durch Gefangene hier ist es mir gelungen, das Notwendigste zu erhalten, so auch Schreibzeug und Briefmarken. Muß man mir jetzt hier wieder den TV und die zwei Freistunden geben? Eigentlich selbstverständlich, so denke ich jedenfalls (Brief vom 15.11.1986).

Sie fragen, wer Interesse hat, mich aus dem GRH zu entfernen?: ich denke in erster Linie der AL selbst. Ich habe an seiner ureigenen Schöpfung (er denkt, er wäre der König des GRH...) zu viel gerüttelt... Also, um es kurz zu sagen - ich war Querulant Nr. 1" (Brief vom 20.11.1986).

Tatsächlich erweist sich die Nacht- und Nebelaktion als offensichtlich unverhältnismäßig, wenn nicht unbegründet: Rolf Dewit hat abgepackte Kleinportionen von Marmelade in seiner Zelle "gehortet" und sich selbst ernährt, statt an der Anstaltsverpflegung teilzunehmen. Zwar entscheidet die Strafvollstreckungskammer Frankfurt zunächst gegen Rolf Dewit, aber am 2.6.1987 hebt das OLG Frankfurt diese Entscheidung und die der Anstalt auf. Schon am 22.7. wird Rolf Dewit wieder in den offenen Vollzug verlegt. Allerdings soll die Strafvollstreckungskammer noch über seine Beschwerde gegen Art und Weise der Rückverlegung entscheiden (was sie aber erst nach nochmaliger Intervention des OLG tut und die Art und Weise schließlich als "menschenunwürdig" bezeichnet). Inzwischen ist Rolf Dewit jedoch bereits ein Spielball zwischen zwei Anstalten geworden, die ihn beide nicht haben wollen. Kurz nach seiner Ankunft in Frankfurt schreibt er:

Nun bin ich also wieder hier im GRH, aber die Schikanen sind von allem Anfang sehr groß. So muß ich jetzt als Rentner, der nicht zur Arbeit verpflichtet ist, mich tagsüber bis 16 Uhr im Wohnraum (Zelle von 4 qm) aufhalten. Nur eine Schikane von vielen. Der nächste Anschuß ist schon vorprogrammiert" (Brief vom 5.7.1987).

Schon vom ersten Tag an war der Antragsteller besonderen Maßnahmen unterworfen, die er als Schikanen ansehen mußte. So war er gehalten, sich täglich bis 16 Uhr in seiner Zelle aufzuhalten, wobei es verboten war, sich auf das Bett zu legen oder auch nur Radio zu hören. Ferner verweigerte man dem Antragsteller die Herausgabe seiner ihm von der JVA Butzbach nachgesandten persönliche Habe mit der Begründung, der Leiter...wolle bei der Herausgabe der Habe persönlich anwesend sein (...). Bis zu seiner erneuten Rückverlegung in den geschlossenen Vollzug (...) fand der Anstaltsleiter dazu aber angeblich keine Zeit (Schriftsatz von RA Breidert, 7.3.1988).

Eines der von Rolf Dewit nach seinem ersten Aufenthalt im Gustav-Radbruch-Haus gegen die dortige Anstaltsleitung gewonnenen Verfahren betraf die Voraussetzungen des Arrests (OLG Frankfurt 3 Ws 1106/86). Schon dies führte gleich zu Spannungen mit der Anstaltsleitung:

"Als ich anläßlich meiner Rückverlegung...wieder im GRH ankam, mußte ich feststellen, daß der OLG-Beschluß, der jetzt hier in Rede steht, dort unter den Insassen unbekannt war (wer sollte ihn auch bekanntmachen) und die AL nach wie vor aus den allergeringsten Anlässen Arrest verhängte (sogar wesentlich geringere Verstöße, wie der gegen mich behauptete, werden mit drastischen Arreststrafen belegt). Ich habe mit verschiedenen Gefangenen, gegen die aus nichtigem Anlaß Arrest verhängt wurde, gesprochen, gegen die Arreststrafe gerichtlich vorzugehen, sie könnten ja nur vor Gericht obsiegen. Dies wird wohl auch der eine oder andere versucht haben, jedenfalls sprach mich der AL persönlich an und **verbot** mir mündlich, mit anderen Gefangenen über diesen OLG-Beschluß zu sprechen. Ich widersprach und wollte wissen, warum. Da sagte er, es würde sich um eine Einzelfallentscheidung handeln, die man nicht verallgemeinern könne, auf dem Beschluß stehe mein

Name, also gelte er nicht für andere Gefangene. Ich würde nicht am Vollzugsziel mitarbeiten, denn ich würde schädlichen Einfluß auf andere Gefangene ausüben, wenn ich ihnen "Flausen" in den Kopf setzen würde. Jeder Fall sei anders gelagert, das OLG habe bei mir Rücksicht darauf genommen, daß ich schwerbehindert sei usw. Ich habe gesagt, daß dies nicht stimmt, da ich lesen könne, stimme es nicht, was er sage, da ist er mit hochrotem Kopf weggegangen" (Brief vom 26.3.1988).

Der "Abschuß" kommt in der Tat schon nach zwei Wochen:

"Ich wurde am 8.7.87 morgens wieder festgenommen und in den besonders gesicherten Haftraum gebracht und gegen 14 Uhr nach Butzbach verschubt. Diesmal wurde mir noch nicht mal die knappste Verfügung mit auf den Weg gegeben; es würde alles nachgeschickt. Auch die Art und Weise der Durchführung der Verschubung (ohne jede persönliche Habe), war die gleiche. Ich tappe völlig im Dunkeln über die Gründe, die man diesmal vorbringen wird...Es war noch ein Rentner dort aus der vormaligen Zeit, der sagte mir sofort, als ich damals weggewesen wäre, hätte man die kleinen Vergünstigungen für die Rentner und Kranken sofort abgeschafft. Ich habe das natürlich alles wieder einführen wollen, das Ergebnis sehen Sie, ich bin in Butzbach" (Brief vom 9.7.1987).

"Auch diesmal wurde ich rechtswidrig verschubt, diesmal sogar ohne Hemd, Strümpfe, Schuhe, Hose, Brille.." (Brief vom 20.3.1988).

Als Anlaß wird diesmal eine Tablette Valium angegeben, die bei einer generellen Razzia in einer Sporttasche auf dem Schrank von Rolf Dewit gefunden worden war und deren Herkunft umstritten blieb: die Rückverlegung wird letztlich sowohl von der Strafvollstreckungskammer Frankfurt als auch vom Oberlandesgericht gebilligt, obwohl Rolf Dewit ausführlich darlegt, daß ihm die Sporttasche nicht gehöre und er auch keinen Bedarf an Valium habe, da der Arzt ihm täglich sechs Tabletten eines anderen Präparates verschrieben habe. Die Verlegungsfolgen sind gravierend:

"Als ich jetzt hier nach den paar Tagen offener Vollzug zurückkam, hat man mir nämlich meine elektrische Tischan-
tenne für den TV nicht mehr ausgehändigt. Jetzt sollen nur
noch Geräte mit eingebauter Antenne zugelassen sein. Den
TV habe ich, jedoch ohne Antenne (Verstärkerantenne)
kann man kaum was sehen. Ich habe eine schriftliche Genehmigung für die elektrische Antenne von 1985. Da ich sie
nicht mißbraucht habe, kann sie mir eigentlich nicht entzogen werden...Auch hat man mir meine elektrische
Schreibmaschine nicht ausgehändigt, weil sie angeblich
von unten nicht einsehbar sei. Diese Schreibmaschine hatte
ich mehr als zwei Jahre in Besitz, ich hatte genau diese Ma-
schine vor der StVK erstritten. Auch das vor der StVK erstrittene privateigene Kopfkissen hat man mir nicht ausgehändigt" (Brief vom 14.7.1987).

Ein Antrag auf einstweilige Anordnung zur Aushändigung dieser
Gegenstände wird zurückgewiesen mit der Begründung, es sei nicht
ersichtlich, daß dem Gefangenen schwere oder irreparable Nachteile
entstünden. Drei Monate später hat sich in der Sache immer noch
nichts verändert.

"Die JVA behauptet hier in ihrer Stellungnahme, ich wäre
Zugang, nachdem ich jetzt vom Gustav-Radbruch-Haus
zurückkam. Ich war diesmal ja nur 14 Tage dort, da zu behaupten, ich wäre Zugang, so was kann ja nur im Strafvollzug laufen..." (Brief vom 20.11.1987).

Wie die Verfahren, die Rolf Dewit dagegen anstrengt, letztlich ausgegangen sind, hat er nicht mehr mitgeteilt. Er hat inzwischen andere "Sorgen", indem die Strafvollstreckungskammer überraschen-
derweise schon acht Monate im voraus seinen Entlassungszeitpunkt
festgelegt hat und er nun versucht, wenigstens von Butzbach aus den
vermehrten Freigänger-Urlaub nach § 15 Abs. 4 StVollzG zu erhalten. Aber die Anstaltsleitung widersetzt sich dem entschieden
und auch der zuständige Richter windet sich.

"Er sagte klar und deutlich, daß es ihm lieber wäre, wenn
ich nochmals nach Frankfurt gehen würde, als daß er den

15 (4) Beschluß machen müßte. Die Sache 15 (4) hätte grundsätzliche Bedeutung, denn der hiesige Anstaltsleiter befürchte, daß in Zukunft sehr viel andere Gefangene sich weigern würden, nach dem offenen Vollzug der JVA Frankfurt zu gehen, wenn es hier die Möglichkeit des 15 (4) gäbe" (Brief vom 4.9.1988).

Tatsächlich läßt Rolf Dewit sich darauf ein, nochmals ins Gustav-Radbruch-Haus zu gehen.

"Was meine derzeitige Vollzugssituation betrifft, so war ich doch so blöd und ließ mich noch ein weiteres Mal in den offenen Vollzug der JVA Frankfurt verlegen (das dritte Mal), und wurde doch dort prompt das dritte Mal wieder abgelöst. Die Hintergründe dafür sind nicht so offensichtlich, daß man sie in einem knappen Brief schreiben könnte, die Vollzugsbehörde arbeitet da ja sehr subtil. ..Mittlerweile hatte ja die StVK Frankfurt, nach Aufhebung ihrer vorherigen Beschlüsse durch das OLG Frankfurt entschieden, daß die von mir gerügte Art und Weise einer Rückverlegung (ohne die notwendigste persönliche Habe, insbesondere ohne Brille) menschenunwürdig und damit rechtswidrig erfolgte."

3.3. Selbsteinschätzung

Im Laufe von fünf Jahren ausführlicher Beschäftigung mit dem gerichtlichen Rechtsschutz im Strafvollzug ist Rolf Dewit zu einer Einschätzung des gerichtlichen Rechtsschutzes im Strafvollzug gekommen. Und er hat in seinen Briefen wechselnde Einschätzungen gegeben. Anfangs war seine Haltung betont nüchtern, waren seine Erwartungen recht bescheiden:

"Wie Sie sehen, bin ich insoweit Realist und greife nicht nach den Sternen. Vielleicht ist es mir möglich, während der Haftzeit wenigstens zwei oder drei Fortschritte zu schaffen. So hätte die Haftzeit doch einigen Sinn gehabt, und im Grund hätte ich etwas Arbeit" (Brief vom 26.9.1984).

Aber nach zwei Jahren ist sein Urteil über die Richter bereits ein sehr negatives:

"Ich 'dachte', jetzt gibt es das StVollzG, und da muß sich ja ein 'Richter' an das Gesetz halten. Aber was muß ich feststellen: ein Richter hält sich nur an das Gesetz, wenn er einen Menschen in das Gefängnis bringen will, und da beachtet er das Gesetz von allen Seiten. Aber die Richter der StVKs..., die drehen und wenden das Gesetz auf diesem Gebiet (wenn sie überhaupt den Versuch machen, etwas zu begründen, meistens schreiben sie blanken Unsinn in den Beschluß) allein zugunsten der VAs."

Und er hat inzwischen die Tücken des Rechtsweges mit seinen Mensch-ärgere-Dich-nicht-artigen Zurückverweisungen und Neubescheidungen und dem dadurch entstehenden Zeitverlust gründlich kennengelernt (Brief vom 10.10.1986):

"Ab und zu bekommt man vom OLG eine günstige Entscheidung. Aber sehr selten entscheiden die Herren durch, sondern verpflichten die StVK lediglich zu einer Neubescheidung. Dann kommt nach ca. 6 Monaten wieder eine Ablehnung, diesmal etwas raffinierter begründet - und man geht dann nochmals an das OLG, dann dient es nicht mehr der Fortbildung des Rechts. Also ich kann das jetzt genau anhand meiner Sammlung von Entscheidungen belegen - einen Rechtsweg, der funktioniert nach dem StVollzG, gibt es nicht. Alles Zeitverschwendung - und obendrein hat man hinterher noch die Kosten vom "Hausgeld" zu bezahlen. Das ist ein ganz psychologisch aufgebautes Instrument - der Gefangene ist immer der Dumme. Ich habe da natürlich eine gewisse Zeit gebraucht, um das herauszufinden..." (Brief vom 10.10.1986).

Und ein weiteres Jahr später bringt er das Ganze auf eine noch kürzere Formel:

"Der Widerstand der Vollzugsbürokratie gegen das StVollzG ist derart stark, daß man sagen kann, das StVollzG steht nur noch auf dem Papier. Sehr viele Gerichte helfen da kräftig mit, und wenn mal eine positive Entscheidung kommt, die Bürokratie weiß sie schon zu umgehen. Der Strafvollzug wird nur noch mit Willkür betrieben, es wird auf den langen Rechtsweg verwiesen (man freut sich sogar, wenn einer die Gerichte anruft, denn den hat man für lange Zeit vom Hals)" Brief vom 27.8.1987.

Und nochmals - als Antwort auf unsere Implementationsbefragung:

"Zunächst erkläre ich grundsätzlich - und ich kann das mit der Zahl der von mir geführten Vollzugsverfahren beurteilen, daß es einen Rechtsschutz für Gefangene nicht gibt. Ein solcher angeblicher Rechtsschutz steht lediglich auf dem Papier, auf dem der Rechtsweg nach §§ 109 ff StVollzG abgedruckt ist. Selten einmal gelingt es einem Gefangenen, vor der StVK gegen die Vollzugsbehörde zu obsiegen. Nur wenige Gefangene gehen in die Rechtsbeschwerde, einmal, weil sie es nicht können, aber zumeist, weil sich die Dinge durch Zeitablauf erledigt haben" (23.3.1988).

3.4. Fazit

Dies ist die Geschichte eines Siegers. Nach seinen Angaben hat er in 27 Fällen vor dem OLG gewonnen, hinzu kommen (weniger) Siege bei den Strafvollstreckungskammern. Und doch ist sein Gesamturteil ein vernichtend negatives. Wie mag es da erst bei den Verlierern aussehen?

Ist die Einschätzung durch Rolf Dewit zu negativ? Zweifellos ist sie am Ende von seinem zunehmenden Haß auf den Vollzug und die Gerichte geprägt. Aber auch ich empfehle den bei mir um Rat fragenden Gefangenen kaum noch, vor die Gerichte zu gehen. Aus den von Rolf Dewit herausgearbeiteten, zutreffenden Gründen.

V. Rechtspolitische Folgerungen

Gefängnisse sind heute keine 'rechtlosen' Institutionen mehr (FEEST, 1993, 9). Ihre Verrechtlichung hat auch einen Wandel der totalen Institution mit sich gebracht. Von Gefangenen erstrittene Entscheidungen haben zahlreiche Verbesserungen in Einzelfragen und eine Vereinheitlichung der Vollzugsgestaltung bewirkt. So ist es beispielsweise gelungen, einige regionale Unterschiede in der Vollzugspraxis korrigieren zu lassen. Die gerichtliche Normklärung bedeutete für die Gefangenen damit zugleich eine größere Berechenbarkeit des Anstaltsgeschehens. Dennoch: Die Übermacht der totalen Institution ist ungebrochen. Der vorsichtige Gebrauch von Rechtsmitteln durch die Gefangenen, die begrenzte Justiziabilität vollzugsbehördlicher Entscheidungen und das aufgezeigte Spektrum von Möglichkeiten der Behinderung und Verhinderung gerichtlichen Rechtsschutzes kennzeichnen die Grenzen des gegenwärtigen Rechtsschutzsystems. Unter rechtspolitischen Gesichtspunkten ist deshalb an folgende Verbesserungen und Alternativen zu denken.

1. Reduzierung der Entscheidungsmacht der Anstalten

Eine wirksame gerichtliche Kontrolle der Anstaltspraxis und damit ein effektiver Rechtsschutz für Gefangene scheitert in erster Linie an der die richterliche Kontrolldichte reduzierenden Normstruktur des Strafvollzugsgesetzes, durch die den Anstalten zu große Definitions- und Entscheidungsspielräume belassen werden. Gegenüber den wenigen Vorschriften des Strafvollzugsgesetzes, in welchen den Gefangenen unmittelbare, gerichtlich einklagbare Rechte eingeräumt wurden, dominieren Generalklauseln, unbestimmte Rechtsbegriffe und Ermessensvorschriften. Zu dieser Normstruktur kommt die Tendenz der obergerichtlichen Rechtsprechung, den Anstalten Beurteilungsspielräume zuzubilligen, deren volle gerichtliche Nachprüfung verneint wird. Ohne eine "legislatorische Präzisierung der Rechte der Gefangenen" (WAGNER 1976, 257) wird es keinen, Artikel 19 Abs. 4 Grundgesetz entsprechenden, effektiven Rechtsschutz geben. In diesem Sinne wird es beispielsweise darum gehen, die Lockerungsvorschriften so umzugestalten, daß im Regelfall eine gesetzlich abgesicherte, zeitlich gestaffelte Automatik der Lockerungserteilung eingreift.

2. Verbesserung des gerichtlichen Rechtsschutzes

Angesichts der überragenden Bedeutung des Zeitfaktors für den Verlauf und das Ergebnis der rechtlichen Auseinandersetzungen zwischen Anstalt und Gefangenem sowie für die von den Anstalten eingesetzten Strategien ist eine Verbesserung des Rechtsschutzes insbesondere von einer Verkürzung der Verfahrensdauer zu erwarten. Die relativ hohe Zahl von Rechtsbeschwerden zeigt zwar, daß nicht alle Gefangenen die Länge des Rechtsweges über die Strafvollstreckungskammern zu den Oberlandesgerichten scheuen. Die mit der Länge des Rechtsweges verbundene faktische Beschränkung (zumindest) des (höchstrichterlichen) Rechtsschutzes auf Gefangene mit längeren Strafen erscheint uns weder rechtspolitisch sinnvoll noch verfassungsrechtlich unbedenklich.

Als eine Maßnahme zur Verkürzung der Verfahrensdauer sollte das in einigen Bundesländern obligatorische Verwaltungsvorverfahren zumindest durch ein fakultatives ersetzt, wenn nicht ganz abgeschafft werden. Die Zweckmäßigkeit eines Vorverfahrens wird schon seit längerer Zeit bestritten, da sich seine Vorteile (umfassende Rechts- und Zweckmäßigkeitskontrolle der anstaltlichen Maßnahme gegenüber dem Gefangenen durch die Aufsichtsbehörde, Klärung des Streitgegenstandes etc.) als graue Theorie erwiesen haben und die Erfolgsquoten so gering sind, daß der bloße Verzögerungseffekt längst deutlich in den Vordergrund getreten ist. Die subtilen Kontrollmöglichkeiten, die ein Vorverfahren den Aufsichtsbehörden gegenüber den Anstalten bietet, können allein die Beibehaltung dieses Verfahrens nicht rechtfertigen.

Zur Verkürzung der Verfahrensdauer könnte beispielsweise auch die Einführung einer obligatorischen mündlichen Verhandlung bzw. Anhörung statt eines langen schriftlichen Verfahrens beitragen. Die Forderung nach einer mündlichen Verhandlung ist bisher vorwiegend zur Kompensation der meist unzureichenden schriftlichen Artikulationsfähigkeit der Gefangenen erhoben worden. Wir erwarten darüber hinaus von dieser Verfahrensänderung, daß sie insbesondere aus der Sicht des Gefangenen zu einer Präzisierung des Streitgegenstandes führt und besser als die meist folgenlosen Fristsetzungen durch die Gerichte den zeitraubenden Austausch von Schriftsätzen beschränken und zu einer zügigen Sachentscheidung beitragen kann.

Daneben muß der einstweilige Rechtsschutz verbessert werden. Dessen Effektivität könnte beispielsweise hinsichtlich belastender Maßnahmen dadurch gesteigert werden, daß - wie im Verwaltungsrecht - die aufschiebende Wirkung einer Anfechtungsklage als gesetzliche Regel und die Anordnung des sofortigen Vollzuges als die Ausnahme normiert würden. Nur so könnten irreparable Rechtsverletzungen des Antragstellers in der Regel ausgeschlossen bzw. nur ausnahmsweise in Kauf genommen werden, wenn "ein höher zu bewertendes Interesse" am sofortigen Vollzug besteht (BVerfG v. 25.7.1989 - 2 BvR 896/89).

3. Brauchen wir unabhängige Schiedsstellen oder Strafvollzugsbeauftragte?

Bemühungen um eine Steigerung der Effektivität des Gefangenenrechtsschutzes sollten allerdings nicht allein auf die vorgeschlagenen gesetzlichen Änderungen setzen. Angesichts der sozialen Dimension zahlreicher (Rechts-) Konflikte im Strafvollzug, der durch eine weitere Verrechtlichung und 'Vergerichtlichung' nur unzureichend Rechnung getragen würde, der fehlenden Rechts- und Handlungskompetenz vieler Gefangener und der in unserer Untersuchung beschriebenen Reaktionsweisen der Anstalten muß verstärkt über außergerichtliche Konfliktlösungen und informellere Verfahrensweisen nachgedacht werden. Doch wer soll Träger dieser Veränderungen sein und die neuen Aufgaben wahrnehmen?

Die großen Erwartungen, die bei den Vorarbeiten zur Strafvollzugsreform auf die Tätigkeit des Richters gesetzt wurden, konnten nicht eingelöst werden: "Die Hoffnung, der Vollzug werde in dem kriminologisch und pönologisch gründlich informierten und erfahrenen Richter einen sachkundigen Berater, die Gefangenen aber einen kontinuierlichen Begleiter finden, hat sich nicht erfüllt" (ROTTHAUS NStZ 1990, 169). In der Praxis hat sich außerdem gezeigt, daß selbst der willige Richter durch eine kompensatorische Verfahrensleitung die Effizienz des Rechtsschutzes für den Gefangenen nur wenig verbessern kann (KAMANN 1991). Ob eine verstärkte Tätigkeit des Richters als Mediator dieses Manko beseitigen könnte, erscheint fraglich. KAMANN jedenfalls stellt fest, daß die Vollzugsbehörden einer Mediation durch den Richter ablehnend gegenüberstehen und beklagt deshalb die gegenwärtig "desolate Lage des (richterlichen) Mediators und seine Ohnmacht gegenüber der totalen Institution" (1993. 13). Er schlägt deshalb eine Änderung des § 115 StVollzG vor, "wodurch die Funktion des Richters sowohl als Mediator als auch in seiner Eigenschaft als judex gestärkt würde" (KAMANN 1991, 352). Seine Neufassung des § 115 StVollzG sieht einen Schlichtungstermin, einen Wegfall der "Spruchreifeklausel" sowie eine - auf Verlangen des Gerichts - obligatorische mündliche Anhörung mit Präsenzpflicht der Beteiligten vor (KAMANN 1991, 353f). Gegen einen Richter als Mediator spricht aber, daß den Beteiligten nach gescheiterter Mediation die Einschlagung eines formellen Rechtsweges unter Anrufung eines unbefangenen Richters möglich sein muß. Bei allen weiteren "Bemühungen um Mediation im Strafvollzug" (ROTTHAUS 1993, 59) darf deshalb die notwendige Trennung von Aufgaben nicht vernachlässigt werden. Dies gilt natürlich nicht nur für den Richter. Auch Sozialarbeiter oder sonstige Anstaltsbedienstete scheiden aufgrund ihrer Parteirolle letztlich als Berater oder Schiedsrichter aus, während die Petitionsausschüsse diese Funktionen nur in einzelnen Fällen wahrnehmen können (ROTTHAUS 1990. 169).

Auch der nach Presseberichten über unsere Untersuchung geäußerte beschwichtigende Hinweis auf die Existenz von Anstaltsbeiräten (Landtag NRW Drucksache 11/1822; vgl. dazu FEEST Betrifft Justiz 1991, 167)) vermag die Forderung nach Schiedsstellen oder Überlegungen zur Einführung eines Strafvollzugsbeauftagten nicht zu entkräften. Vielmehr hat sich die schon vor dem Inkrafttreten des Strafvollzugsgesetzes geäußerte Befürchtung bewahrheitet, "daß der Beirat in der Praxis keine Bedeutung erlangen und nur eine schattenhaft-formale Alibifunktion erfüllen" werde (ROXIN 1974, 126). Darüber hinaus sind Anstaltsbeiräte vom Gesetz für die hier geforderten Aufgaben nicht vorgesehen und ihre Auswahl durch die Justizverwaltungen läßt starke Zweifel an ihrer Unabhängigkeit aufkommen (vgl. FEEST/HOFFMANN 1990 § 162 Rz. 6). Insofern dokumentiert auch die von GERKEN (1986, 270ff) vorgeschlagene Neudefinition der Beiratsaufgaben eher die negative Bilanz der bisherigen Arbeit dieser Gremien, als daß sie eine Effektivierung der Beiratstätigkeit im Hinblick auf Schieds- und Kontrollfunktionen verspricht. Um die Vorzüge eines Mediators doch noch zu nutzen und gleichzeitig dem Gebot der Aufgabenklarheit Rechnung zu tragen, muß die alte Diskussion über den Ombudsman oder Strafvollzugsbeauftragten wieder aufgenommen werden.

Bereits vor der bundesweiten Einführung von Anstaltsbeiräten war die Frage erörtert worden, ob an Stelle oder ergänzend zu den Beiräten ein Vollzugsbeauftragter eingeführt werden sollte (vgl. GERKEN 1986, 270 m.w.N.). Überlegungen in diese Richtung könnten mittlerweile an die ausländischen Erfahrungen mit den "Patientenvertrauenspersonen" in der niederländischen Psychiatrie (IPPEL 1993, 17-25; zum Patientenfürsprecher im bundesdeutschen Maßregelvollzug LESTING 1995 Kapitel G Rz. 72) oder der Institution des Ombudsman anknüpfen. Dabei muß allerdings bedacht werden, daß es anders als in einigen Staaten der USA (im Jahre 1981 in Minnesota, Conneticut, Iowa, Kansas, Michigan und Oregon) und in Canada nirgendwo in Europa, also auch nicht in Großbritannien oder Skandinavien spezielle Ombudspersonen für Gefangene gibt. Auch sind die Institutionen international höchst verschieden organisiert und mit unterschiedlichen Kompetenzen und Rechten ausgestattet (ANDERSON 1981). Sie werden nur verständlich vor dem Hintergrund der jeweiligen totalen Institution und speziellen Rechtskultur, die sich von der bundesdeutschen zumeist durch ein erheblich geringeres Maß an formellen Rechtsschutzmöglichkeiten, aber größeren Erfahrungen mit informellen Verfahrensweisen unterscheidet. Dennoch lohnt der bilanzierende Vergleich, wobei im Rahmen unserer Untersuchung natürlich von besonderem Interesse ist, was eine "Patientenvertrauensperson" nach den niederländischen bzw. ein Ombudsman nach den vorwiegend skandinavischen, aber auch den späteren anglo-amerikanischen Modellen zur Verbesserung des Individualrechtsschutzes beitragen kann und welche Stellung sie gegenüber Gerichten und kontrollierten Behörden einnehmen.

Die seit 1982 in den niederländischen psychiatrischen Anstalten arbeitenden "Patientenvertrauenspersonen" führen aus der Perspektive der Patienten informelle Verhandlungen mit dem Anstaltspersonal, wenn an sie Beschwerden herangetragen werden. Sie beraten die Patienten und versuchen, an strukturellen Reformen der Institution mitzuwirken. Die Rechte eines Anwalts stehen ihnen nicht zu, weshalb sie an einem gerichtlichen Verfahren nach einem erfolglosen Schlichtungsversuch nicht mehr beteiligt sind. Ihre Unabhängigkeit ist durch ihre Anbindung an eine landesweit tätige Stiftung gesichert. Nach den vorliegenden Evaluationsstudien erfreut sich ihre Arbeit einer großen Akzeptanz zumindest der Patienten, während ihre Tätigkeit vom Personal gelegentlich als einseitig und therapiefeindlich eingestuft wird (vgl. IPPEL 1993, 20ff). Insgesamt stellen die "Patientenvertrauenspersonen" ein Beispiel für erfolgreiche Mediation in einer totalen Institution dar.

Der Ombudsman soll nach den unterschiedlichen Modellen die Gerichtsbarkeit nicht verdrängen oder gar ersetzen. Vielmehr kommt ihm unter dem Aspekt des Rechtsschutzes die Aufgabe zu, die Rechtsprechung zu ergänzen, d.h. ihre Mängel auszugleichen. Im Gegensatz zu den begrenzten Möglichkeiten der Gerichte soll er in der Lage sein:

- nicht nur Ausschnitte des Verwaltungshandelns seiner Kontrolle zu unterziehen, sondern die Tätigkeit der kontrollierten Behörde insgesamt zu überwachen.

- eine Kontrolle aufgrund von Beschwerden einzelner Betroffener, aber auch in eigener Initiative durchzuführen

- kostenlosen Rechtsschutz zu gewähren

- seine Entscheidung schnell zu treffen und auf Formalitäten weitgehend zu verzichten

- einer Resignation des einzelnen Rechtssuchenden entgegenzuwirken (HANSEN 1972, 57, 116 ff).

Gleichzeitig soll die vom Ombudsman ausgeübte Kontrolle aber nicht allein rechtlicher Natur sein. Um gerade den in 'besonderen Gewaltverhältnissen' auftretenden Freiheitsbeschränkungen, die sich herkömmlichen juristischen Kategorien entziehen, begegnen zu können, soll der Ombudsman auch Schutz vor willkürlicher Behandlung bieten. Die Risiken des formellen Beschwerdeweges und der gerichtlichen Auseinandersetzung mit seinen oft polarisierenden und eskalierenden Wirkungen sollen für die Betroffenen durch Einrichtung eines zweiten (informellen) Beschwerdeweges zum Ombudsman verringert werden (vgl. HANSEN 1972, 58 ff).

Während sich die Tätigkeit des Ombudsman im rechtlichen Bereich nach den skandinavischen Erfahrungen als eine sehr nützliche Er-

gänzung und Entlastung der Gerichte herausstellte und beispielsweise zu einer Beschleunigung der Verwaltungsverfahren führte,
sind es gerade auch "die juristisch nicht erfaßbaren Bereiche und Situationen, in denen sich das Wirken dieses Organs als bedeutsam
und unersetzlich erweist" (HANSEN 1972, 172).

Selbst wenn die bisherigen Erfahrungen detaillierter evaluiert
und die Übertragbarkeit dieses Konzepts auf das bundesrepublika-
nische Rechtssystem und die Bedingungen des Strafvollzuges genauer untersucht werden müßte, wird doch deutlich, wie einschlägig
derartige Überlegungen nach den Ergebnissen unserer Rechtsschutz-
studie sind. Entsprechend den Diskussionen zur Einführung eines
Polizeibeauftragten (vgl. WAECHTER 1986, 293) müßte auch der
Strafvollzugsbeauftragte neben der Ausübung von Kontroll- und In-
formationsfunktionen als Vermittlungsinstanz tätig werden können
und die Aufgaben einer Lobby im Gesetzgebungs- und Exekutivbe-
reich wahrnehmen. Dementsprechend müßte er über Auskunfts-,
Akteneinsichts- und Anwesenheitsrechte verfügen. Hat er Mängel
festgestellt, so sollte er ein Beanstandungsrecht wie der Daten-
schutzbeauftragte haben und Vorschläge zur Abhilfe unterbreiten
können. Angesichts der in der Untersuchung zutage getretenen un-
befriedigenden Rechtsschutzsituation wäre auch die Einräumung eines Klagerechts zwecks Klärung grundsätzlicher Fragen sinnvoll.
Dadurch könnten die Gefangenen zugleich von den Risiken und
Unwägbarkeiten individueller Klagen (Kosten, Sanktionen der Anstalt etc.) entlastet und die Generalisierung der erstrittenen gerichtlichen Entscheidung vereinfacht werden.

Im besten Fall könnte die Tätigkeit eines Strafvollzugsbeauftragten den Arbeitsanfall der Gerichte und Anstalten verringern, die
Atmosphäre in den Gefängnissen entkrampfen und zu einer kon-
frontationsärmeren, möglichst repressionsfreien Art der Konfliktbewältigung beitragen. Damit würde zugleich die (Rechts-) Zufrieden-
heit der Gefangenen verbessert. Schließlich könnte er die Transpa-
renz des Gefängnissystems erhöhen und dessen Selbstkontrolle stärken. Die amerikanischen Erfahrungen machen darüber hinaus deutlich, daß statt der befürchteten Konfrontation durchaus eine beider-
seits zufriedenstellende Zusammenarbeit zwischen Ombudsman
und Strafvollzugspersonal bzw. -verwaltungen möglich ist (vgl. insgesamt ANDERSON 1981, insbs. 259).

Selbst wenn in Skandinavien inzwischen das Beschwerdeaufkommen aus den Gefängnissen seltener geworden und die Beanstandungen weniger gravierend zu sein scheinen, so bleibt doch als Fazit festzuhalten, daß dort "die Anstrengungen der Ombudsmänner in bezug auf das Gefängniswesen von großer Bedeutung gewesen sind" (HANSEN 1972, 125 m.w.N.). Auch BIRKENSHAW (1985, 173 m.w.N.) bilanziert, daß die erfolgreiche Arbeit der Ombutspersonen in Neu Seeland, Kanada, Skandinavien und den USA zu weitreichenden Reformen des Gefängnissystems geführt hat. Allein für Großbritannien kommt er zu einem eher negativen Ergebnis, da der Ombudsman dort nur über ein Parlamentsmitglied erreichbar ist und seine Aufgabenstellung und Rechte so beschränkt seien, daß er - beispielsweise am Beschwerdeaufkommen gemessen (nur 133 Beschwerden von 1967 - Juni 1980 !) - nur eine randständige Bedeutung erlangt habe und eine Reform dringend erforderlich sei.

Die Einführung eines Strafvollzugsbeauftragten ist selbstverständlich kein Allheilmittel. Unser Nachdenken über die neue Funktion verdeutlicht zunächst nur die erheblichen Problemlösungsdefizite des traditionellen Gefangenenrechtsschutzes. Vielleicht ist es aber bezeichnend, daß wir am Ende einer umfassenden Untersuchung zur Effektivität des gerichtlichen Rechtsschutzes nicht auf eine weitere Verrechtlichung setzen und uns nicht mit Vorschlägen zur Verbesserung des gerichtlichen Rechtsschutzes begnügen. Es sollte allerdings auch nicht als Resignation oder gar Kapitulation vor dem vielfältigen Widerstand der Vollzugsbehörden gegen eine Verrechtlichung gedeutet werden, wenn wir im Strafvollzugsbeauftragten/Ombudsman ein Mittel sehen, um die Ansprüche der Gefangenen auf angemessene Artikulation und Durchsetzung ihrer (Rechts-) Interessen besser zu realisieren.

VI. Literaturverzeichnis

AK-STVOLLZG = Alternativkommentar zum Strafvollzugsgesetz, 3.Auflage, Neuwied 1990.

ANDERSON, St.: The correctional ombudsman. In: Justice as fairness, D. Fogel/ Hudson, J. (Hrsg.), Chicago 1981, 252.

BANDELL, D.: Behandlung, Sicherheit, Schuld im Strafvollzug. In: H.D.Schwind, Hrsg., 10 Jahre Strafvollzugsgesetz. Heidelberg 1988, S. 45 - 54.

BENDER, R./SCHUMACHER, R.: Erfolgsbarrieren vor Gericht. Eine empirische Untersuchung zur Chancengleichheit im Zivilprozeß des Instituts für Rechtstatsachenforschung. Stuttgart, Tübingen 1980.

BIRKINSHAW, P.: An ombudsman for prisoners. In: Accountability and prisons. Opening up a closed world, Maguire, M. u.a. (Hrsg.), London 1985, 165.

BLANKENBURG, E./VOIGT, R. (Hrsg): Implementation von Gerichtsentscheidungen (Jahrbuch für Rechtssoziologie und Rechtstheorie, Bd. 11) Opladen 1987.

BÖHM, A.: Strafvollzug, 2.Auflage, Frankfurt 1986.

BÖHM, A.: Die Entwicklung des Strafvollzugs und des Sanktionssystems von 1945 bis in die Gegenwart. In: Busch, M./ Krämer, E. (Hrsg.), Strafvollzug und Schuldproblematik. Pfaffenweiler 1988, 39 - 50.

BÖHM, R.: Rechte und Rechtsbehelfe, Historische Entwicklung und Regelung im Strafvollzugsgesetz; in: Schwind, H.-D./Blau, G. (Hrsg.) Strafvollzug in der Praxis. Berlin, New York 1976, 265ff.

DIEPENBRUCK, K.-H.: Rechtsmittel im Strafvollzug, Jur. Diss. Göttingen 1981.

DEUTSCHER BUNDESTAG, 10. Wahlperiode: Gesetzentwurf der GRÜNEN. Entwurf eines Gesetzes zur Änderung des Strafvollzugsgesetzes, Drucksache 10/3563.

ESCHKE, D.: Mängel im Rechtsschutz gegen Strafvollstreckungs- und Strafvollzugsmaßnahmen. Eine Darstellung ausgewählter Probleme mit Lösungsvorschlägen. Heidelberg 1993.

FEEST, J.: Der Rechtsschutz des Gefangenen nach dem Strafvollzugsgesetz. In: Kriminalpolitisches Forum Berlin (Hrsg.): Fachtagung 10 Jahre Strafvollzugsgesetz. Eine Dokumentation, Bonn 1987, 157-171.

FEEST, J.: Rechte im Gefängnis schwer durchsetzbar. Fragen und Antworten zu einer Untersuchung. In: Betrifft Justiz 1991, 167.

FEEST, J.; Totale Institution und Rechtsschutz. In: Kriminologisches Journal 1993, 8-12.

FEEST,J./LESTING, W.: Renitente Vollzugsbehörden - Versuch einer Bestandsaufnahme, Kriminalpolitisches Forum Berlin (Hrsg.): Fachtagung 10 Jahre Strafvollzugsgesetz. Eine Dokumentation, Bonn 1987, 172-212.

FEEST, J./SELLING, P.: Rechtstatsachen über Rechtsbeschwerden. Eine Untersuchung zur Praxis der Oberlandesgerichte in Strafvollzugssachen. In: Kaiser, G., u.a. (Hrsg.) Kriminologische Forschung in den 80er-Jahren, Projektberichte aus der Bundesrepublik Deutschland, Freiburg 1988, 247-264.

FEEST, J./SELLING, P.: Rechtsdurchsetzung in der totalen Institution. Eine Untersuchung zur Implementation von Gerichtsentscheidungen im Strafvollzug, Bremen 1990.

FOGEL, D.: We are the Living Proof. The Justice Model for Corrections, Cincinnati 1975.

FOGEL, D./HUDSON, J. (Hrsg): Justice as Fairness. Perspectives on the Justice Model, Cincinnati 1981.

FORETNIK, V.: Kostenrecht (einschl. Armenrecht), einschlägige Kostenrechtsprechung und Beitreibungspraxis in Vollzugssachen in Bremen als Zugangsschranke für den rechtssuchenden Strafgefangenen?, jur. Examensarbeit, Bremen 1979.

FREUDENTHAL, B.: Der Strafvollzug als Rechtsverhältnis des öffentlichen Rechts. In: ZStW 32 (1911), 222 - 248.

FREUDENTHAL, B.: Die staatsrechtliche Stellung des Gefangenen. In: ZfStrVo, 1955, S.157 - 166.

GERKEN, J.: Anstaltsbeiräte, Erwartungen an die Beteiligung der Öffentlichkeit am Strafvollzug und praktische Erfahrungen in Hamburg - eine empirische Studie, Frankfurt, Bern, New York 1986.

GOFFMAN, E.: Asylums. Essays on the Social Situation of Mental Patients and other Inmates. Garden City u.a. 1961. Deutsch: Asyle. Über die soziale Situation psychiatrischer Patienten und anderer Insassen, Frankfurt/M. 1972.

HANAK, G./STEHR, J./STEINERT, H.: Ärgernisse und Lebenskatastrophen. Über den alltäglichen Umgang mit Kriminalität. Bielefeld 1989.

HANSEN, J.: Die Institution des Ombudsman, Frankfurt a.M. 1972.

HARRIS, M.K./SPILLER, D.P.: After Decision. Implementation of Judicial decrees in Correctional settings. Washington, D.C. (US Government Printing office) 1977.

HOFFMANN, H.: Arrest, Absonderung, getrennte Unterbringung - Zulässigkeit, Rechtswirklichkeit und Austauschbarkeit besonders angeordneter Einzelunterbringung im geschlossenen Strafvollzug männlicher Erwachsener. Pfaffenweiler 1990.

HOHLFELD, W./HABERKERN, G./HEINE-BERGMEYER, E.: Zur faktischen Lage des Rechtsschutzes im Maßregelvollzug, KrimJ 1985, 83 - 96.

IPPEL, P.: Mediation: measures and metaphors. Dutch experiences. In: WE Kriminalpolitikforschung (Hrsg.) Total institutions and Prisoners' Rights. Bremen 1993, 17-32.

JAKOBS, J. B.: New Perspectives on Prisons and Imprisonment. Ithaka, London 1983

JVA STUTTGART - KRIMINOLOGISCHER DIENST: Untersuchungsbericht zum Beschwerdeverhalten von Strafgefangenen in Vollzugsanstalten von Baden-Württemberg, Ms. Stuttgart 1980.

KAISER, G./KERNER, H.-J./SCHÖCH, H.: Strafvollzug, (3.Auflage) Heidelberg 1982.

KAMANN, U: Gerichtlicher Rechtsschutz im Strafvollzug. Grenzen und Möglichkeiten der Kontrollen vollzuglicher Maßnahmen am Beispiel der Strafvollstreckungskammer beim Landgericht Arnsberg, Pfaffenweiler 1991

KAMANN, U.:Der Richter als Mediator im Gefängnis: Idee, Wirklichkeit und Möglichkeit. In: Kriminologisches Journal, 1993, 13-25.

KLEIN-SCHONNEFELD, S.: Frauen und Recht. Zur Konstitution des Rechtsbewußtseins von Frauen. In: Kriminologisches Journal 1978, 248 - 263.

KÖSLING, K.-G.: Die Bedeutung verwaltungsprozessualer Normen und Grundsätze für das gerichtliche Verfahren nach dem Strafvollzugsgesetz. Pfaffenweiler 1991.

LAUBENSTEIN, K.: Verteidigung im Strafvollzug. Zugleich ein Beitrag zu dem Rechtschutzverfahren nach den §§ 109 ff. StVollzG. Diss. jur. Frankfurt/M. 1984.

LAUTMANN, R.: Negatives Rechtsbewußtsein. Über Geschlechtsdifferenzierungen in der juristischen Handlungsfähigkeit. In: Zeitschrift für Rechtssoziologie 1980, 165 - 208.

LESTING, W.: Grundrechte und Einschränkungen. In: Kammeier, H. (Hrsg.) Maßregelvollzugsrecht. Berlin, New York 1995.

LESTING, W./FEEST, J.: Renitente Strafvollzugsbehörden. Eine rechtstatsächliche Un-tersuchung in rechtspolitischer Absicht, ZRP 1987, 390 - 393.

LITWINSKI, H.: Strafverteidigung im Strafvollzug. Diss. jur., Kiel 1986.

LITWINSKI, H.; W. BUBLIES: Strafverteidigung im Strafvollzug. München 1989.

MAGUIRE, M./VAGG J./ MORGAN, R. (Hrsg.): Accountability and Prisons. Opening up a Closed World. London 1985.

MALCHOW W.: Strafvollzugsbehörde und Strafvollstreckungskammer - Zur gerichtlichen Kontrolle strafvollzugsbehördlicher Ermessensentscheidungen. Diss. jur. München 1978; 1978, 87.

MÜLLER-DIETZ, H.: Aufgaben und Möglichkeiten der Verteidigung im Strafvollzug. In: StrVert 1982, 83 - 91.

MÜLLER-DIETZ, H.: Anmerkung (zum Beschluß des KG Berlin v. 27.4.1983 - 5 Ws 25/83 Vollz), in: StrafVert 1984, 34 - 38.

MÜLLER-DIETZ, H.: Die Strafvollstreckungskammer als besonderes Verwaltungsgericht. In: 150 Jahre Landgericht Saarbrücken. Köln 1985.

PLUMBOHM, R.C.: Meine 299 Verfahren nach den §§ 109ff StVolzG. Erfahrungen eines Gefangenen mit dem gerichtlichen Rechtsschutz nach dem StVollzG. In: KrimJ 1993, 26-47.

209

PROJEKTGRUPPE STRAFVOLLZUG: Rechtsberatung im Strafvollzug, in: Rasehorn, T.: Rechtsberatung als Lebenshilfe, Neuwied und Darmstadt 1979, 189 - 206.

RÖHL, H.: Der Rechtsschutz des Gefangenen. In: JZ 1954, 65 - 70.

ROTTHAUS, K.-P.: Zur Bearbeitung der Gefangenenbeschwerden In: ZfStrVO 1961, 201 - 218.

ROTTHAUS, K.-P.: Zum Rechtsschutz des Strafgefangenen. In: MschrKrim, 1977, 186 - 189.

ROTTHAUS, K.-P.: Die Zusammenarbeit zwischen Justizvollzugsanstalt und Strafvollstreckungskammer. In: Schwind, H.D. (Hrsg.): Festschrift für G. Blau. Berlin 1985, S. 327 - 339.

ROTTHAUS, K.-P.: Die Rechtsberatung der Gefangenen im Justizvollzug. In: NStZ 1990, 164 - 170.

ROTTHAUS, K.-P.: Rechtsschutz und Mediation im Strafvollzug. Anmerkungen zu Plumbohm und Kamann. In: KrimJ 1993, 56-61.

ROXIN, C.: Die Anstaltsbeiräte im Alternativ - Entwurf. In: Die Reform des Strafvollzugs, Baumann, J. (Hrsg.), München 1974, 115.

SCHÜLER-SPRINGORUM, H.: Strafvollzug im Übergang, Göttingen 1969.

SELLING, P.: Datenschutz, Forschungsbehinderung oder was? Ein Praxisbericht aus der empirischen Strafvollzugsforschung. In: Vorgänge 5/1989, S. 26 - 34.

SELLING, P.: Schutz der Daten, Freiheit der Forschung. Ein Praxisbericht. In: KrimJ 1990, S. 41 - 49.

TROTHA, T.v.: Strafvollzug und Rückfälligkeit. Eine Studie zur soziologischen Theorie und Empirie des Rückfalls von Strafgefangenen. Heidelberg 1983.

VOLCKART, B.: Verteidigung in der Strafvollstreckung und im Vollzug. Heidelberg 1988.

WAECHTER, K.: Brauchen wir einen Polizeibeauftragten? In: Zeitschrift für Rechtspolitik 1986, 293.

WAGNER, B.: Effektiver Rechtsschutz im Maßregelvollzug - § 63 StGB - Unterbringung im psychiatrischen Krankenhaus. Bonn 1988.

WAGNER, J.: Rechtliches Gehör und der Rechtsschutz des Strafgefangenen. In: GA 1975, 321 - 332.

WAGNER, J.: Der Rechtsschutz des Strafgefangenen. In: MSchrKrim 1976, 241 - 266.

WEBER, H.-M.: Rechtsverweigerung durch Vollzugsbehörden bei "Lebenslänglichen". In: Zeitschrift für Rechtspolitik, 1990, 65-70.

ZWIEHOFF, G.: Die Rechtsbehelfe der Strafgefangenen nach §§ 109 ff. StVollzG. Diss. jur. Hagen 1986.

VII. Anhang zur Implementationsbefragung

A. Auflistung der untersuchten Fälle

Die durchlaufende Nummerierung bezeichnet die 100 Fälle, welche formell in die Implementationsuntersuchung aufgenommen wurden.

Benutzte Abkürzungen:

A = Anstalt

Az. = Aktenzeichen

G = Gefangener

JM = Justizministerium

KG = Kammergericht

LG = Landgericht

OLG = Oberlandesgericht

Fall	Gerichtsentscheidungen	Umsetzung
(1) BERLIN	AG Berlin 07.03.86 - 545 StVK 187/85 Vollz KG 15.07.86 - 5 Ws 122/85 Vollz Verpflichtung, dem Gefangenen unverzüglich die Teilnahme am Gemeinschaftshörfunk zu ermöglichen	30.7.1986: Zelle mit funktionsfähigen Lautsprechern ausgestattet (A, 28.4.88). G hat nie geantwortet; er war "Strohmann" einer Gruppe von Gefangenen, die teilweise die IV stellte (Auskunft eines Beteiligten, 5.2.1992).
(2) BERLIN	LG Berlin 6.3.87 - 545 StVK 100/87 Vollz KG 23.3.87- 5 Ws 92/87 Vollz LG Berlin 11.3.87 - 545 StVK 100/87 KG 23.3.87 - 5 Ws 92/87 Vollz Verpflichtung zur Neubescheidung (Lockerungen)	Neubescheidung über Urlaubsantrag unterbleibt, da der Antragsteller am 10.4.87 aus der Strafhaft entlassen wird. "Dem Antragsteller ist jedoch bereits aufgrund des Beschlusses des KG vom 23.3.87 - 5 Ws 92/87- am 3.4.87 eine Ausführung gewährt worden" (A. 5.5.88).
(3) BERLIN 3	LG Berlin 9.4.87 545 - StVK 410/88 Vollz KG 16.06.87 - 5 Ws 153/87 Vollz LG Berlin 20.11.87 - 5445 StVK 410/86 KG 7.7.88 - 5 WS 83/88 Vollz Feststellung der Rechtswidrigkeit (Türspion)	Durch Verlegung des Gefangenen in eine andere Anstalt überholt (Interview mit G.).
(4) BERLIN 4	LG Berlin 19.3.87 - 546 StVK 403/88 Vollz KG Berlin 18.6.87 - 5 Ws 160/87 LG Berlin 15.1.88 546 StVK 223/87 Verpflichtung zur Neubescheidung (Malmaterial)	22.7.87: negative Neubescheidung

Fall	Gerichtsentscheidungen	Umsetzung
(5) BERLIN 4a	LG Berlin 15.1.88 - 546 StVK 223/87 Vollz Verpflichtung zur Neubescheidung (Malmaterial)	19.2.88: positive Neubescheidung
(6) BERLIN 5	LG Berlin 28.11.85 - 544 StVK 20/85 KG 4.3.86 - 5 Ws 13/88 Vollz Verpflichtung zur Neubescheidung (Fernsehgerät)	23.3.86: positive Neubescheidung
(7) BERLIN 6	LG Berlin 11.4.86 - 545 StVK 148/86 Vollz KG 13.11.87 - 5 Ws 285/87 Vollz Verpflichtung zur Neubescheidung (Taschengeld) LG Berlin 27.9.85 - 546 StVK 321/85 Vollz	11.01.88: positive Neubescheidung (nach Klärung von Vorfragen). Tatsächliche Umsetzung aber erst ein Jahr später (Interview mit G).
(8) BERLIN 7	KG Berlin 15.1.86- 5 Ws 489/85 Vollz LG Berlin 27.06.86 - 546 StVK 321/85 Feststellung der Rechtswidrigkeit (Disziplinarmaßnahme)	"Bereits einen Monat nach der Beschlußbekanntgabe wurde gegen mich ein erneutes Disziplinarverfahren eingeleitet. Dieses Disziplinarverfahren wurde genauso an den Haaren herbeigezogen wie das Vorangegangene" (G, 17.10.88).

Fall	Gerichtsentscheidungen	Umsetzung
(9) BERLIN 8	LG Berlin 18.6.86 - 545 StVK -71/86 Vollz KG Berlin 8.12.86-5 Ws 401/86 Vollz LG Berlin 20.11.87 - 545 StVK 71/86 Vollz Feststellung der Rechtswidrigkeit (getrennte Unterbringung während der Freizeit)	"Durch die vorgenannte Entscheidung wurde der Gefangene rehabilitiert. Der weitergehenden Anregung des 5. Strafsenats des Kammergerichts in Berlin, die zukünftige Ausgestaltung der Freizeit des Gefangenen entgegenkommender zu gestalten, konnte nicht realisiert werden, da der Gefangene verlegt wurde." (A. 15.7.88)
(10) BERLIN 9	LG Berlin 15.10.85 - 548 StVK 68/85 KG Berlin 6.2.86 - 5 Ws 514/85 Vollz Verpflichtung zur Zulassung eines Vollzugshelfers	"Die Wiederzulassung erfolgte am 11. 8. 1886, nachdem eine neuerliche Sicherheitsüberprüfung des Antragstellers stattgefunden hatte."(A, 4.8.88).
(11) BOCHUM 1	LG Bochum 4.6.87 - Vollz 22/87 OLG Hamm 1.8.87 - Vollz (WS) 221/87 LG Bochum: Verfahren ohne Entscheidung erledigt (Zulassung als Vollzugshelferin)	Dem Antragsteller ist zwar eine Leselampe ausgehändigt worden, dies beruht aber nicht auf dem anhängigen Verfahren. Zwischenzeitlich ist im Land Nordrhein-Westfalen eine Änderung der Regelung dahin, da die JVA dem Antrag stattgegeben hat, erfolgt, daß allen Gefangenen auf Antrag eine Leselampe ausgehändigt wird" (A , 13.7.88).

Fall	Gerichtsentscheidungen	Umsetzung
(12) BREMEN 1	LG Bremen 31.12.87 - StVK 77/87 VZ OLG Bremen 10.6.88 - Ws 32/88 Verpflichtung zur Neubescheidung (Zulassung als Vollzugshelferin)	Nach Zustellung der Entscheidung (...) habe ich mich unverzüglich an den Senator (...) gewandt und diesen gebeten, nunmehr die Zustimmung zur Bestellung (...) zu erteilen. Diese Zustimmung liegt auch vor. (...) Umgesetzt werden konnte diese Entscheidung bisher leider nicht, weil Frau F aus beruflichen Gründen derzeit verhindert ist, ehrenamtliche Vollzugshilfe zu leisten" (A, 31.1.89).
(13) BRUCHSAL	LG Karlsruhe 23.10.85 - StVK 135/85 OLG Karlsruhe 12.01.87 - 1 Ws 264/85 Verpflichtung zur Unterlassung der Kontrolle Verteidigerpost	"Sofort nach Bekanntwerden der Entscheidung durch innerdienstliche Weisung umgesetzt", (Ministerium 13.4.88).
(14) BÜCKEBURG 1	LG Bückeburg 12.2.88 - 4 StVK 19/87 OLG Celle 31.3.88 - 1 WS 85/88 StrVollz) BGH NStZ 1989, 198 OLG Celle 1 WS 85/88 (StrVollz) Hausgeld darf nicht für Schadenersatz in Anspruch genommen werden	Gefangener entlassen (unser Schreiben vom 2.2.89 kommt mit dem Vermerk "unbekannt" zurück). "Die Entscheidung ist am 2.3.1989 durch einen Überweisungsauftrag umgesetzt worden." (A, 19.12.91).

Fall	Gerichtsentscheidungen	Umsetzung
(15) BUTZBACH 1	LG Frankfurt 17.11.86 - S/32 StVK 342/86 OLG Frankfurt 02.06.87- 3 Ws 211/87 (StVollz) Verpflichtung über die erneute Verlegung in den Vollzug zu entscheiden	"Der Beschluß...hatte sich bereits bei Eingang in der hiesigen Behörde erledigt, weil der Antragsteller bereits am 21.06.87 in den offenen Vollzug verlegt worden war", (A, 17.5.88).
(16) BUTZBACH 2	LG Gießen (Datum fehlt, 682+683/85) OLG Frankfurt 12.05.86 - 3 Ws 319 u. 320/86 StVollz) Verpflichtung zur Neubescheidung (Verlegung in ein öffentliches Krankenhaus und zur Überlassung fachärztlicher Befunde)	24.8.86: 1.) Negative Neubescheidung 2.) Übermittlung von Befunden (Vollständigkeit strittig)
(17) BUTZBACH 3	LG Gießen 17.4.86 - 1 StVK Vollz 152/86 OLG Frankfurt 04.06.86 - 3 Ws 456/86 (StVollz) Verpflichtung zur Neubescheidung (Sonderurlaub)	09.07.86: negative Neubescheidung
(18) BUTZBACH 4	LG Gießen LG Frankfurt - 5/32 StVK 80/86 OLG Frankfurt 19.12.86 - 3 Ws 1106/86 (StVollz) Arrestverfügung vom 07.03.86 aufgehoben	"Für ein Tätigwerden bestand seitens der hiesigen Behörde keine Veranlassung" (A, 17.05.88). "Hier ist aber zu beachten, daß ich, als der Beschluß zugestellt wurde, nicht mehr im offenen Vollzug war (dort wurde der Arrest verhängt" (G, 26.3.88).

Fall	Gerichtsentscheidungen	Umsetzung
(19) BUTZBACH 5	LG Gießen (Datum, Az.fehlt) OLG Frankfurt 16.05.86 - 3 Ws 1154/85 (StVollz) LG Gießen 30.10.87 - 1 StVK-Vollz Verpflichtung zur Aushändigung einer Zeitschrift nach Entfernung der beanstandeten Seiten	"Nach Eingang des Beschlusses ... wurde der Antragsteller gefragt, ob er die seitens des Gerichts vorgeschlagene Vorgehensweise akzeptiere. Dies wurde von dem Antragsteller verneint" (A, 07.06.88). In der Folge schlossen sich weitere Gerichtsverfahren wegen der vollständigen Aushändigung der in Rede stehenden Zeitschrift an, in deren Verlauf die Anstaltsleitung schließlich am 28.7.1989 die vollständige Aushändigung der Zeitschrift verfügte" (G. 28.5.1988).
(20) BUTZBACH 6	LG Gießen 3.3.87 - 1 StVK Vollz 1160-1162/86 OLG Frankfurt 21.12.87 - 3 Ws 411-413/87 (StVollz) Verpflichtung zur Neubescheidung (Einkauf vom Eigengeld)	23.03.88: Negative Neubescheidung
(21) BUTZBACH 7	LG Gießen 2.4.87 - 1 StVK - Vollz 813/86 OLG Frankfurt 02.04.87 - 3 Ws 67/87 (StVollz) Feststellung der Rechtswidrigkeit (Unterbringung in einem überfüllten Haftraum)	"Die genannte Entscheidung hatte insofern keine unmittelbaren Konsequenzen, als der Antragsteller bei Zugang des Beschlusses sich bereits mehrere Monate auf einem Einzelhaftraum befunden hatte" (A, 28.6.88).
(22) BUTZBACH 8	LG Gießen 29.1.1988 - 1 StVK - Vollz 1006/87 Verpflichtung zur Neubescheidung (Sonderbesuch)	17.2.88: Negative Neubescheidung

Fall	Gerichtsentscheidungen	Umsetzung
(23) BUTZBACH 9	LG Gießen 11.11.87 - 1 StVK-Vollz 643/87+644/87 Verpflichtung (Einkauf vom Eigengeld)	"wurde von Seiten der Anstalt sofort umgesetzt"(G,08.08.88) Nach den hiesigen Unterlagen war seitens der hiesigen Behörde gegen den Beschluß des LG Gießen vom 11.11.87 die Einlegung einer Rechtsbeschwerde bei der Aufsichtsbehörde angeregt worden. Mit Erlaß vom 28.12.87 war von der Einlegung eines Rechtsmittels abgesehen worden, weil zwischenzeitlich die Entscheidung des BGH vom 24.11.87 bekanntgeworden war ... Unabhängig davon hat der Antragsteller seinerseits im August 1987 zusätzlich Einkauf vom Eigengeld in Höhe von 40,- DM erhalten (A.12.12.92).
(24) BUTZBACH 10	LG Gießen 31.08.87 - 1 StVK-Vollz 552/87 Verpflichtung zur Neubescheidung (Tagesausgang)	Negative Neubescheidung (siehe auch BUTZBACH 11)
(25) BUTZBACH 11	LG Gießen 13.11.87 - 1 StVK-Vollz 920/87 Verpflichtung zur Neubescheidung (Tagesausgang)	Der Antragsteller "erhielt letztlich beginnend ab März 1988 Lockerungen und Urlaub. Die Entscheidung konnte erst so spät ergehen, weil sich die Aufsichtsbehörde in diesem Einzelfall aufgrund der hier besonders gelagerten Probleme die Entscheidung vorbehalten hatte" (A, 12.88).

Fall	Gerichtsentscheidungen	Umsetzung
(26) BUTZBACH 12	LG Gießen 11.12.87 - 1 StVK-Vollz 959/87 Hauptsache erledigt; Kosten Staatskasse Schon zwei Tage nach Eingang des Antrags auf Entscheidung war der Anlaß weggefallen." (Unterbringung in überbelegtem Haftraum)	"Einen Monat lang passierte gar nichts. Als man hörte, daß ich ans Gericht gegangen bin, dann ging alles sehr schnell." (G. 6.6.89). Aufgrund der angespannten elegsituation konnte...erst nach einer gewissen Wartezeit ein Einzelhaftraum zugewiesen werden" (A, 20.06.88).
BUTZBACH 13	LG Gießen, 2.5.88 - 1 StVK-Vollz 272/88 OLG Frankfurt 17.8.88- 3 Ws 556/88 (Ablehnung von Ausgang und Urlaub) LG Gießen, 07.12.88- 1 StVollz 272/88	"Die Hauptsache ist erledigt, nachdem ein neuer ablehnender Bescheid der Vollzugs behörde am 17.11.1988 ergangen ist und von dem Bevollmächtigten des Verurteilten angefochten wird." (LG Gießen, 7.12.88) "Der Mitgefangene ist sehr krank (psychisch) und nicht mehr in der Lage zu schreiben. Ich hatte für ihn das Verfahren vor der StVK betrieben ... es erging ein sehr, sehr merkwürdiger Beschluß der StVK ... weder der AL noch die StVK dachten, daß ich noch einmal nach hier zurückkehren würde vom offenen Vollzug und da noch mal Rechtsbeschwerde (deren Erfolg ich aber für gering schätze) einlegen würde." "Ein Paradebeispiel der Zusammenarbeit JVA und StVK" (Brief des Bevollmächtigten vom 6.2.89)

Fall	Gerichtsentscheidungen	Umsetzung
BUTZBACH 14	LG Gießen 1.6.87 - 1 StVK- Vollz 363/87 .6.87- 1 StVK- Vollz 363/87 Verpflichtung zur Neubescheidung (Tagesausgang)	Keinerlei Angaben
(27) BUTZBACH 15	LG Gießen 8.3.87 - 1 StVK-Vollz 1163/88 Verpflichtung zur Neubescheidung (Urlaub)	23.4.87: Negative Neubescheidung
(28) BUTZBACH 15 a	LG Gießen 26.06.87 - 1 StVK-Vollz 364/87 Verpflichtung zur Neubescheidung (Urlaub)	"Der Beschluß wurde am 18.08.87 rechtskräftig. Dem Beschluß wurde insoweit Rechnung getragen, als dem Verurteilten am 09.09.87 3 Tage Urlaub gewährt wurden" (A, 14.02.89).
(29) BUTZBACH 16	LG Gießen 22.01.88 - 1 StVK-Vollz 1017/87 Verpflichtung zur Neubescheidung (Verlegung in den offenen Vollzug)	5.2.88: Negative Neubescheidung
(30) BUTZBACH 17	LG Gießen 21.10.87 - 1 StVK-Vollz 818/87 Verpflichtung zur Neubescheidung (Tagesausgang)	04.12.87: Negative Neubescheidung
(31) BUTZBACH 18	LG Gießen 31.12.87 - 1 StVK - Vollz 1092/87 OLG Frankfurt 28.10.88 - 3 Ws 262/88 (StVollz) Verpflichtung zur Herausgabe von Krankenunterlagen	Strittig, ob Beschluß vollständig umgesetzt wurde (G, 12.03.89; A, 22.30.89).

Fall	Gerichtsentscheidungen	Umsetzung
CASTROP-RAUXEL 1	LG Dortmund 29.0686 3 Vollz 11/86 OLG Hamm 21.11.87- 1 Vollz (Ws) 271/86 LG Dortmund 7.4.87 für erledigt erklärt und Kosten der Staatskasse auferlegt (Verlegung)	Hier lag nach Meinung des OLG Hamm ein Verstoß gegen eine dem Gericht obliegende Aufsichtspflicht vor, weil dem Gefangenen seitens des Gerichts keine Gelegenheit zur Stellung eines Fortset zungfeststellungsantrags eingeräumt wurde. "Die Konsequenzen sind deshalb (...) allein von der Strafvollstreckungs- kammer zu tragen"(A, 04.07.88).
(32) CELLE 1	LG Lüneburg 18.04.86 - 17 StVK 217/86 AG Celle OLG Celle 22.05.86- 3 Ws 238/86 StrVollz Verpflichtung zur Neubescheidung (Teilnahme am Kraftsport)	3.9.86: die Anstalt hebt die angefochtene Verfügung auf
(33) CELLE)	LG Lüneburg/Celle 24.02.86 - 17 StVK 800/85 OLG Celle 26.06.86 - 3 Ws 170/86 (StrVollz) Verpflichtung zur Neubescheidung (überbelegter Haftraum)	Offenbar negative Neubescheidung. A teilt mit, daß derartige Hafträume jetzt nur noch mit einem Gefangenen belegt würden. "Das ist - nach Rückgang der Belegung - erst jetzt möglich".
(34) CELLE 3	LG Lüneburg/Celle 9.4.86 - 17 StVK 58/86 OLG Celle 15.5.1986- 3 Ws 233/86 (StrVollz) Verpflichtung zur Neubescheidung (Genehmigung von 1000 Blatt Schreibpapier)	Keine Angaben, da Gefangener verlegt wurde (alte Anstalt hat keine Akten mehr, neue antwortet nicht).

Fall	Gerichtsentscheidungen	Umsetzung
(35) CELLE 4	Verpflichtung zur Zulassung eins Computers	Gefangener legte keinen Wert mehr auf die Implementation, "da sich meine Interessenlage durch die neunmonatige Klagerei verändert hatte..."(G, 3.9.88). "Die angesprochene Entscheidung wurde nicht umgesetzt, da der Gefangene nicht über die für den Kauf erforderlichen Mittel verfügte" (A. 22.1.92)
(36) CELLE 5	LG Lüneburg/Celle 26.5.86 - 17 StVK 309/86 AG Celle OLG Celle 8.7.86- 3 Ws 300/86 (StrVollz) Verpflichtung zur Aushändigung des StrVollzG	Keine Angaben, da Gefangener verlegt wurde (alte Anstalt hat keine Akten mehr, neue antwortet nicht)
(37) CELLE 6	LG Lüneburg/Celle 16.12.85 - 17 StVK 687/85 OLG Celle 13.02.86 - 3 Ws 48/86 (StrVollz) Verpflichtung zur Neubescheidung (Urlaub, Freigang)	Negative Neubescheidung. Diese Entscheidung wurde mit Widerspruchsbescheid vom 14.3.86 bestätigt" (A.10.4.89). "Nach Überprüfung unserer Unterlagen ist nicht zu ersehen, daß Herr M sein Einverständnis zur Übersendung des Widerspruchsbescheides damals gegeben hat. Deswegen wird aus datenschutzrechtlichen Gründen von einer Übersendung abgesehen" (A. 5.2.92).

Fall	Gerichtsentscheidungen	Umsetzung
(38) CELLE 7	LG Lüneburg/Celle 17.04.88 - 17 StVK 201/88 OLG Celle 18.06.86 - 3 WS 273/86 /StrVollz) Verpflichtung zur Neubescheidung (Freigabe von Überbrückungsgeld für Familie)	29.7.86: dem Antrag wurde entsprochen (A, 2.3.89). "... ist leider nur zum Teil beachtet worden, und ich habe statt 700 DM nur einen Betrag von 466,47 DM erhalten" , (G. 27.2.92)
(39) CELLE 8	LG Lüneburg/Celle 30.4.86 - 17 StVK 240/86 OLG Celle 27.6.86- 3 (WS) 290/86 Verpflichtung zur Neubescheidung (Ausgang, Urlaub)	"Aufgrund des Beschlusses wurde Herr N. durch Verfügung vom 14.7.1986 neu beschieden, wobei das innervollzugliche Verhalten des Herrn N. berücksichtigt wurde. Dabei wurde sein vollzugliches Verhalten im wesentlichen positiv dargestellt. Im Ergebnis blieb es jedoch bei der Entscheidung vom 14.3.1986" (A. 6.2.92).
(40) CELLE 9	LG Lüneburg/Celle 23.12.87 - 17 StVK 749/87 OLG Celle 12.02.88 - 3 Ws 46/88 (StrVollz) Verpflichtung zur Neubescheidung (Besuchsüberstellung)	18.5.88: Positiver Zwischenbescheid (Vater von A hatte dem Minister den Beschluß gezeigt. Danach "kam vom Ministerium was runter" G, 10.8.88) 20.9.89: Negative Neubescheidung
(41) CELLE 10	LG Lüneburg 6.7.89 - 17 StVK 167/89 OLG Celle 21.8.89 - 1 WS 229/89 (StrVollz) Verpflichtung zur Neubescheidung; Rechtsbeschwerde der Anstalt als unzulässig verworfen. (Antrag auf verschließbaren Aktenkoffer)	

223

Fall	Gerichtsentscheidungen	Umsetzung
(42) CELLE 10a	LG Lüneburg 23.11.89 - 17 StVK 315 /89 OLG Celle 08.02.90 - 1 WS 423/89 (StrVollz) Verpflichtung, den Besitz eines verschließbaren Aktenkoffers zu gestatten	"Mit Auftrag vom 04.07.1990 hat der Verurteilte beim Versandhaus Quelle einen schwarzen Hartschalen-Aktenkoffer bestellt, der ihm unverzüglich nach der Lieferung am 24.7.1990 ausgehändigt wurde" (A.13.02.92).
CELLE 11	LG Lüneburg/Celle (Datum, Az. fehlt) OLG Celle 24.2.86- 3 Ws 170/86 Verpflichtung zur Neubescheidung (Verlegung in anderen Haftraum)	"Ich kann nicht feststellen, wen das Verfahren betroffen hat"(A, 2.3.89)
(43) CELLE 12	LG Lüneburg/Celle 18.01.88 - 17 StVK 500/87 OLG Celle 24.03.88 - 1 Ws 53/88 (StrVollz) Verpflichtung zur Neubescheidung (Aufnahme einer psychotherapeutischen Behandlung)	"Als Neubescheidung beschloß die Voll- zugskonferenz am 3.6.88, daß alles beim alten bleibe, es bestehe kein Handlungs- bedarf. (...) Die JVA hat den OLG-Be- schluß ignoriert"(RA, 22.2.89). A behauptet, der RA habe sich dieser Beurteilung dann auch angeschlossen und die Sache nicht weiterverfolgt" (25.10.89).

Fall	Gerichtsentscheidungen	Umsetzung
(44) CELLE 13	LG Lüneburg Celle 29.01.88 - 17 StVK 12/88 OLG Celle 16.03.88 - 1 WS 50/88 (StrVollz) Verpflichtung zur Neubescheidung (Urlaub)	Negative Neubescheidung ("Die Entscheidung ist nicht umgesetzt worden." (...) "Es hat erhebliche Schwierigkeiten gegeben. Die aufgetretenen Schwierigkeiten sind nicht bewältigt worden. Der Gefangene ist zuvor vom OLG aufgrund einer Beschwerde über eine ablehnende Reststrafenentscheidung der Strafvollstreckungskammer entlassen worden" A,4.1.89).
(45) CELLE 14	LG Lüneburg/Celle 25.01.88 - 17 StVK 684/87 OLG Celle 11.03.88 - 1 Ws 64/88 (StrVollz) Verpflichtung zur Neubescheidung (Urlaub, Ausgang)	5.5.88: Negative Neubescheidung (Parallel dazu lief ein Verlegungsantrag, der am 15.6.88 erfolgreich war) (RA, 19.01.89)
(46) CELLE 15	LG Lüneburg/Celle 9.12.87 - 17 StVK 664/87 AG Celle OLG Celle 27.01.88 - 3 Ws 30/88(StrVollz) Schriftwechselverbot mit einer bestimmten Frau aufgehoben	Anstalt ließ Schriftwechsel daraufhin zu (RA, 17.2.89: "Der Gefangene ist ein Gefangener aus der RAF. Der Strafvollzug folgt hier besonderen eigenen 'Gesetzen'")
(47) CELLE 16	LG Lüneburg/Celle 13.04.87 - 17 StVK 166/87 OLG Celle 14.05.87 - 3 Ws 183/87 (StrVollz) LG Lüneburg/Celle 14.08.87 - 17 StVK 166/87 AG Celle Verpflichtung, dem Gefangenen das Betreiben eines eigenen Fernsehgerätes zu gestatten	4.9.87: Aushändigung des eigenen Fernsehgerätes (A, 2.3.89) ; "ich habe dann gleich mein Fernsehgerät ausgehändigt bekommen " (G, 19.01.89).

225

Fall	Gerichtsentscheidung	Umsetzung
(48) CELLE 17	LG Lüneburg/Celle 18.07.88 - 17 StVK 51/88 AG Celle LG Celle 04.08.88 1 Ws 117/88 (StrVollz) Verpflichtung zur Aushändigung einer Postsendung	"am anderen Tag ausgehändigt"(G, 5.7.88)
CELLE 18	LG Lüneburg/Celle 12.04.88 - 17 StVK 47/88 Verpflichtung zur Neubescheidung (Aushändigung einer elektrischen Kaffeemaschine)	Negative Neubescheidung, (G, 25.7.88: "Die wollen den ganzen Sarotti nochmals vor die Strafvoll-streckungskammer bringen")
(49) DIEBURG 1	LG Wiesbaden 29.12.86 - 16 StVK 32/86 OLG Frankfurt 30.7.87- 3 Ws 194/87 LG Wiesbaden Datum, Az. fehlen für erledigt erklärt, Kosten Staatskasse	"... lediglich über die Kosten des Verfahrens entschieden. Da die Entscheidung für Sie ohnehin nicht mehr von Bedeutung sein dürfte, habe ich - nicht zuletzt aus datenschutzrechtlichen Gründen - von der Übersendung einer Ablichtung abgesehen" (JM, 27.6.88). "Ich bin seit dem 11.2.73 in Haft und habe bis heute keine Lockerungen; ich werde von Jahr zu Jahr vertröstet, alles wegen meines Sieges beim OLG" (G,2 , 0.6.88)
(50) DIEZ 1	LG Koblenz 10.4.87 - 8 Vollz 29/87 OLG Koblenz 27.7.87- 2 Vollz (Ws) 36/87 Verpflichtung zur Neubescheidung (Taschengeld)	Anstalt verweigert Auskunft (A, 16. .6.1988)

Fall	Gerichtsentscheidungen	Umsetzung
(51) DIEZ 2	LG Koblenz 04.09.86 - 4 StVK 119/86(OLG Koblenz 20.11.86- 2 Vollz (Ws) 117/86 Verpflichtung (Absenden eines Rundfunkgerätes aus der Habe)	Anstalt verweigert Auskunft (A, 16.6.1988)
(52) DIEZ 3	LG Koblenz 5.8.88- 8 Vollz 238/87 OLG Koblenz 26.1.89- 2 Vollz (Ws) 63/88 Verpflichtung (Entfernung des Ergebnisses einer rechtswidrigen AIDS-Untersuchung aus den Gesundheitsakten)	„Nach langem Schriftverkehr mit dem Mini sterium der Justiz in 6500 Mainz erhielt ich am 20.02.1990 die schriftliche Nachricht, daß die Eintragung aus den Gesundheits akten der JVA entfernt werde und das Testergebnis vernichtet worden ist (G,21.04.92). Anstalt verweigert Auskunft (A, 6.6.1988)
(53) DIEZ 4	LG Koblenz 26.04.88 - 8 Vollz 4/88 OLG Koblenz 6.7.88 - 2 Vollz (Ws) 41/88 Zurückverweisung an LG (Stempelaufdruck "Blutkontakt vermeiden aus Krankenakte und Transportscheinen)	Anstalt verweigert Auskunft (A, 6.6.1988) "Strafvollstreckungskammer hat Haupt- sache für erledigt erklärt und Kosten Landeskasse auferlegt" (G, 18.4.89)

Fall	Gerichtsentscheidungen	Umsetzung
(54) DIEZ 5	LG Koblenz 09.03.88 - 8 Vollz 185/87 OLG Koblenz 31.5.88 - 2 Vollz (Ws) 30/88 Verpflichtung (Rückbuchung von Überbrückungsgeld	"Die JVA weigerte sich mit den fadenscheinigsten Mitteln, trotz Beschluß des OLG Koblenz, mir das Geld zu überweisen. Erst anläßlich einer Begehung durch das MdJ Mainz, bei der ich Gelegenheit hatte, mein Anliegen...vorzutragen, wurde das Geld binnen einiger Tage über überwiesen"(G, 21.4.89) "Nach Zuweisung der Mittel wurde die Rückbuchung des Überbrückungsgeldes am 29.09.1988 vorgenommen. Der Betroffene hat mehrfach wegen der Rückbuchung vorgesprochen; es kann nicht mehr festgestellt werden, ob bei den mündlichen Vorsprachen ihm die Langwierigkeit des Rückbuchungsverfahrens dargelegt wurde." (JM, 21.05.92).
DIEZ 6	LG Koblenz 18.1.89 - 8 Vollz 170/88 Verpflichtung, Schreiben vom 01.08.88 an Gefangenen auszuhändigen	17.2.89: "teile ich Ihnen mit, daß Ihr Schreiben vom 1.8.88 zwischenzeitlich (...) ausgehändigt worden ist" (A, 7.2.89)
(55) FRANKFURT 1	LG Frankfurt 17.11.86 -5/32 StVK 342/86 OLG Frankfurt 2.6.87- 3 Ws 211/87 (StVollz) Rückverlegung in den geschlossenen Vollzug aufgehoben	"Die Entscheidung wurde umgesetzt, indem der Gefangene erneut in den offenen Vollzug ...aufgenommen wurde" (A, 27.5.88)

Fall	Gerichtsentscheidungen	Umsetzung
(56) HANNOVER 1	LG Hannover Mai 86- 43 StVK 344/85 Verpflichtung zur Neubescheidung (Lockerungen)	3.7.86: Positive Neubescheidung ("nachdem durch ein Bewährungsurteil eine neue Situation entstanden war"; A.19.4.88)
(57) HANNOVER 2	LG Hannover 15.01.86 - 54 StVK 351/85 OLG Celle 24.03.86 - 3 Ws 138/86 (StrVollz) Verpflichtung zur Neubescheidung (Lockerungen)	Negative Neubescheidung
(HANNOVER 3)	Wurde nie rechtskräftig, da Gefangener seine Lockerungen erhielt und Antrag zurücknahm).	
(58) HANNOVER 4	LG Hannover 19.01.88 - 54 StVK 417/87 Verpflichtung zur Neubescheidung (Urlaub)	Negative Neubescheidung
(59) HANNOVER 5	LG Hannover 22.12.87 - 54 StVK 421/87 OLG Celle 21.04.88 1 Ws 47/88 (StrVollz) Verpflichtung zur Neubescheidung (Entzug von Gegenständen als Sicherungsmaßnahme)	14.9.88: Negative Neubescheidung (A, 14.3.89)
(60) HANNOVER 6	LG Hannover 09.12.87 - 54 StVK 416/87 OLG Celle 25.01.88 - 3 Ws 20/88 (StrVollz) Verpflichtung zur Neubescheidung (Einzelfernsehen)	Negative Neubescheidung (A, 14.3.89)
(61) HANNOVER 7	LG Hannover 09.07.86 - 52 StVK 21/86 OLG Celle 15.09.86 3 Ws 432 u. 433/86 (StrVollz) LG Hannover 29.12.86 - 52 StVK 112/80 Aufhebung des Widerrufs einer Bastelerlaubnis	17.7.87: neue Bastelerlaubnis (A, 28.4.89)

Fall	Gerichtsentscheidungen	Umsetzung
(62) HEILBRONN 1	LG Stuttgart 28.05.85 - 3 StVK 407/85 OLG Stuttgart 21.08.85 - 4 Ws 232/85 V LG Stuttgart 7.10.85 3 StVK 407/85 Verpflichtung zur Rückbuchung	17.10.85: Rückbuchung erfolgt (A, 5.5.88)
(63) HEILBRONN 2	LG Stuttgart 27.01.87 OLG Stuttgart 20.03.87 - 4 Ws 71/87 LG Heilbronn 14.5.87- 1 StVK 97/87 Erledigung, weil neue Anstalt auf die umstrittene Fesselung verzichtete	"Die Sache war deshalb erledigt" (A, 27.6.88)
(64) KASSEL 1	LG Kassel 13.08.86 - 2 StVK 294/86 OLG Frankfurt 27.11.86 - 3 Ws 987/86 (StVollz) Verpflichtung zur Neubescheidung (Aushändigung von Büchern und Briefpapier)	"In Anwendung der Vorschriften über das Einbringen von Gegenständen zum Strafantritt wurde dem VU (dem Vollzugsunterworfenen ?; d. Verf:) die Aushändigung der Bücher versagt, da Bücher generell nur über einen Verlag bezogen werden dürfen und Teilmengen des Schreibmaterials genehmigt. Der VU lehnte die Aushändigung des Schreibpapiers dann ab" (A, 24.5.88).
KASSEL 2	LG Kassel 17.12 86 - 2 StVK 680/86 OLG Frankfurt 1.4.87- 3 Ws 170/87 (StVollz) Verpflichtung zur Verlegung in off. Vollzug	"nicht möglich, den Beschwerdeführer zu ermitteln"(A, 4.6.89)

Fall	Gerichtsentscheidungen	Umsetzung
(65) KASSEL 3	LG Kassel 5.2.86 - 2 StVK 875/85 OLG Frankfurt 02.06.86- 3 Ws 315/86 /StVollz) LG Kassel 24.11.86- 2 StVK 875/85 Feststellung der Rechtswidrigkeit (Nicht-Verlegung in ein Krankenhaus außerhalb des Vollzuges)	"Der Rechtsstreit in Sachen "Krankheit" beginnt in 1984 und ist bei keiner Verlegung in ein Krankenhaus außerhalb des Vollzugs ohne gerichtliche Entscheidung vorgenommen worden (G. 08.08.88).
(66) KASSEL 4	LG Kassel 23.11.87- 2 StVK 408/87 Verpflichtung zur Neubescheidung (Vollzugsplanfortschreibung)	Negative Neubescheidung (G, 9.10.88)
(67) KASSEL 5	LG Kassel 22.09.86 - 2 StVK 359/86 OLG Frankfurt 26.11.88- 3 Ws 987/86 (StVollz) Verpflichtung zur Neubescheidung (Zulassung alkoholfreien Bieres)	Keinerlei Antwort.
(68) LUDWIGSBURG 1	LG Stuttgart 25.09.86 - 3 StVK 407/85 OLG Stuttgart 20.11.86 - 4 Ws 374/86 LG Stuttgart 27.11.86 - 3 StVK 407/85 Verpflichtung zur Neubescheidung (Radiorekorder)	"Im Anschluß an die Zustellung des Beschlusses der Strafvollstreckungskammer: Positive Neubescheidung (A, 7.9.88)

Fall	Gerichtsentscheidungen	Umsetzung
(69) MEPPEN 1	LG Osnabrück 18.05.87 - 23 StVK 437/87 OLG Celle 30.07.87 - 3 Ws 297/87 (StrVollz) LG Osnabrück 27.04.88 - 23 StVK 437/87 Verpflichtung zur Neubescheidung (Einzelfernsehen)	Positive Neubescheidung: "Auf Grund des Beschlusses hat sich der Anstaltsleiter dazu durchgerungen, einen Raum - so groß wie eine Zelle - zur Verfügung zu stellen, in dem sogenannte politische und kulturelle Sendungen vom Vortage aufgenommen werden und am nächsten Tag gezeigt werden. Abgesehen davon, daß er diese Videoaufnahmen für alle Gefangenen an preist (was aus organisatorischen Gründen und dem viel zu kleinen Raum gar nicht möglich ist) hat er damit den Beschluß rechtswidrig unterlaufen!" (G, 6.1.89; keine Antwort von A).
(70) REMSCHEID 1	LG Wuppertal 19.04.88 - 1 Vollz 133/87 + 2 Vollz 4/88 Verpflichtung zur Neubescheidung (Lockerungen)	2.6.88: Negative Neubescheidung A, 1.7.88)
REMSCHEID 2	LG Wuppertal 18.10.87- 1 Vollz 107/87 OLG Hamm 21.6.88- 1 Vollz (Ws) 158/88f (Kein vom Gefangenen rechtskräftig gewonnenes Verfahren; die von uns zugrundegelegte Entscheidung war nicht rechtskräftig und wurde vom OLG Hamm aufgehoben).	

Fall	Gerichtsentscheidungen	Umsetzung
(71) REMSCHEID 3	LG Wuppertal 16.03.88 - 1 Vollz 125/87 Verpflichtung zur Neubescheidung (Telefonieren vom Eigengeld)	19.5.88: positive Neubescheidung
(72) REMSCHEID 4	LG Wuppertal 1.12.88 - 2 Vollz 7/88 Feststellung der Rechtswidrigkeit (Urlaubsablehnung)	"sitze ich nunmehr ohne geringste Aussicht auf Lockerungen" (G. 6.1.88)
(73) REMSCHEID 5	LG Wuppertal 29.12.88 - 2 Vollz 78/88 Verpflichtung zur Neubescheidung (Ausführung)	Eine zunächst eingelegte Rechtsbeschwerde der Anstalt wird am 31.3.89 zurückgenommen. Der Anstaltsleiter teilt der Aufsichtsbehörde mit, daß inzwischen "konkrete Anhaltspunkte für eine mehr Erfolg versprechende berufliche Orientierung" des Gefangenen vorliegen. Über einen "von dem Gefangenen erneut vor gelegten Ausführungsantrag wäre mithin auf der Grundlage anderer, neuer Gesichtspunkte zu beraten und zu entscheiden". Ob ein solcher Antrag gestellt und wie er entschieden wurde, bleibt offen. Jedenfalls ist "die Entscheidung der Strafvollstreckungskammer somit ohne Auswirkungen geblieben" (A. 14.1.92).

234

Fall	Gerichtsentscheidungen	Umsetzung
(74) SAARBRÜCKEN 1	LG Saarbrücken 22.8.86 - IV StVK 369/86 OLG Saarbrücken 04.09.86- Vollz (Ws) 35/86 Verpflichtung zur Neubescheidung (Urlaub)	"Diese Entscheidung ist hier am 10.9.1986 eingegangen. Bereits an diesem Tag ist dem Gefangenen für den 11.9.1986 ein Ausgang, sodann am 3.10.1986 die erste Regelbeurlaubung gewährt worden" (A,23.6.88).
(75) SAARBRÜCKEN 2	LG Saarbrücken 22.08.86 1.9.86 - IV StVK 369/86 OLG Saarbrücken 14.10.86 - Vollz (Ws) 45/86 LG Saarbrücken 12.2.87 - IV StVK 369/86 Feststellung der Rechtswidrigkeit (Rückverlegung aus dem offenen Vollzug, Kosten Staatskasse)	"Noch bevor die Strafvollstreckungs-kammer erneut darüber befinden konnte, ob die Rückverlegung des Gefangenen wegen des Vorwurfs der während des Strafvollzugs begangenen Hehlerei am 23.3.1986 rechtens war, wurde der Gefangene am 16.12.1986 erneut in den vergleichbar gelockerten Vollzug der Außenstelle Saarlouis der JVA Saarbrücken verlegt" (A, 23.6.88).
(76) SAARBRÜCKEN 3	LG Saarbrücken 31.01.86 - III StVK 904/85 OLG Saarbrücken 19.03.86 - Vollz (Ws) 18/86 Verpflichtung zur Weiterleitung eines Briefes	Unverzüglich nach Eingang des Be-schlusses: "Die Entscheidung ist da-durch umgesetzt worden, daß der Brief des Beschwerdeführers vom 9.8.1985 (...) dem Beschwerdeführer wieder ausgehän-digt worden ist. Gleichzeitig wurde ihm anheimgestellt, den Brief nunmehr zur Weiterleitung an den Adressaten wieder vorzulegen." (A. 29.6.88)

Fall	Gerichtsentscheidungen	Umsetzung
(77) SCHWALMSTADT 1	LG Marburg 14.01.87 - 7a StVK 196/86 Verpflichtung zur Verlegung in ein Krankenhaus außerhalb des Vollzuges	"Die Bemühungen, diesen Beschluß umzusetzen, erstreckten sich über einen Zeitraum von nunmehr zwei Jahren". Am 15.3.89 kam G schließlich "zum Zweck der weitergehenden Diagnostik und stationären Beobachtung" in ein Krankenhaus außerhalb des Vollzuges; (A, 5.6.89).
(78) SCHWALMSTADT 2	LG Marburg 05.02.86 - 7 a STVK 188/85 OLG Frankfurt/M. 05.05.86 - 3 Ws 317/86 (StrVollz) Verpflichtung zur Neubescheidung (Urlaub)	14.7.86: Negative Neubescheidung
(79) SCHWALMSTADT 3	LG Marburg 11.10.88 - 7a StVK 115/88 Verpflichtung zur Neubescheidung (Telefongespräch)	Da G angeblich keinen Wert mehr auf das Telefongespräch legt, erteilt Anstalt bloß allgemeine Belehrung (A.3.4.89). G wendet sich dagegen erneut an die StVK, diesmal erfolglos (LG Marburg 9.3.89 - 7a StVK 633/88)
(80) SCHWERTE 1	LG Hagen 05.08.86 - 61 Vollz 24/86 OLG Hamm 20.11.86 - 1 Vollz (Ws) 203/86 Verpflichtung zur Neubescheidung (Verlegung in den offenen Vollzug)	"Auf den Beschluß hin wurde am 6.1.87 um die erforderliche Zustimmung des JM NW ersucht. Der Vorgang erledigte sich allerdings durch Rücknahme des Verlegungsantrages vom 14.1.1987. Grund: Entlassung am 5.5.87. Der Gefangene wollte während der verbleibenden Vollzugsdauer nicht noch in eine andere Anstalt" (A, 16.5.88).

Fall	Gerichtsentscheidungen	Umsetzung
SCHWERTE 2	OLG Hagen 15.8.86 61 Vollz 24/86 OLG Hamm 20.11.86- 1 Vollz (Ws) 203/86 Verpflichtung zur Neubescheidung (Verlegung in den offenen Vollzug)	Keinerlei Antwort
(81) STRAUBING 1	LG Regensburg/Straubing 30.01.86 - 3 StVK 141/84 OLG Nürnberg 3.8.85 - Ws 109/86 Verpflichtung zur Neubescheidung (Verlegung)	Auf Weisung des Ministeriums verweigert Anstalt inhaltliche Antwort (A, 11.04.88). "wurde mit 6-monatiger Verspätung schließlich doch in die JVA Aschaffenburg verlegt. Wie er mir berichtet hat, ist die Verzögerung darauf zurückzuführen, daß er das gegenständliche Urteil Mitgefangenen, u.a. auch mir, zugänglich gemacht hat" (Mitgefangener, 30.10.92).
(82) STRAUBING 2	LG Regensburg/Straubing 07.05.87 - 2 StVK 64/84 OLG Nürnberg 12.10.87 - Ws 985/87 Verpflichtung zur Aushändigung einer Zeitschrift als Verteidigerpost	Die Bediensteten der JVA "haben sich in diesem Fall absolut korrekt verhalten, die Aushändigung wurde auch mit keinerlei Bedingungen verbunden", (G. 20.02.92).

Fall	Gerichtsentscheidungen	Umsetzung
(83) STRAUBING 3	LG Regensburg/Straubing 22.10.87 - 2 StVK 2/87(1) Negative Neubescheidung: Verpflichtung zur Neubescheidung (Kopfkissen)	Negative Neubescheidung: "Es ist richtig, daß man mir am 10.11.87, mündlich einen positiven Bescheid erteilt hat, aber leider drei Tage später wurde mir unter Berufung auf den Anstaltsarzt mitgeteilt, daß ich das Federkopfkissen doch nicht erwerben darf" (G, 27.9.88).
(84) WERL 1	LG Arnsberg/Werl 20.05.87 - 1 Vollz 182/87 OLG Hamm 03.09.87 - 1 Vollz (Ws) 183/87 Verpflichtung zur Gestattung des Einkaufs von Kukident	07.10.87: Kukident darf ab sofort vom Eigengeld erworben werden (A, 5.4.88).
(85) WERL 2	LG Arnsberg/Werl 07.07.86 - 1 Vollz 165/86 OLG Hamm 29.08.86 - 1 Vollz (Ws) 155/86 LG Arnsberg/Werl 09.03.87 - 1 Vollz 165/86 Feststellung der Rechtswidrigkeit (Disziplinarmaßnahme)	"Der Beschluß...ist von der hiesigen An-stalt anerkannt worden, da eine erneute Überprüfung des Gesundheitszustandes des Gefangenen ergeben hat, daß seine Arbeitsfähigkeit nicht zweifelsfrei feststand." (A, 29.4.88).

Fall	Gerichtsentscheidungen	Umsetzung
(86) WERL 3	LG Arnsberg/Werl 12.8.85 - 1 Vollz 150/85 + 1 Vollz 150/85 OLG Hamm 23.01.86 - 1 Vollz (Ws) 171/85 LG Arnsberg/Werl 17.03.86 - 1 Vollz 150/85 Verpflichtung zur Neubescheidung und zur pers. Anhörung durch den Anstaltsleiter	Als die Entscheidung einging (20.3.86), war Anstaltsleiter bereits auf Urlaub. Nach Ende des Urlaubs (20.4.86) kündigte AL persönliche Anhörung an. Am 20.5.86 verzichtete der G darauf (A, 26.7.88). Der G erinnert sich an eine persönliche Anhörung, die aber "ein Bla-Bla-Gespräch" gewesen sei; mein Ziel der Berufsumschulung konnte ich nicht durchsetzen" (G, 4.8.88).
(87) WERL 4	LG Arnsberg/Werl 18.03.87 - 1 Vollz 9/87 Verpflichtung zur Neubescheidung	Es wurde "seitens der JVA Werl tatsächlich keine Ausführung mehr bewilligt, offenbar, um eine Entscheidung ("für den Fall künftiger Ausführungen") über Fesselung zu vermeiden" (G, 26.6.88).
(88) WERL 5	LG Arnsberg/Werl 21.10.87 - 1 Vollz Feststellung der Rechtswidrigkeit (Disziplinarmaßnahme)	Ein Antrag des G auf Folgenbeseitigung wegen der zu Unrecht erlittenen Disziplinarmaßnahme wurde von der StVK als unzulässig zurückgewiesen (G, 20.6.88).

Fall	Gerichtsentscheidungen	Umsetzung
(89) WERL 6	LG Arnsberg/Werl 12.10.87 - 1 Vollz 350/87 OLG Hamm 29.3.88 - 1 Vollz (Ws) 367/87 Verpflichtung zur Rückgabe von DM 453,10	"teile ich Ihnen mit, daß das zur Umset- zung des o.a. Beschlusses Erforderliche hier unverzüglich eingeleitet worden ist. Der Gläubiger hat bisher jedoch die Rück- zahlung des ihm überwiesenen Betrages nicht vorgenommen" (A, 18.1.89). Der Betrag wurde schließlich am 03.03.89 an den Betroffenen überwiesen (A.5.3.92).
(90) WERL 8	LG Arnsberg 18.08.88 - 1 Vollz 88/88 Verpflichtung zur Neubescheidung (Aushändigung von Musikcassetten)	Positive Neubescheidung (G. 26.12.89) (A. 03.04.92)
(91) WILLICH 1	LG Krefeld 23.5.86 - 33 Vollz 133/84 Verpflichtung zur Neubescheidung (Taschengeld)	Der Beschluß...ist entsprechend der Auf- fassung des Gerichts umgesetzt worden. Zu weiteren Angaben sehe ich keinen Anlaß" (23.3.88).
WILLICH 2	LG Krefeld (Datum und Az. fehlen) OLG Hamm 17.11.86- 1 Vollz (Ws) 213/86 Aufhebung der Anstaltsentscheidung (?)	"Mangels näherer Angaben kann die Sache nicht eingeordnet werden Das Schreiben an den Betroffenen ist daher auch nicht zustellbar (A, 25.3. 88).

Fall	Gerichtsentscheidungen	Umsetzung
(92) WITTLICH 1	LG Trier/Wittlich 12.09.85 - 57 StVK 216/85 und 231/85 OLG Koblenz 30.1.86- 2 Vollz (Ws) 118/85 Verpflichtung zur ungeöffneten Aushändigung von Verteidigerpost	keine inhaltliche Antwort der Anstalt; G. sitzt dort nicht mehr ein (A, 28.3.88). "weitere Öffnungen der Post sind dann wohl nicht offiziell vorgenommen worden, wenngleich ich mich noch daran erinnere, daß der Mandant gesagt hat, er habe die Vermutung, daß seine Post gleichwohl, ohne daß dies kenntlich gemacht, werde, kontrolliert worden sei (verschiedene Spuren am selbstklebenden Briefumschlag an der Rückseite)" RA, 31.07.93).
(93) WITTLICH 2	LG Trier/Wittlich 27.04.88 - 57 Voll 39/88 Verpflichtung zur Neubescheidung (AK StVollzG)	1.8.88: Negative Neubescheidung
(94) WITTLICH 2a	LG Trier/Wittlich 19.08.88 - 57 Vollz 91/88f Verpflichtung zur Neubescheidung (AK StVollzG)	9.9.88: Negative Neubescheidung
WITTLICH 3	LG Trier/Wittlich 11.05.88 - 57 Vollz 32/88 Verpflichtung zur Neubescheidung (Besuchsüberwachung)	Ohne Datum:Negative Neubescheidung
WITTLICH 4	LG Trier/Wittlich 05.08.88 - 57 Vollz 89/88 Verpflichtung zur Neubescheidung (AK StVollzG)	Ohne Datum: Negative Neubescheidung

Fall	Gerichtsentscheidungen	Umsetzung
(95) WOLFENBÜTTEL 1	OLG Celle 27.1.86 - 3 Ws 9/86 (StrVollz) Klarstellung der Zuständigkeit (Urlaub)	keine inhaltliche Auskunft (A, 28.3.88)
(WOLFENBÜTTEL 2)	LG Braunschweig 11.8.86- 50 StVK 972/85 OLG Celle Datum fehlt - 3 Ws 487/86 (StrVollz) (kein vom Gefangenen rechtskräftig gewonnenes Verfahren; die von uns zugrundegelegte Entscheidung war nicht rechtskräftig und wurde vom OLG Celle aufgehoben).	
(96) WOLFENBÜTTEL 3	LG Braunschweig 06.02.87 - 50 StVK 1000/86 OLG Celle 09.04.87 - 3 Ws 126/87 (StrVollz) LG Braunschweig 02.10.87 (Az. fehlt) OLG Celle 28.08.89 (Az. fehlt) Verpflichtung zur Neubescheidung (Einzelfernsehen)	Positive, aber ausweichende Neubescheidung: "Um praktisch diesen Beschluß wie-der zu hintergehen, damit sich andere Gefangene nicht darauf berufen k<\v>nnen, wenn ich in den Besitz eines eigenen Fernsehgerätes käme, wurde mir ein Gerät der JVA zur Verfügung gestellt" (G, 10.4.90) "Es war in diesem Fall nicht mehr erforderlich, den Beschluß des OLG Celle vom 28.08.89 umzusetzen, da der Obengenannte zwischenzeitlich zum "Fernsehwart eingesetzt worden war und er zur Ausführung dieser Arbeit einen Fernseher der Anstalt zur Verfügung gestellt bekommen hatte" (A. 28.02.92).

Fall	Gerichtsentscheidungen	Umsetzung
(97) ZWEIBRÜCKEN 1	LG Zweibrücken 8.4.86 - 1 Vollz 44/86 OLG Zweibrücken 2.9.88 - 1 Vollz (WS) 66/86 Verpflichtung zur Neubescheidung (Schreibmaterial)	Antragsteller war schon im Mai 1986 nicht von einem Urlaub in die JVA zurückgekehrt. "Die Entscheidung des OLG (...) brauchte deshalb nicht , umgesetzt zu werden" (A, 20.6.88).
(98) ZWEIBRÜCKEN 2	LG Zweibrücken 19.6.86 - 1 Vollz 59/86 OLG Zweibrücken 2.10.86 - 1 Vollz (Ws) 74/86 Aufhebung eines Besuchs- und Schriftwechselverbots	"es erfolgte eine erneute Besuchsverweigerung trotz OLG-Entscheid" (G, 27.4.1988). "zwar nicht ein generelles Verbot des Schriftwechsels und des Besuchsverkehrs, wohl aber ein Verbot im konkreten Einzelfall" (A, 20.6.88).
(99) ZWEIBRÜCKEN 3	LG Zweibrücken 23.12.85 - 1 Vollz 129/85: OLG Zweibrücken 14.4.86 - 1 Vollz (Ws) 24/86 Aufhebung Rauchverbot im Fernsehraum	Positive Neubescheidung
(100) ZWEIBRÜCKEN 4	LG Zweibrücken 7.11.85 OLG Zweibrücken 21.3.86 - 1 Vollz (Ws) 87/85 Feststellung der Rechtswidrigkeit (Hausgeld)	"Das nicht ausbezahlte Hausgeld ist dem entlassenen Beschwerdeführer alsbald nachgezahlt worden" (JM, 20.2.92).

B. Untersuchungsinstrumente

1. Anschreiben Implementationsbefragung

In sämtlichen von uns erfaßten Fällen, in denen ein Gefangener gegen die Anstalt vor Gericht eine rechtskräftige Entscheidung erstritten hatte, wurde folgendes Schreiben (hier beispielhaft Berlin 1) sowohl an den Anstaltsleiter als auch an den Gefangenen gerichtet:

Betr.: Forschungsprojekt Gefangenenrechtsschutz
hier: KG Berlin 5 Ws 122/86 Vollz

Im Rahmen eines von der Deutschen Forschungsgemeinschaft (DFG) getragenen Forschungsprojektes beschäftigen wird uns mit der Umsetzung von Gerichtsentscheidungen in Strafvollzugssachen.
Es ist bekannt, daß die Umsetzung von Gerichtsentscheidungen nicht immer reibungslos vor sich geht. Müller-Dietz spricht von "Schwierigkeiten praktischer Verwirklichung" und von Fällen, wo die Vollzugsbehörde "aus personellen und/oder finanziellen Gründen die ihr obliegende Leistung nicht gewähren oder die von ihr durchzuführende Maßnahme nicht treffen kann" (StrVert 1984, 37).

Durch Umfrage bei den Oberlandesgerichten haben wir eine Stichprobe von neueren Fällen ermittelt, deren Schicksal wir weiter nachgehen wollen. Zu dieser Stichprobe gehört auch der oben bezeichnete Beschluß, mit dem das KG Berlin am 15.7.1986 die Rechtsbeschwerde des Leiters der JVA Tegel als unzulässig verworfen und damit die Verpflichtung des Anstaltsleiters "dem Gefangenen unverzüglich- spätestens einen Monat nach Rechtskraft der Entscheidung- den Empfang des allgemeinen Hörfunkprogramms zu ermöglichen".

Wir bitten Sie nun herzlich, uns auch zu diesem Fall die folgenden Fragen zu beantworten:

1. Wie ist die Entscheidung umgesetzt worden?

2. Wann ist die Entscheidung umgesetzt worden?

3. Hat es bei der Durchführung der Entscheidung Schwierigkeiten gegeben?

4. Haben diese Schwierigkeiten zu Verzögerungen geführt?

5. Wie sind die aufgetretenen Schwierigkeiten bewältigt worden?

6. Welche negative oder positive Konsequenzen erwarten Sie längerfristig von dieser Entscheidung? (im Hinblick auf die an dem konkreten Verfahren Beteiligten, auf andere Gefangene, andere Anstalten).

In Erwartung Ihrer geschätzten Rückantwort verbleiben wir

Mit freundlichen Grüßen

P.S.: Ein gleichlautendes Schreiben erhält auch die jeweils andere Partei. In Fällen, in denen uns der Name und/oder Anschrift des Gefangenen unbekannt sind, bitten wir den Anstaltsleiter um Weiterleitung bzw. Nachsendung unseres Schreibens. Das zuständige Ministerium ist von uns über diese Untersuchung informiert worden.

2. Interviewleitfaden für Expertengespräche (Fassung für Anstaltsleitung)

Bei sämtlichen Interviews, in denen Gefangene, Anstaltspersonal und Vollstreckungsrichter als Experten befragt wurden, haben wir folgenden Interviewleitfaden zugrundegelegt:

Wie Sie wissen, beschäftigen wir uns mit dem gerichtlichen Rechtsschutz im Strafvollzug. Wir wissen, daß die meisten Konflikte im Strafvollzug vor Ort geregelt werden. Wir wissen aber auch, daß Strafgefangene in beträchtlichem Umgang die Gerichte anrufen. Und wir wissen schließlich, daß Strafgefangene nur in einem winzigen Bruchteil der Fälle vor den Gerichten obsiegen. Diese letzteren Fälle sind unser Ausgangspunkt in der jetzt laufenden Untersuchung. Für diese Untersuchung haben wir 100 von Gefangenen gegen die Behörden rechtskräftig gewonnene Entscheidungen der letzten drei Jahre ermittelt. Und in jedem dieser Fälle wurden Anstaltsleiter und Gefangene schriftlich über dem weiteren Verlauf befragt. Die Ergebnisse liegen jetzt vor und zeigen ein breites Spektrum von schneller und problemloser Umsetzung bis zu schwierigen und problematischen Verläufen. Wir würden uns gerne mit Ihnen als einem Menschen mit viel Erfahrung in diesem Bereich über Ursachen, Erklärungen und Hintergründe unterhalten.

Wir möchten zunächst einige Fragen zu Ihrem ERFAHRUNGSHINTERGRUND stellen und zu der ORGANISATION DER GEFANGENENBESCHWERDEN IN IHRER ANSTALT. Dann werden wir Sie bitten, einige KONKRETE ABLÄUFE zu kommentieren. Und schließlich werden wir uns dafür interessieren, welche RECHTSPOLITISCHEN FOLGERUNGEN Sie aus Ihren Erfahrungen mit dem Rechtsschutz im Strafvollzug ziehen.

I. ERFAHRUNGSHINTERGRUND

1. Wie lange haben Sie schon Erfahrungen mit (Gefangenen-) Beschwerden? (wie lange im gegenwärtigen Amt?)

2. In welcher Form haben Sie mit Gefangenenbeschwerden zu tun? (Sprechstunde, schriftliche Beschwerden, schriftliche Bescheide, Schriftsätze für die Gerichte etc.)?

3. Einen wie großen Teil Ihrer Arbeitszeit nimmt die Beschäftigung mit Gefangenenbeschwerden ein? Wieviele Anträge auf gerichtliche Entscheidung gehen jährlich über Ihren Schreibtisch (Schätzung)?

4. Gibt es ein Stadium der Auseinandersetzung, in dem sie notwendigerweise mit einem Fall befaßt werden (Schriftliche Beschwerde, Widerspruchsverfahren, Antrag auf gerichtliche Entscheidung, Rechtsbeschwerde etc.)?.

II. ORGANISATION VON GEFANGENENBESCHWERDEN

5. Können Sie uns den typischen Ablauf einer Beschwerde in Ihrer Anstalt beschreiben? Wer außer Ihnen ist daran beteiligt?

6. Wie oft kommt es vor, daß Strafgefangene vor der Strafvollstreckungskammer gegen die Anstalt obsiegen (geschätzt in Prozent)?
Wie häufig kommt es in solchen Fällen zur Einlegung einer Rechtsbeschwerde durch die Anstalt? Macht es für die Einlegung der Rechtsbeschwerde einen Unterschied, um was für eine Art von Entscheidung es sich handelt? (Antwort abwarten! Dann erst nachfragen: Feststellung, Neubescheidung etc.). Wird vor der Rechtsbeschwerde die Aufsichtsbehörde konsultiert? Mit dem Gefangenen Kontakt aufgenommen?

7. Wie oft kommt es in Ihrem Erfahrungsbereich vor, daß Gefangene vor dem Oberlandesgericht rechtskräftig gegen die Anstalt obsiegen? *(Schätzung für das letzte Jahr? Vorhalt unserer Fallzahl: wieviel häufiger kommt es wirklich vor?)*

8. Sind Sie auch mit der Umsetzung der gegen die Anstalt rechtskräftig gewordenen gerichtlicher Beschlüsse befaßt? Wenn ja in welcher Weise? Wer bekommt die Entscheidung als erster auf den Tisch? Bekommen Sie alle derartigen Fälle zur Kenntnis? Wie wird über den weiteren Ablauf entschieden? Wer wird an der Umsetzung beteiligt? Wird die Aufsichtsbehörde konsultiert? Finden Gespräche mit dem Gefangenen statt?

III. KONKRETE FÄLLE

9. Nach unserer Untersuchung werden Gerichtsentscheidungen meist schnell und problemlos umgesetzt. Ist das nicht verwunderlich? Warum mußte es dann vorher zu einem Rechtsstreit kommen?

10. Zum Beispiel ist uns in Ihrer Anstalt der Fall XY aufgefallen:

....

....

Was machte diesen Fall plötzlich so leicht lösbar?
(Antworten lassen, dann erst nachfragen:)
Würden Sie sagen, daß hier der ursprüngliche Konflikt fortbesteht oder weggefallen ist?
Wenn Wenn er fortbesteht: wie wird er seither ausgetragen? Wenn er weggefallen ist: wodurch? Oder lag von vornherein kein echter Konflikt vor? War es ein begrenzter Konflikt oder Teil einer umfassenderen Auseinandersetzung zwischen der Anstalt und diesem Gefagenem? Wieso bestand hier nicht die Gefahr einer Präzedenzwirkung für andere Gefangene?
Wenn Sie diese Fragen zum konkreten Fall nicht beantworten können: wer könnte sie uns beantworten?

11. Andere Gerichtsentscheidungen scheinen nach unserer Untersuchung der Anstalt größere Schwierigkeiten zu bereiten.Diese Schwierigkeiten zeigen sich in zeitlichen Verzögerungen oder in inhaltlich unvollständiger Umsetzung. Woran kann das Ihrer Erfahrung nach liegen?

12. Zum Beispiel ist uns in ihrer Anstalt der Fall YZ aufgefallen, bei dem uns folgende Umsetzungsprobleme berichtet wurden:

....

....

Was machte diesen Fall so problematisch? Konnte die Anstalt nicht oder wollte sie nicht? Im letzteren Fall: lag es an der Person des Gefangenen? Oder an befürchteten Auswirkungen auf andere Gefangene? Oder an befürchteten Auswirkungen auf die Öffentlichkeit?

13. Vor dem Hintergrund Ihrer Erfahrungen mit dem Rechtsschutz im Strafvollzug: meinen Sie, daß grundsätzlich die gegenwärtigen Regelungen beibehalten werden sollten? Oder sollte etwas geändert werden? Wenn JA, was?

14. Was halten Sie von dem Plan, durch Gerichtskostenvorschuß die Gefangenen zu einem verantwortungsbewußteren Gebrauch der Rechtsbehelfe anzuhalten?":
("Die Praxis hat gezeigt, daß Gefangene in nicht unerheblichem Umfang mutwillig und auch mißbräuchlich Anträge auf gerichtliche Entscheidung nach §§ 109 ff stellen, die auf den ersten Blick keine Aussicht auf Erfolg haben, aber sehr viel Personal bei den Justizvollzugsanstalten und bei den Gerichten in nicht vertretbarere Weise belasten. Deshalb soll das Gericht die Möglichkeit erhalten, die Zahlung des Gerichtskostenvorschusses anzuordnen, um die Gefangenen zu einem verantwortungsbewußten Gebrauch der Rechtsbehelfe nach den §§ 109ff anzuhalten" BT-Drs. 11/3694, S.14).

15. Und was halten Sie davon, die Möglichkeit zu schaffen, gegen säumige Anstalten ein Zwangsgeld zu verhängen, um die Umsetzung von Gerichtsentscheidungen zu beschleunigen?
(...
....
..............................-Drs.10/3563=INFO 1985, 401).

3. Interviewleitfaden für Expertengespräche (Fassung für Gefangene)

Bei sämtlichen Interviews, in denen Gefangene, Anstaltspersonal und Vollstreckungsrichter als Experten befragt wurden, haben wir folgenden Interviewleitfaden zugrundegelegt:

Wie Sie wissen, beschäftigen wir uns mit dem gerichtlichen Rechtsschutz im Strafvollzug. Wir wissen, daß die meisten Konflikte im Strafvollzug vor Ort geregelt werden. Wir wissen aber auch, daß Strafgefangene in beträchtlichem Umgang die Gerichte anrufen. Und wir wissen schließlich, daß Strafgefangene nur in einem winzigen Bruchteil der Fälle vor den Gerichten obsiegen. Diese letzteren Fälle sind unser Ausgangspunkt in der jetzt laufenden Untersuchung. Für diese Untersuchung haben wir 100 von Gefangenen gegen die Behörden rechtskräftig gewonnene Entscheidungen der letzten drei Jahre ermittelt. Und in jedem dieser Fälle wurden Anstaltsleiter und Gefangene schriftlich über dem weiteren Verlauf befragt. Die Ergebnisse liegen jetzt vor und zeigen ein breites Spektrum von schneller und problemloser Umsetzung bis zu schwierigen und problematischen Verläufen. Wir würden uns gerne mit Ihnen als einem Menschen mit viel Erfahrung in diesem Bereich über Ursachen, Erklärungen und Hintergründe unterhalten.

Wir möchten zunächst einige Fragen zu Ihrem ERFAHRUNGSHINTERGRUND stellen und zu der ORGANISATION DER GEFANGENENBESCHWERDEN IN "IHRER" ANSTALT. Dann werden wir Sie bitten, einige KONKRETE ABLÄUFE zu kommentieren. Und schließlich werden wir uns dafür interessieren, welche RECHTSPOLITISCHEN FOLGERUNGEN Sie aus Ihren Erfahrungen mit dem Rechtsschutz im Strafvollzug ziehen.

I. ERFAHRUNGSHINTERGRUND

1. Wie lange haben Sie schon Erfahrungen mit (Gefangenen-) Beschwerden? (während des laufenden Vollzuges? bei früheren Gelegenheiten?).

2. In welcher Form haben Sie mit Gefangenenbeschwerden zu tun? (eigene Beschwerden; Schreibhilfe bei Beschwerden von anderen Gefangenen). Von wem lassen Sie sich

dabei beraten? (Anwalt, Mitgefangene, Anstaltspersonal, Sonstige?).

3. Wie viel haben Sie mit Gefangenenbeschwerden zu tun? (wie viele schriftliche Beschwerden? wie viele Anträge auf gerichtliche Entscheidung? wie viele Rechtsbeschwerden?)

4. Wie oft haben Sie bisher rechtskräftig vor Gericht gewonnen? OLG? StVollzK? Warum hat die Anstalt Ihrer Meinung nach kein Rechtsmittel eingelegt?

II. ORGANISATION VON GEFANGENENBESCHWERDEN

5. Wie ist das Beschwerdewesen in "Ihrer" Anstalt organisiert?
Gibt es eigene Beschwerdesachbearbeiter? Was ist die Rolle des Anstaltsleiters? Macht die Anstalt Versuche, das Gerichtsverfahren durch Gespräche mit dem Gefangenen zu verhindern, abzukürzen?

6. Wenn die Anstalt Rechtsbeschwerde einlegt: Kommt es Ihrer Meinung nach darauf an, um was für eine Art von Entscheidung es sich handelt? (Antwort abwarten! Dann erst nachfragen: Festellung, Neubescheidung etc.). Wird vor der Rechtsbeschwerde die Aufsichtsbehörde konsultiert? Mit dem Gefangenen Kontakt aufgenommen?

7. Wie oft kommt es in Ihrem Erfahrungsbereich vor, daß Gefangene vor dem Oberlandesgericht rechtskräftig gegen die Anstalt obsiegen? (Schätzung für das letzte Jahr? Vorhalt unserer Fallzahl: wieviel häufiger kommt es wirklich vor?)

8. Wie spielt sich die Umsetzung der gegen die Anstalt rechtskräftig gewordenen gerichtlicher Beschlüsse ab? Wer ordnet an? Wer führt aus? Wird mit dem siegreichen Gefangenen über die Art und Weise der Umsetzung geredet?

III. KONKRETE FÄLLE

9. Nach unserer Untersuchung werden Gerichtsentscheidungen meist schnell und problemlos umgesetzt. Ist das nicht verwunderlich? Warum mußte es dann vorher zu ei-

nem Rechtsstreit kommen? (Antworten lassen, dann erst nächste Frage).

10. Zum Beispiel ist uns unter den von Ihnen gewonnen Fällen (oder: in Ihrer Anstalt) der Fall XY aufgefallen:

....

....

Was machte diesen Fall plötzlich so leicht lösbar?
(Antworten lassen, dann erst nachfragen:)
Würden Sie sagen, daß hier der ursprüngliche Konflikt fortbesteht oder weggefallen ist?
Wenn er fortbesteht: wie wird er seither ausgetragen?
Wenn er weggefallen ist: wodurch? Oder lag von vornherein kein echter Konflikt vor? War es ein begrenzter Konflikt oder Teil einer umfassenderen Auseinandersetzung zwischen der Anstalt und diesem Gefangenem? Wieso bestand hier nicht die Gefahr einer Präzedenzwirkung für andere Gefangene?Wenn Sie diese Fragen zum konkreten Fall nicht beantworten können: wer könnte sie uns beantworten?

11. Andere Gerichtsentscheidungen scheinen nach unserer Untersuchung der Anstalt größere Schwierigkeiten zu bereiten.
Diese Schwierigkeiten zeigen sich in zeitlichen Verzögerungen oder in inhaltlich unvollständiger Umsetzung. Woran kann das Ihrer Erfahrung nach liegen? (Antworten lassen, dann erst nächste Frage).

12. Zum Beispiel ist uns unter den von Ihnen gewonnen Fällen (oder: in ihrer Anstalt) der Fall YZ aufgefallen:

....

Was machte diesen Fall so problematisch? Konnte die Anstalt nicht oder wollte sie nicht? Im letzteren Fall: lag es an der Person des Gefangenen? Oder an befürchteten Auswirkungen auf andere Gefangene? Oder an befürchteten Auswirkungen auf die Öffentlichkeit?

IV. RECHTSPOLITISCHE FOLGERUNGEN

13. Vor dem Hintergrund Ihrer Erfahrungen mit dem Rechtsschutz im Strafvollzug: meinen Sie, daß grundsätz-

lich die gegenwärtigen Regelungen beibehalten werden
sollten?
Oder sollte etwas geändert werden? Wenn JA, was?

14. Was halten Sie von folgender Einschätzung:"Die Praxis
hat gezeigt, daß Gefangene in nicht unerheblichem Umfang mutwillig und auch mißbräuchlich Anträge auf gerichtliche Entscheidung nach §§ 109 ff stellen, die auf den
ersten Blick keine Aussicht auf Erfolg haben, aber sehr viel
Personal bei den Justizvollzugsanstalten und bei den Gerichten in nicht vertretbarere Weise belasten. Deshalb soll
das Gericht die Möglichkeit erhalten, die Zahlung des Gerichtskostenvorschusses anzuordnen, um die Gefangenen
zu einem verantwortungsbewußten Gebrauch der Rechtsbehelfe nach den §§ 109ff anzuhalten" (BT-Drs.11/3694,
S.14).

15.Und was halten Sie von dem Gesetzgebungsvorschlag
der GRÜNEN, wonach es möglich sein soll, gegen die Anstalt notfalls ein Zwangsgeld festsetzen zu lassen?
....
....
(BT-Drs.10/3563= INFO 1985, 401)

MIX
Papier aus verantwortungsvollen Quellen
Paper from responsible sources
FSC® C105338

If you have any concerns about our products,
you can contact us on
ProductSafety@springernature.com

In case Publisher is established outside the EU,
the EU authorized representative is:
Springer Nature Customer Service Center GmbH
Europaplatz 3, 69115 Heidelberg, Germany

Printed by Libri Plureos GmbH
in Hamburg, Germany